从零开始的历练

一名小学校长在课程改革中的成长

郑琰 著

上海交通大学出版社
SHANGHAI JIAO TONG UNIVERSITY PRESS

内容提要

本书以自述的方式，总结了作者1988年从教以来，一步一个脚印，从普普通通的教师起步，成长为优秀的教师，又成为办学有成的中心学校校长的教学和历练过程。全书分八个章节，分别为教坛事业的起步、孩子成长的那些事、且学且悟且行动、教师发展那些事、在课改中学会管理、课改行动常态化、"指南针"与"新课改"、教育探索汇成果。

本书适合中小学教师、校长以及对教育感兴趣的社会人士阅读。

图书在版编目(CIP)数据

从零开始的历练：一名小学校长在课程改革中的成长/郑琰著.
—上海：上海交通大学出版社，2020
ISBN 978-7-313-22100-1

Ⅰ.①从…　Ⅱ.①郑…　Ⅲ.①小学-校长-学校管理
Ⅳ.①G627.1

中国版本图书馆 CIP 数据核字(2019)第 227387 号

从零开始的历练：一名小学校长在课程改革中的成长
CONG LING KAISHI DE LILIAN：YI MING XIAOXUE XIAOZHANG ZAI KECHENG
GAIGE ZHONG DE CHENGZHANG

著　　者：郑　琰				
出版发行：上海交通大学出版社		地　　址：上海市番禺路 951 号		
邮政编码：200030		电　　话：021-64071208		
印　　制：常熟市文化印刷有限公司		经　　销：全国新华书店		
开　　本：710mm×1000mm　1/16		印　　张：18.25		
字　　数：335 千字				
版　　次：2020 年 1 月第 1 版		印　　次：2020 年 1 月第 1 次印刷		
书　　号：ISBN 978-7-313-22100-1				
定　　价：68.00 元				

序言
选择了教师，就是选择了事业

　　读了郑琰校长的书稿，深感亲切。郑校长用心办学，有思想有实践有成效，无论是对孩子的教育呵护，还是对教师的成长成才，无论是对课程改革的深入推进，还是对学校的持续发展，她都念念在心。她一步一个脚印，从普普通通的教师走来，成为优秀的教师，又成为办学有成的中心校的校长，这都要归功于其脚踏实地的勤奋和历练。

　　贯穿本书的主题就是书中概括的一句话，"选择了教师，就是选择了事业"。这是她从教之始就有的追求，也是许多教师的共同追求，也是我能与郑校长一直共勉之处，因为我也是一名和老师一起努力办学的校长。

　　做校长的神圣使命就是带领老师教好学生，郑校长在办学中促进教师专业发展，重视学生全面发展的积极举措给我留下了深刻的印象，对如何培养老师，郑校长有着很清楚的认识，她说：抓好师德师风建设是打造高素质教师队伍的内在要求和重要保证，是确保教师"为谁培养人"的前提和基础，更是保证教师自觉践行立德树人根本任务的关键。一个有教育规范的好教师，在科研上应努力钻研，追求卓越，恪守学术规范；在教学上应全心投入，因材施教，精益求精；在行为上应实事求是、作风优良、举止文明；在交往上应诚实守信、谦逊乐观、遵纪守法、真诚待人。这些具体的内在要求和外在表现，将会对在校学生的言行举止、学业发展、能力养成、视野格局等产生深远的影响。郑校长是这样想的，也是这样去引领老师发展的，当一所学校有了一支这样的教师团队时，这所学校的办学质量就有了可靠的保证。

　　郑琰校长是上海市"双名工程"名校长培养基地的成员，作为基地主持人，我和名校长培养基地的其他校长一起随着郑校长工作的调动，先后到过其所在的两所学校，虽然这两所学校的办学条件有所不同，但我们都能够看到教师们敬业的工作状态和学生蓬勃向上的朝气，能够感受到郑校长办学思想和办学行为在学校教育教学中的影响。在本书的字里行间我们也能感受到，其对学生的用心培养。郑校长在她"从零开始的历练"过程中不但有着正确的教育思想，而且有着许多积极有效的教育实践，因为郑校长认为：一个学生应该德智体美劳全面发展，不能重智轻德，或者只会动脑、不会动手，只知书本、不辨菽麦。国无德不兴，人无德不立。德是第一位的，具有根本性和引领性作用。要教育引导学生"扣好人生第一粒扣子"，从做好小事、管好小节起步，踏踏实实修好品德，培育和践行社会主义核心价值观，让学生做明大德、守公德、严私德，有大爱、大德、大情怀的人。智育的重中之重是提升关键能力，要倡导启发式、探究式、讨论式、参与式教学，激发学生的好奇心和创造力，要教育引导学生敏于求知、勤于学习，独立思考、勇于探索，全面培养其善于求真理、悟道理、明事理的能力素养。要体育、美育和劳动教育相结合，"文明其精神，野蛮其体魄"，强健体魄、塑造人格和磨炼意志，全面加强和提高学生综合素质。教育的有效性在于思想的正确和实践的有效，校长办学的成效在于思想和实践的统一，郑校长把想的和做的结合在一起"历练"，所以实现了办学有成。

让孩子接受优质教育是人民群众对美好生活的追求，是校长和老师的办学责任，这就需要我们明明白白当校长，踏踏实实办学校、认认真真教学生。教育承载着老百姓的福祉，既然选择了教育，选择了当教师，就是选择了一份事业，就要把学生教好。郑校长和她的老师们正是以此为任，以此为乐，孜孜不倦，诲人不倦，在成就学生的同时，也成就着自己教书育人的事业。

卞松泉

上海杨浦区打虎山路第一小学校长

上海教育学会副会长

上海小学管理专业委员会主任

目　录

第一章　教坛事业的起步 / 001

草窝里飞出金凤凰 / 001

乘上课改顺风车 / 003

选择了教师，就是选择了事业 / 005

我的课改成长之路 / 006

我的班主任情结 / 011

做教师的三重境界 / 012

执着"捧心"的事业 / 014

第二章　孩子成长那些事 / 017

同伴交往是成长的必修课 / 017

走出唯分数论的误区 / 019

阅读是很浪漫的教育 / 020

独立思考，从小开始 / 021

彩虹视屏窗里的教育 / 023

"两纲"教育是学校教育工作的纲 / 024

正确培养孩子的兴趣 / 030

懂"宽容"的孩子最美 / 032

让阅读陪伴孩子成长 / 033

一步一步学会"合作" / 036

信任孩子胜过一切 / 037

在教学中培育人文精神 / 039

习惯升华出精彩人生 / 044

给孩子一片自由天地 / 045

第三章　且学且悟且行动 / 048

校长的服务与奉献 / 048

一课一得，得得相连 / 050

阅读：为我打开了一扇窗 / 051

彩云之南，心之向往——云南腾冲中小学学习考察报告 / 053

由读书想到校本管理 / 056

一次心灵的"朝圣"——赴北京中小学考察学习有感 / 057

第四章　教师发展那些事 / 061

浅谈探究型课程中的教师培养 / 061

为教师服务是校长的重要职责 / 065

构建特色校本教研　促进教师专业发展 / 067

师生共度"学习准备期" / 070

家常课——教学工作的"重头戏" / 071

"四项举措"促成青年教师更好成长 / 074

校本培训的三种模式 / 076

与教师沟通后的思考 / 079

探索剪纸特色，培养品牌教师 / 083

教师的信念、胸怀和追求 / 086

学校新健康教育下的教师培训 / 088

做好教师专业发展的加减法 / 089

第五章　在课改中学会管理 / 095

两轮课改基地，显现办学成效 / 095

教育科研、教师队伍和研究体制 / 096

加强校本管理的三条举措 / 099

以科研为先导，推进课程改革 / 101

"二期课改"，我们做了什么 / 104

抓课题研究，创课改新路 / 112

以教研组为依托，开展主题教研活动 / 114

打造独具特色的校本研修之路 / 117

浅谈校长的文化自觉在学校文化建设中的作用 / 120

走在"一流学校建设"的路上 / 121

看窗外,想脚下,做手中 / 124

第六章　课改行动常态化 / 128

在探究课中尝试"玩中学" / 128

信息技术支持下的校本研修 / 130

信息技术与教研互动 / 131

学校信息公开的网络化部署及体制建设 / 133

加强教学实践反思,促进教和研的结合 / 135

浅议小学劳技课教学中的教师素养 / 137

用第三只眼睛看劳技课 / 139

为学生绘制一张完善的"健身图"——虹口区第六中心小学"每天一小时
校园体育活动" / 142

促进教学过程中师生有效互动的策略探索 / 147

"三管齐下"搞教育 / 152

第七章　"指南针"与"新课改" / 157

传承中华优秀文化,培育学生爱国情怀 / 157

以国家"指南针计划"为规准的校本课程资源图谱设计和实践 / 160

让优秀传统文化基因在学生身上"活"起来 / 166

篆刻艺术走进学生课堂 / 168

第八章　教育探索汇成果 / 172

小学语文教学中学生创造能力培养研究 / 172

小学探究型课程设计与实施的研究 / 180

对小学环境科技教育的有效途径、方法的探索 / 196

校本课程资源"趣乐园"的探索和实践 / 208

在师生互动中实现共同发展——虹口区第六中心小学"双主体互动教
育"的实践探索 / 216

行为教育要循规蹈矩成方圆 / 233

从学校凡人小事中凝练社会主义核心价值的实践与思考 / 243

浸润与体验：让师生富有传统文化涵养的实践研究 / 250

小学教师专业自觉的调查报告 / 264

无处不在的"心"教育 / 272

第一章　教坛事业的起步

用自己的双手为社会创造出价值的每一份职业都是充满光辉的。也许因为教师面对的是学生，小学教师面对的是童稚的孩子，而孩子们的心灵是世界上最纯洁的，教师成了"太阳底下最光辉的职业"，我刚刚踏进教师职业的门槛也跟着沾光。

我们所从事的事业就是"立德树人"：教导孩子们做人的道理，传授给他们知识，培养他们的能力，促进他们的健康成长和全面发展。这也是我毕生的追求。

草窝里飞出金凤凰

走进上海市华东师大一附中实验小学门口，迎面而见的是醒目的大型红色剪纸平面木雕，这是一幅由本校学生创作的作品，镶嵌在大门口的墙上，显得格外令人注目，这一标志性的装饰也彰显着学校的办学特色。

早在 20 世纪五六十年代，学校为传承中华教育之美德，在学校的课程教学方面积极践行"以学生发展为本"的教育理念，坚持让课程教学与日常生活、劳动技能、社会实践三方面结合，努力创造适合学生身心发展的教育。让学生在"做中学""玩中学"的过程中不断夯实基础文化知识，掌握基本学习技能，学会劳动技能和社会礼仪，形成实践导向的课程价值观。这些课程方面的探索与实践不仅提升了学校教育教学质量，还为学校持续的课程教学改革创新奠定了坚实的基础。

20 世纪 80 年代以来，学校面对周边社区相对落后的现实，务实地提出"为学生提供适合他们发展的教育"的办学理念，以"调整课程结构、强化科技教育、开发学生潜能、创建办学特色"为学校教育整体改革的突破口，全面转变教与学的方式与方法。当时学校周边就是成片棚户区，由于家庭条件有限、家长文化程度不高和家庭教育的不足,造成这里有相当一批学生不太喜欢读书,回家也不愿意做作业,成绩不理想。为了切实提高孩子们的各项学习能力,学校领导与教师决定统一思想,逐渐淡化分数评价,强化动手做、学中做的教学思想,让学生多动一动脑,做一做科技手工。

学校因陋就简,把汽水瓶、奶瓶、罐头盒等捡来让学生们做船模、车模、溜溜球等,制作中发现了很多心灵手巧的学生。他们用木工板自己锯、自己磨,做成漂亮的建筑模型,你会发现他们很多的创作都匠心独运。教师与学生一起做"土火箭",并尝试发射升天,体验科技知识带来的喜悦;教师指导学生从孵化金鱼卵开始慢慢养成金鱼;教师带着学生走出校门,做环境保护探究,开展科技教育方面的参观、访问、考察和社会实践活动等。这些无疑都锻炼了孩子们的创造力、实践能力和想象力。记得有一年,祖国的人造卫星升空,振奋人心的消息传遍大江南北,学校借此开展小火箭发射升空活动,区领导也前来学校参与活动。全校师生聚集在操场,热烈的活动气氛如同过节一样,随着一枚枚"土火箭"的升空,喝彩声、鼓掌声,响彻在校园上空。

学校这一改革,最高兴的当然是学生。科技教育内容的丰富,形式的多种,活动的多样,很好地补充了课堂教学中的不足,这些活动极大地调动了学生学习的积极性。强化学生动手能力,开展"做中学""玩中学"正好对了学生的"胃口"!学生们从科技教育中得到了学习乐趣,长了知识、能力、才干,这种乐趣也潜移默化地迁移到了其他学科上。渐渐地,学生们学习主动了,成绩上升了,学校的办学质量也开始反转向上。学校刚开始并不是有意识地开展科技教育,而是落脚于提高孩子们的动手能力和兴趣,开展了做手工活动和手工课。没想到手工做好了,学生们的兴趣被激发了,学习成绩提高了,自信自尊也随之增强了,家长们也高兴了!学校的这个大进步,给专家一点评,给上级一总结,便归纳成了开展"科技教育",被《文汇报》《解放日报》等报纸一报道,上海电视台一宣传,这一教学改革成果被誉为"草窝里飞出金凤凰",学校的名声终于第一次被正面弘扬!当时,学校尽管在实践中取得了成绩,但并不理解为什么"做一做"会比要求学生勤奋学习的思想教育效果好得多,学校领导和教师们那时还没有深刻地认识到学生学习面貌之所以会得到极大转变,与背后的教育心理学机制不可分割,但从"第二课堂"中寻找教学出路的思路已经初步形成。

20世纪80年代后期,学校开始执着地开展科技教育,一批学生在市、区的科技比赛中获奖。比如,当时有学生结合科技小制作开展小发明,制作出的"出筷机""跳远测量器""多用电动洗瓶刷"等,获得了上海市小发明、小制作竞赛奖,于是学校的办学名声大振,影响开始向区域外辐射。

由于学校科技教育及小制作、小发明、小创造带动了办学,出了成绩,先后在第一轮和第二轮上海市的课程教学改革中被列为市一级的小学课改基地学校。学校在 1994 年被命名为"虹口科技特色学校",1999 年被命名为上海市科技教育特色学校,成为市、区有影响力的公办小学!

2000 年 12 月于华东师大一附中实验小学(原飞虹路小学)

乘上课改顺风车

鉴于 20 世纪 80 年代中后期,飞虹路小学执着地开展教师教育科研和学生科技教育,师生同步,学校发展,办学名声大振。1991 年 7 月,飞虹路小学接受了上海市课程教材改革的试点任务,成为上海市中小学课程改革(后称"一期课改")①基地学校之一。这给学校的整体改革赋予了新的生命,也为学校的校本教学改革注入了新的活力。

说起上海"一期课改",在任务下达到飞虹路小学后,曾经在周边社区和学校引起过一场不大不小的争议。当时有不少教育界同仁对把这么一项重大任务下达给刚刚在办学上有点起色的飞虹路小学,持有不同的意见,甚至表示反对,主要是不相信"草窝里能飞出金凤凰"。

说到底还是学校的底子太差,凭什么让人相信这所地处棚户区的学校有这样的能耐?那时,学校周围棚户联片,这里还是上海中心城区最大的棚户改造区域,被媒体称为"穷街""草窝"。面对这样的社区和生源,学校的教育教学质量在相当长的一段时间里没有很大的改观和起色。但是,学校上下一直在努力,希望有所作为,崛起为知名学校。正是借助"科研兴校"和"科技教育"的东风,学校的办学面貌发生了质的转变。

我在那个时候还是一名"菜鸟"教师,仅仅到校任职 3 年左右,一轮教学(5 年)还没有过完。但是,就在"一期课改"开始后不久,我被学校领导委以重任,参与了语文学科的教学改革,后来又担任了语文学科大组长,由此投身其中,全程参与,也

---

① 1988 年,受原国家教育委员会委托,上海启动了中小学(幼儿园)课程改革,后被称为"课程改革第一期工程",简称"一期课改"。1998 年,在"一期课改"成功实践基础上,上海再次启动了中小学(幼儿园)课程改革,被称为"课程改革第二期工程",简称"二期课改"。

助推了我的成长，可谓是一段幸事，这也成为我的教坛生涯中一段难忘的记忆。

活动课的开设是"一期课改"的一个重大突破。它适应了社会改革与发展的需要，发展学生个性特长的需要，全面提高学生综合素质的需要。学校结合课程改革，积极探索小学活动课的设计，形成了常规性活动课、综合性活动课、学科性活动课、自悟性活动课和发展性活动课等五个类型。

在"一期课改"实践中，学校通过教与学的互动，归纳出了"爱、趣、玩、乐"的四字课堂教学改革经验，为课程改革的成功打下了扎实基础。

用"爱"展开教育。在教育中，被"爱"是学生基本心理需要，没有爱就没有教育。教学不仅是知识传授过程，还是一个感情交流过程。教师在课堂教学过程中，不但要用"爱"表达对学生的尊重和信任，而且要用"情"发挥对学生的感染力和影响力。

用"趣"构建教学环节。教学中寓教于趣，兴趣是学生学习的催化剂，兴趣还可以转化为学生的学习动机。教师要想方设法为激发学生的学习兴趣而积极探索，让学生学得愉快，觉得有趣、有情、有得。

用"玩"组织学习活动。玩是儿童的天性，教师坚持学与玩的结合，特别是音乐、美术、体育等学科，做中学，学中玩，玩中学，引导学生会玩、爱玩、玩出水平。由此让学生体会学习的趣味，锻炼能力，从玩中增长知识，悟出道理。

用"乐学"评价教学效果。学校把学生是否乐于学习，乐于参与，是否体验到学习的乐趣作为评价教育效果的重要手段。

在小学生的学校教育中，融入"爱、趣、玩、乐"四字，成为我任教初期对小学学科教学最重要的认识之一，并一直影响着我以后的教育教学工作，影响我任职校长后的管理思想和管理理念。

"一期课改"期间，学校聚焦"加强基础、培养能力、提高素质、发展个性"的课程改革目标，寻求在三个方面的探索和突破，一是强调基础核心课程的实践取向，为学生学以致用寻找结合点；二是增加符合学生身心发展的选修课程，为多元潜能的开发寻找新的路径；三是拓展学生的活动空间，为学生搭建个性化发展平台。实践证明，学校乘上了"课改"的顺风车，飞虹路小学的学生们在课改后，养成了良好的行为习惯和文明礼仪，学习兴趣也逐渐广泛，动手能力和创造能力得到了提高，学校用实力与表现向社会交上了满意的答卷。

2000 年 12 月于华东师大一附中实验小学（原飞虹路小学）

选择了教师，就是选择了事业

《周易》曰：天行健，君子以自强不息；地势坤，君子以厚德载物。

这是在大学本科学习中，老师曾经为我们介绍过的话，我也反复背诵在心。确实，一个人只有自强不息才能取得成绩，只有宽厚待人才能获得支持与认可。

我于1988年分配到飞虹路小学，任教语文，担任班主任。多年来，在语文教学上不懈努力，1996年经上课、评课、答辩后脱颖而出，被评为小学高级教师，也先后被评为虹口区优秀青年教师、优秀青年班主任，上海市优秀教育工作者，获得虹口区园丁奖、上海市园丁奖。其间，我从一名普通教师走上学校领导岗位，虽角色发生转化，但我做人做事做学问的原则始终未变。

俗话说：满招损，谦受益。只有不断丰富提高自己，才能到达瑰丽多姿的彼岸。工作至今已十多年了，我深深感到：要提高自身素质，要使自己成熟起来，最好的方法就是学习与实践的有机结合。

从师范学校毕业后，我先后参加了大专、本科学历进修。学习是艰苦的，我清楚地记得参加成人高考的前一天，我还在进行语文教学评比，由于我学习和工作齐抓并进，合理安排时间，不仅教学评比获得区一等奖，高考也以总分高出录取分数线50多分的好成绩被黄浦区教育学院录取。

1998年，虹口区教育局给了我一次学习深造的机会，我重新收拾起书本，回到了书声朗朗的校园，攻读本科。对长期在基础教育一线工作的教师来说，非常需要机会提高理论水平。在这三年中，我克服路途遥远，交通不便，工作繁忙，孩子幼小等困难，坚持学习不间断。我接受了邓小平理论、古代汉语、现代汉语、文艺评论、教育科研方法等十几门课程的学习，聆听了教授们深入浅出的讲解，了解了我国语言文字的演变及发展过程，了解了进行教育科学研究的方法，更了解了许多最新的教学理念、教学信息。本科学习为我打开了一扇观察世界各国教育发展的窗户。

我还有幸参加了由上海师范大学和虹口区教育学院共同举办的小学语文硕士课程班的学习。在这两年中，我系统地学习了小学作文教学论、教育科研方法、教学策略、教学心理学等课程，并在教授的推荐下撰写了《激发动机是作文教学的第一环》和《如何处理阅读教学中的反馈信息》，分别发表于《小学语文教师》和《大众心理学》杂志上。1998年3月，在课程班结业时，我还有幸代表全体学员在结业典礼上作了发言。

作为一名新世纪的青年教师，不仅要有扎实的知识基础，理论功底，还要不断加强党性锻炼。我曾参加由虹口区委组织部和区委党校联合举办的为期两个半月的虹口区第三期青年干部培训班，培训分为军训、理论学习两个阶段。军训使我养成了规范的行为，磨炼了坚强的意志。在理论学习中，我听取了38个辅导报告，使我认识到，在工作中要坚持解放思想、实事求是，着眼于对实际问题的理论思考，以时代的高度、战略的眼光去观察问题、分析问题、解决问题，不断增强政治意识、全局意识。在邓小平理论专题谈论会上，我从小学教程改革的实际情况出发，提出了提高教学质量，加强科学管理，大胆改革，勇于创造的工作思路，得到了大家的好评。

选择了教师，就注定要把教育当作自己奋斗终生的事业。我将永不满足，为小学语文教学不懈努力。

2001年10月于华东师大一附中实验小学（原飞虹路小学）

我的课改成长之路

1993年，才满5年教龄的我接受了"一期课改"的任务。抱着"初生牛犊不怕虎"的心态，我和年级组的老师们一起开始了课程改革实验，现在想来，当时的做法属于典型的"摸着石头过河"。

一、带领语文大组，积极投入课程改革

"一期课改"启动后，以新课型"听听读读"为突破口，在区教研员的帮助下，我申报了"S版小学语文中年段'听听读读'课型的研究"，作为上海市青年教师课题获得了立项。我和年级组的老师们一起查资料、上实践课、写报告，并先后执教了"萤火虫找朋友""快乐的小河"等课程，其中，"快活的小河"面向全市试点学校的语文教师进行了公开教学，我也因此参加了在江苏南通举办的上海、南京、无锡、南通"四城区"青年教师会课活动。

我撰写的《S版小学语文第五册"听听读读"训练初探》《"听听读读"教学中的"听"》《小学语文S版教材"听听读读"的研究》等文章分别获得上海市"八五"培训优秀学员论文三等奖，上海市小语会论文评选三等奖，虹口区中小学语文教学论文评比一等奖等奖项，我也代表虹口区多次在全市范围进行交流。我撰写的教案《小

读者》《南极风光》《威尼斯小艇》《童子救城》等也发表在"S版小学语文一课多式教案点评丛书"之《语文 五年级第二学期》《语文学科教学目标与课堂教学设计》及其《参考教案》上。

1995年,我被任命为教导主任,分管语文教学。我紧紧抓住课程教材改革这一契机,带领全体语文教师投入了教改。针对我校语文教师的实际情况,我首先制订了八项措施。①办讲座。邀请专家、优秀教师作有关现代教育教学理论和实践的报告。②传信息。由教导处及时为教师推荐发放教育理论书籍和刊物,或印发从报刊上摘录的有关教育改革经验的文章,引导教师们自学。③给课题。根据我校的主课题以及我个人的课题,给教师分配不同的研究课题,同时鼓励他们平时自己搞教学研究,探索教育教学规律。④抓听课。结合课题研究,教师在校内上语文研究课,执教老师同时进行说课,听课老师作好笔记,课后组织评讲。⑤搞观摩。由教导处指定青年骨干教师在校内进行教学观摩,展示自己教学研究成果。结合"五四"教学比赛、"一二·九"教学比武,在校青年语文教师人人参与,引导他们把先进教学理论运用到课堂教学中,切实地提高四十分钟课堂教学质量。⑥集资料。在自学基础上摘录教育教学资料,每学期不少于1万字。⑦练内功。青年教师自觉参加五项教师基本功训练:上一节优质课、写一手好字、撰写一篇教育教学札记、出一份试卷、制作一件电教软件。⑧写论文。一年写一篇教育教学论文,年终进行交流。

课堂教学是实施素质教育的主渠道,我们语文组精心地安排每次教研活动,保证人人参加,落实"四个研究"(即研究重点、难点、教法、学法)。通过集体备课、说课、评课,"同教材异教法",分年级、分课型上研讨课等手段,提高教研活动的质量,使教研活动真正起到教学研究的作用,使每位教师都能有所得。同时,我还特别重视听课、评课活动,具体开展形式有听随堂课、组内互听、师徒对听、听"每周一星"上展示课、听科研课题研究课等。我除了任教一个班的语文外,也挤出时间听课,平均每学期达40节。

为了迅速培养青年教师,学校积极为青年教师创造条件,为他们搭建施展才华的舞台。语文组先后请来了李静艳、徐家良、陈焕之、蔡幽凤等语文特级教师和中高级教师为我校教师开设专题讲座,介绍多年来的语文教学经验,最新的教学理念,并请他们听课、评课,全面指导我们的语文教学工作。学校还输送青年教师参加各种业务进修班,教材教法研究班。为提高教师的科研水平,学校特地请了留日博士陈永明,科研室王珏城、朱城霖等老师做科研讲座,我的个人课题"小学语文教学中学生创造能力培养研究"被批准立项以后,我要求全体语文教师也尝试开展课题研究。我校青年教师张蓉的"小学语文探究性学习指导方法研究"获得市青年教师课题立项，在区科研论文评比中，一位教师获区二等奖，一位教师获区三等奖。这几年，我校共有 7 名教师参加 S 版教材教学比武、2 名教师参加全国小语会上海赛区比武、3 名教师代表虹口区参加"四城区"青年教师会课、1 名教师所开课程获区"特色课"称号。

二、抓好课堂教学，不断探索实践

三年的课程改革工作紧张充实，经过年级组全组老师的不懈努力，试点年级学生 100％通过了毕业考试，并有三分之一的学生考入市区重点中学，为我校历年成绩之最。在试点年级五年级的小结会上，由于我校工作突出，成绩显著，被教材编写专家邀请在会上进行交流发言。由我撰写的发言稿《加强语文教材研究，提高语文教学质量》也刊登在《跨世纪的小学语文教学研究"我用 S 版教材"征文选粹》上。

1999 年 5 月，在我校开放活动中，我接受开课任务，上了五年级《空城计》一课。起初，我也有一定的顾虑，一是因为没有自己的班级，怕教学方法学生不能适应，二是自己是区"百人工程"对象，又是副校长，万一上砸了，有损学校的声誉。但我想，作为学校领导，应事事在前，要在实践中磨炼自己，提高自己。我认真分析教材，虚心向本区及外区的教研员请教，采纳他们的建议，结合自己对教材的理解，精心设计成教案，并采用"扩散性问题"进行提问。在教学中，我始终围绕"诸葛亮是怎样一个人"这个主要问题展开教学，让学生畅所欲言，而不是以自己的思维方式和教材上的内容来束缚学生的思维。由于准备充分，设计合理，此课收到了很好的效果。同年，我还参加了"一二·九"教学比武，我的说课"南极的除夕"获区一等奖。

2000 年 10 月，我参加了上海市教委举办的语文学科教学评比，这次评比有"四个一"的要求：上一堂课，进行一次说课，根据专家所给的材料当场设计一个教学过程，进行一次答辩。在评比活动中，我上了四年级《杏儿熟了》一课。在教研员及市里的专家的帮助下，我分析教材、设计教案，努力体现"二期课改"精神，"以学生发展为本"，注重学生道德情操的陶冶和创新精神、实践能力的培养，使每一个学生的潜能都能发掘出来，人格特点逐渐完善。我为学生营造了一个良好的语文学习空间，让学生自己去探究、去思考、去感悟，在弄清课文中的奶奶每次笑什么的同时，体会奶奶的勤劳、善良和慷慨。由于准备充分，设计合理，此课收到了较好的效果。

语文教学是母语教学，是学生基础中的基础，正因为语文如此重要，对语文课的教改，社会各界颇多微词。确实，作为一名语文教师，有时也十分困惑，甚至有点茫然。于是，我利用假期，认认真真地读了王丽主编的《语文教学忧思录》，并作了札记，收获颇丰。在教育科研活动中，我深深地体会到，随着市场经济的建立，人与人之间的竞争也日趋激烈，无论是对个人来说，还是对整个民族来说，创新已成为一种关乎生存竞争、发展竞争的手段和能力。由此，我校提出了"培养小学生创造性学力的研究"这一科研课题。作为副校长，我直接参与了该课题的设计与实施。

我国的语文教学长期以来在教育思想上偏重于语言文字知识的传授，忽视能力的培养和智力的开发，所培养出的学生多是"知识型"的，开拓精神不足；在教学方法上，只注重研究教师如何"教"，而不重视学生如何"学"；加上较重的课业负担，使语文学习成为一种苦差事，出现了学生学习不够主动，缺乏探索精神和创造才能等问题；课堂教学也不能很好地顾及所有学生的基础条件和认知特点，不能完全适应所有学生的个性特点。这些都束缚了教师的手脚，阻碍了创造性的"教"与"学"等问题。为此，我提出了"小学语文教学中学生创造能力培养研究"的课题，该课题被批准为 1999 年上海市教育发展基金会资助项目，经过两年的探索实践，顺利完成结题工作。教育科研活动，不仅敦促我不断进行教育实践，更使我的教学工作变得科学、符合规律，而且也提高了我各方面的能力。

三、结合学校特色，不断深化发展

为了提高学生的写作兴趣，我们在学生中开展了各项竞赛活动，其中"月季花"征文比赛受到了广大学生的欢迎。起名"月季花"，顾名思义，每月进行一次作文评比，评比内容有优秀课堂作文比赛、诗歌创作比赛、各类征文比赛等，比赛结果每月由教导处张贴红榜并颁发奖状。学生的写作兴趣大大提高，由原先的中高年级学生参加延伸至低年级；由原先的教师负责布置得奖作文展示版面到由中队负责出版面；由原先的学生阅读得奖作文到家长一起阅览，参与人数增多了，阅读人数也增多了。

后来，我们将原来由教师评选的方法，改为由学生、家长投票评选，使更多的人投入"月季花"作文比赛中去。我们通过"月季花"评选出的作文有的参加上海市作文竞赛获奖，有的刊登在《作文大王》杂志上。此外，我们还经常举办朗读比赛、讲故事比赛、"百词无差错"比赛等。学生们的听、说、读、写能力在积极参与中有了很大的提高。

我校经过多年努力实践，被先后命名为"虹口区科技特色学校""上海市科技特色学校"。语文教学和科技特色如何有机结合呢？我们认识到课堂是进行科技教育的重要战场，我要求教师在完成语文教学任务的同时，渗透科技、科普知识。如四年级语文《盐的世界》这课中，我们重点通过语言文字和朗读训练来帮助学生理解盐湖的奇妙与美丽，并自然地渗透有关盐和盐湖方面的科普知识，让学生进一步了解盐湖奇妙美丽的原因。同时，我结合学校每年的科技节活动，要求学生完成一篇图文并茂的科技想象作文，其中优秀的还会被张贴在学校的宣传栏中。

在上海市中小学第二轮课程改革中，中小学课程结构由基础型课程、拓展型课程、研究型课程三大部分组成。我校作为市课改基地，对其中的研究型课程（在小学阶段，称探究型课程）已开始试点，研究型课程是以研究性学习为主的课程，而作为一种重过程、重应用、重体验、重参与的学习方式应该也可以迁移到语文教学之中。我和语文组的老师已经开始着手研究。2001年，陈如英、张蓉两位老师教授《桂林山水》这篇课文时，由于学生对桂林山水缺少感性认识，对文中语言文字的理解有一定的困难，难以与作者的感情产生共鸣，因此，决定指导学生采用搜集资料的方法自己发现知识，体验情感，学懂课文。课前，老师们对如何搜集资料进行了耐心细致的指导。课上，指导学生用搜集到的各种资料来谈对课文思想内容和语言文字的理解。学生通过品读宋人张自明的诗句"癸水（即漓江）江头石似浮，银河影里月如钩"，明朝解缙的"潭心绿水缓悠悠，长湾短湾凝不流"，自然而然地理解了漓江水静、清、绿的特点。学生主动搜集资料，认真分析比较，获取了大量信息，并运用它们加深对课文的理解，由此深深感到"桂林山水甲天下"的确是名副其实，热爱祖国之情油然而生，同时学生们也开阔了视野，丰富了词汇，增长了知识。这种学生自己通过探究获得的知识，会掌握得更为牢固，情感体验更深刻、更自然，而且在探究过程中，学生多次进行分析、比较、归纳、总结等，开展具有创造性的脑力活动，使思维得到积极的锻炼，智力得到充分的发展，能力得到很大的提高。此外，我们还在《盐的世界》《田忌赛马》《称象》《捞铁牛》《太阳》等课文的讲授中进行尝试，我撰写的《在阅读教学中开展研究性学习初探》，发表于2001年第6期《上海教学研究》上。

诺贝尔奖获得者、德国物理学家劳厄说："教育重要的不是获得知识，而是发展思维能力。教育是一切已学过的东西都被遗忘掉的时候，所剩下来的东西。"在信息瞬息万变的今天，人们越来越深刻地认识到要培养学生的创新精神和实践能力，必须形成一种对知识进行主动探究，并重视实际问题解决的主动积极的学习方式，这就是研究性学习。这种学习方式将有利于学生终身学习、发展学习。关注学生终身学习，作为教育工作者，义不容辞。

2002年8月于华东师大一附中实验小学（原飞虹路小学）

我的班主任情结

1988 年 7 月，我带着对教师职业的美好憧憬，来到了飞虹路小学（现为华东师大一附中实验小学），开始了教学生涯。到学校后，校长分配的任务就是教语文，当班主任。仅仅一个月，担任班主任工作的"烦心"就让我"刻骨铭心"，真的成了"被做教师"的第一课。

后来的反思与总结，让我逐渐认识到担任班主任不能刻意计算工作量，也无法精确计算工作量，如果一定要计算，占比在全部工作量的 60％～70％。班主任一走进自己班级的教室就是实际工作的开始；走出自己班级的教室，脑子里想的还是班级、学生；班级里发生的即使只是芝麻大的一点事情，但学生一声呼唤，就是"召之即来，来之能战"的命令，没有假如，只有必须，全身心地投入进去。

班主任很忙。每天早晨一到学校先要到教室看一看，课间也要随时跨进教室照料一下。除了完成自己的课堂教学任务外，每天一听到课间铃声就条件反射似地往教室里"冲"：有学生迟到吗？两分钟预备铃后还有没有歌声嘹亮？做眼保健操时穴位有没有到位？下课有没有孩子在打闹？午餐有没有浪费……

班主任很累。除了体力上的支出外，整天劳神劳心，心累胜于体累。要于细小处去发现每个孩子的不同之处，发掘他们的"闪光点"，促进他们更好地成长；找寻他们有待教育改进的地方，时时用春风般的话语去滋润那幼小的心田；寻找他们的个性特点，鼓励他们开发潜能，扬长避短，成为有用之才。

班主任很烦。走进教室总会遇到学生之间难以分辨对错的矛盾，耳边总会传来学生告不完的状，要"清官"——班主任前去断"案"；外出进修了，担心班级学生是否会淘气，惹出一点"风波"；放学了，担心学生是否都安全到家；学生在家了，担心是否认真完成作业，不会到弄堂去"撒野"吧……这一切的琐碎让你心里永不能安定片刻。

班主任很苦。不仅是忙累的苦，还有操心的苦，还要苦中作乐，自得其乐。晚上睡觉做梦，也常常梦见学生吵架、不遵守纪律、任课老师告状、家长之间的纷争等。经过工作，班级秩序稳定了，家庭教育正常了，学生发展了，教师的苦心方稍得安慰。

总而言之，班主任很忙，让你忙得没有了时间概念；班主任很累，使你心神疲惫，晚上倒下就睡；班主任很烦，烦得你甚至想放弃"坚持"的决心；班主任很苦，苦得你心尖有时在"品尝"黄连。

但是，班主任更多的是甜，每每苦尽甘来，总能领略一番独有的精神享受。想一想每逢过节，孩子们送上的自制贺卡，一声声的亲切问候，一句句的深深祝福，给了我慰藉、甜蜜；想一想每当生病，孩子们总会显得那么听话、懂事，他们的眼神传递着祝我早日康复的信息；想一想，在老师的教导下，每一个孩子天天在进步，日日在成长的快乐；甚至想想若干年后孩子们的成熟、成功，能在自己的手中成就一个个对社会有用之才，这又何尝不是教师职业特有的快乐呢？

教师就是一种助人成长的职业，班主任与学生的关系更是如此。班主任做学生德育工作，主要是通过情感的传递来引导和教育，即以"爱和教育"关怀着学生，如果没有爱的情感做融合剂，就不能放大教育的效益。

物的输出并不一定需要物的回报，因为这可能太低俗；而情感的输出总是需要情感回馈来平衡的。班主任的情感传递对象是自己班级的学生，天天在自己身边，因而总是输出得多，情感回馈得少，造成情感收支的不平衡，或称失衡，也就是"感情无助"，这就容易引发教师职业倦怠。

人们将教师喻为蜡烛，既有积极的意义，也可能有一点偏颇，因为教师不仅是被动"燃烧"，以自己的"蜡烛"之光点亮每一个孩子的人生成长之路，体现一种无上荣光的服务精神、奉献精神，教师自己也会在岗位上成长成才，体验辛苦背后的幸福，收获付出以后的成果。

2007 年 9 月于华东师大一附中实验小学（原飞虹路小学）

做教师的三重境界

作为一名教师，在学校里主要面对的人际关系是师生关系。如何正确对待自己的教育对象，我认为达到以下三重境界，这样的教师才称得上称职。

一、第一重境界：把学生当孩子

苏霍姆林斯基曾经说过："教师的职业意味着他要放弃个体喜怒哀乐的权利，使自己的胸怀宽广。"喜怒哀乐，人之常情，教师不会在其外。但因为教师承担着"教人求真"的神圣责任，必须能以"容天下事""存天下理"的博大胸怀面对自己的学生及其家长，因而自然对喜怒哀乐要有所节制。

过去,幼儿教育还没有普及,习惯上把小学学段视为启蒙教育阶段,一年级刚入学的孩子被视为蒙童,刚刚年满6岁,刚刚开始读书识字。教师要真正把小学生们视为未成年的孩子,懂得他们尚处于童真,还不太明白事理,处于需要指点和引导的人生初程。只有这样,我们才会宽容孩子的缺点,原谅孩子的过失,也就不会因为孩子的一点小小错误伤害孩子的身体,更不会挫伤他(她)稚嫩的心灵。

二、第二重境界:把别人的孩子当自己的孩子

为人父母的一般总认为孩子是自家的好,"望子成龙""望女成凤"是父母的普遍心态。如果教师都能从做父母的情感去看待自己的学生,视同己出,盼望在学生身上出现"罗森塔尔效应"的变化,那么,教师的眼里也许就不会有"差生"的概念了。哪有父母会称未成年的孩子是"熊孩子"的,又哪有教师会称自己的学生是"熊学生"呢?

我们常说要"爱生如子",若能真正做到爱生如子就是一名好教师。把别人的孩子当自己的孩子,多一分关心,多一分体贴,多一分呵护,学生们也就自然会和老师更加亲近,甚至不太愿意同父母讲的话也会同你"悄悄"地耳语几句。

高尔基说过:"谁爱孩子,孩子就爱他。只有爱孩子的人,他才可以教育孩子。"这就是师生关系的真谛!

三、第三重境界:把自己当孩子

传统教育文化中的师道尊严至今仍在影响着我们的教师,"教不严,师之惰",面对孩子总会有一点"居高临下"的教育者身份。其实,教子是否有道,主要不在于架子和身份,而在于师生的关系——把自己当孩子!学生若把老师当作自己人,对老师亲近了,教师的话自然就是"金玉良言",否则说得再多也如同一句也没有说过。然而,放下教师的架子,说来容易做起来却比较难,若能把自己当孩子,与每一个学生平等相待,才是教师的最高境界。

把自己当孩子并不只是形式上的蹲下身子和学生说话,而是需要教师具有一颗宝贵的童心,只有这样,才会走进学生的内心世界,才会发现,孩子的想象力是多么丰富,孩子的思维是多么奇特,孩子的行为是多有创造性;才会懂得童心需要呵护,童真需要培育,童趣需要珍藏。

把自己当孩子,教师就会用欣赏的目光看待孩子的顽皮和淘气,就会想方设法给予他们更多的自由和快乐。因为教师自己的童年也许就是这样……真正实现师

生平等,孩子的学习激情就会被激发,孩子的创造性也能得到很好的发展,而且孩子还从教师这里学会了平等待人,宽以待人,学会了同感、同理、同情。

教师有了这样的三重境界,师生之间才能真正产生心与心的交流,心对心的塑造。这样的教师才是孩子们的心灵大师!

2008 年 5 月于华东师大一附中实验小学(原飞虹路小学)

执着"捧心"的事业

我毕业于以著名教育家陶行知先生名字命名的上海市行知艺术师范学校。记得当年求学期间,操场的围墙上,醒目地张贴着先生的一句名言——捧着一颗心来,不带半根草去。每天经过操场,我总会不自觉地看一眼。二十四年后的今天,回想起当年的场景,记忆依然是那么清晰,我想,这句话不仅仅扎根在我的心中,而且常学常新,伴随着我成长的每一步。

一、"捧着一颗心来",做学生喜爱的教师

曾经梦想着要当一名被广大学生喜爱的老师,当时还懵懂的我,就这样站上了讲台,开始了我的教学生涯,还当上了班主任。但怎么才能让孩子们接受我呢?我努力备好每一堂课,到处查阅资料,精心设计提问,研究新的课题。尽管在讲台上站了几年,但我发现,我还是常常会因学生的调皮而埋怨他们,会因他们的退步而急躁烦心,会因他们的错误而感到内心无助;而孩子们也只是把我当作一名普通的任课老师,并没有把我当成他们的良师益友。

就在我彷徨的时候,我想起了那著名的校训"捧着一颗心来,不带半根草去"。一瞬间,犹如一道闪电划过我的脑海,我恍然大悟。"捧着一颗心",这是要让老师把爱心献给孩子们,仅仅是单纯的业务钻研远远不够啊!

从此,我不断激励自己,以爱心去温暖学生,以耐心去感化学生,以真心去打动学生。清晨,我把早到校的学生组织起来,开展"十分钟队会";课后,我会把学习有困难的学生留下,把教学重点多讲解几遍;双休日,我会深入学生家庭,落实"家庭活动基地"开展情况……同时,我用心去体验学生想了解什么,以此来做课题研究,积累数据,探索方法。一分耕耘一分收获,在用心付出的同时,我也得到了快乐和

成功,实现了我的最初梦想,成为一名被学生喜爱和尊重的人民教师。在我和学生们的共同努力下,我带的班级多次被评为市区优秀队集体;我辅导的学生作文频频获奖;我被授予优秀班主任称号;我执教的语文课获得上海市教学评比一等奖;我撰写的教学论文也发表于各类杂志上。每年,不断有毕业的学生来探望我,向我报告他们的成长经历,这是我最大的宽慰啊!

二、"捧着一颗心来",办人民满意的教育

十年前,怀着一颗赤诚的心,我踏上了校长岗位。教育的飞速发展形势,使得我们这些青年人的发展备受关注,在前进的每一步上我都得到了前辈的指点,不仅"扶一把",更在走上领导岗位后,"送一程"。我先后参加了区骨干校长培训班、上海市第二期名校长培养工程、第二期长三角骨干校长高级研修班的学习。系统的培训,让我体会到:作为一名高水平的校长必须集教育思想和教育实践于一身,没有思想的教育是盲目的实践,没有实践的教育则是空洞的理论。特别是在与名校长的对话中,我品味着他们对教育、事业与人生的深刻理解,再一次领悟到"捧着一颗心来,不带半根草去"的深刻内涵,那就是用我一颗奉献教育事业的心,不畏首畏尾,不瞻前顾后,以自己对教育的理解,对事业执着的追求、不懈探索的勇气,走出自己的独特发展之路,形成鲜明的学校特色。

2010年6月,我调入了虹口区第六中心小学。刚去时,由于对学校原有的积淀和发展不了解,对学校所面临的现状不明晰,一度对学校如何进一步发展忧心忡忡。于是,我拜访老校长、老教师,从他们对学校深厚的感情中体验第六中心小学的文化内涵;我深入班级听课,从教师们的课堂中汲取第六中心小学的文化力量;我参加教研组、班主任等各类活动,从管理流程中了解第六中心小学的制度文化;我浏览各种文件、资料,从历史的积淀中感受第六中心小学办学的文化底蕴。在此过程中,我结合学校的实际情况,提出"手牵手,心连心,自主快乐同成长"的行动口号来彰显"生生之间、师生之间、亲子之间的手牵手、心连心、同成长"的办学理念,以此来引领学校改革与发展。虽然目前我们第六中心小学尚处在发展的初级阶段,要跻身成为虹口区,乃至上海市一流学校还有很长的一段路要走。然而,不管在哪个阶段,我都有信心我们会尽己所能成为这一区域的最好小学,因为我们有明确的目标,为了办好人民满意的教育,我会和全校教师一起努力去开创第六中心小学的未来。未来不是我们要去的地方,而是一个我们要创造的地方!

捧着一颗爱孩子的心,真诚地对待每位学生;捧着一颗勤思考的心,大胆地实

践特色教育。时代在进步,教学在改革,但行知先生的名言,将永远铭记在我的心中,成为我继续耕耘在祖国教育事业上的精神力量!

2012 年 5 月于虹口区第六中心小学

第二章　孩子成长那些事

人都是从童年岁月走过来的，童年就像一个五彩斑斓的梦，使人留恋，使人难忘。童年是人生最宝贵的一笔财富，将会永远铭记在每一个成年人的心头。

当我走上讲台，面对孩子，开始从事教师工作，迈出教坛事业第一步的时候，我想用心回忆童年，用爱珍视童年，用双手捧起童年的雨滴，用思绪挽留童年的风月，并用这样真诚的爱心去对待今天怀有梦想的孩子，让他们沐浴在新时代的阳光下，呵护每一个孩子的健康成长。

同伴交往是成长的必修课

把儿童学会与同伴交往视为学习做人的第一步，是十分在理的。人是社会的人，社会生活的第一课就是学会交往。人们普遍认为社会化过程贯穿人的一生，儿童阶段是社会化的起始阶段，这个阶段的儿童社会化是通过学习、交往、模仿等实现的。这些年来，社会是越来越宽松，也越来越开放了，人的个性发展也更偏向自主，然而事实却是我们的孩子越来越呈现自我封闭、自我孤立的迹象。

现代住房，独门独户，限制了人际交往，独生子女家庭缺少兄弟姐妹亲近，唯我独尊。于是，有不少父母、老师反映，孩子以自我为中心，和同学伙伴相处时，自己总是不能吃亏；有的家长对孩子过度保护，甚至阻止其与同伴交往；孩子平时以看图书、看电视、上网、玩游戏机等个人玩乐为主，缺少集体娱乐活动，缺少与同龄伙伴的共同玩耍；有的孩子待人冷漠、不关心他人，不善于与同学相处，经常与人闹矛盾，不合群，在同学中被孤立、不受欢迎。凡此种种，无不与孩子不会交往，不善交往，父母又不让孩子健康地与同伴交往有关。

小 A 是三年级的学生，比较聪明，却是不多言语的小男孩。从小到大都喜欢待在家里，如同"宅男"。他喜欢看书、绘画，喜欢一个人独处、安静地活动，极少和周围的小伙伴合作游戏，对其他小伙伴不喜欢打招呼。对集体的事情不太关心，轮到担任值日生时只做自己的一份，对别人的劳动工作不问不管。上课时，不举手发言，让他参加小组活动，总是找理由不参加。老师和他交流，他的脸上没有表情，只是点头或回答"是""不是"。

小 A 同学这种情况就是交往中的退缩型问题，是交往心理问题的一种。这种问题大多是家庭养成的。现代家庭，父母大多没有时间和孩子在一起，就尽量在物质上满足，孩子往往"面壁"做功课、"面壁"做游戏，孩子独处的时间太多，慢慢就习惯于孤独、静处，很少交往，渐渐造成心理上的内向、孤僻，也就不喜欢、不愿意去交往了。

交往本身不是一个单纯的心理品质，却是具有多种心理特征的能力，是一种亲社会的心理品格。这种品格的形成应当包括以下的心理倾向：与伙伴接近的需要；对合作活动的兴趣；言语交流的愉悦；对同伴行为的容纳和礼让。而这些不仅是由健康的交往派生出来的，也是在交往中应该注意引导培养的。

这里对培养孩子交往能力提几点建议。

（1）让孩子有时间与精力进行交往。父母再忙，也要留一点空闲给孩子，给孩子创造一点时空，给孩子留一点愉悦，让他们能够与伙伴交流，与成人对话。

（2）给孩子创造与同龄人交往的机会。年龄尚小的孩子还不会创造交往的机会，需要家长去寻觅良机，创造情境。孩子与同伴交往比之与成年人交往更重要。

（3）让孩子拥有同理心、同情心、宽容心。这是指培养孩子良好的交往品格，其基础是让孩子能多换位思考。

（4）别让孩子迷恋电脑、电视、游戏。这是指要避免影响孩子交往和心身健康的负面问题。

（5）注意关心孩子在与同伴交往中出现的问题。孩子在交往中难免发生矛盾，家长不要护短，而要防微杜渐，防患于未然。

（6）对于孩子成长中的烦恼，给予指导，陪伴他们成长，但也要尽量让孩子自己悟出其中的道理，自己学会去化解交往中的困境。

把孩子"放养"在大自然、大社会，大世界中，才是父母最好的选择，对孩子的身心发展才更有益！

2005 年 3 月于华东师大一附中实验小学（原飞虹路小学）

走出唯分数论的误区

　　若干年前,杭州的一位小学教师提出了基础教育的"第十名现象",在全国教育界和社会各方面产生了巨大反响。这位从教近20年的教师,有意识地对1990年前后毕业的150名小学生作了跟踪调查,结果在这些如今已上大学或工作了的学生中间,发现了一个"耐人寻味"的"第十名现象",即第十名前后直至二十名的学生,在后来的学习和工作中"出乎意料地表现出色",并成长为"栋梁型"人才;相反,那些当年备受老师宠爱、成绩数一数二的优秀学生,长大后却往往淡出优秀行列,甚至在其后的升学和就业等方面屡屡受挫。

　　这位老师进而分析,许多教育专家也认为,排在第十名左右的学生虽然成绩相对普通,但大多个性比较活泼、灵活性强,读书较为轻松,且兴趣广泛。老师不大注意这批学生,反而培养了他们独立学习、独立思考和创作的潜力;同时,由于他们没有争取名次的沉重心理压力,读书心态较健康,不会只懂得死记硬背以应付考试,这令他们有充足的后劲,进步和成才的概率也就相应提高了。

　　对于"第十名现象"教育界也是"仁者见仁,智者见智"的。但是大家公认,唯分数的学习,用十分的力气去争得第一名是不值得的,还不如巧用七分的力气去保证比较好的学习成绩,然后用三分的力气去发展兴趣,开拓学习,这样个人的发展才会更有后劲。

　　其实,没有一个孩子不想学习好,也没有一个孩子不想考第一名。但是,为什么绝大多数孩子与第一名无缘呢?美国一个名叫霍华德·加德纳的心理学教授从人的"多元智能"的角度揭开了这个谜。

　　在人才观上,多元智能理论认为几乎每个人都是聪明的,但聪明的范畴和性质呈现出差异性。"天生我材必有用",学生的差异性不应该成为教育上的负担,相反,应该成为一种宝贵的资源。我们要改变以往的学生观,用赏识和发现的目光去看待学生,促进学生潜能的开发,改变以往用一把尺子衡量学生的标准,要重新认识到,每位学生可能都是一个潜在的天才,只要我们正确地引导和挖掘他们,每个学生都能健康成长。以此最终促进每个学生成就自己的优秀。

　　因此,每次考试都要求子女得高分,甚至得满分,是不现实的,也没有必要。分数并不代表学生学习的全部,更不是评判学习质量高低的唯一标准。做家长的应该转变教育观念,从分数中解放出来,不要做分数的奴隶。家长不要总是用分数压得孩子喘不过气来,千万不要对子女有不切实际的过高期望。虽然期望有一定的效应，但是，期望超出了孩子的实际可能性，就会走向反面。家长还要引导子女不要做分数的奴隶，有的孩子自尊心强，自我实现的欲望高，如果不加引导，也会适得其反。

有位哲学家说过："人必须成为他所能成为的人。"朱熹也曾提出："圣贤施教，各因其材。又以成人，小以成小，大以成大，无弃人也。"因此，我们每一位家长要从子女能成为怎样的人入手，从"我能做什么""我会做什么"，以及为实现"我会做"这一目标"我现在应该做什么"等方面对孩子加以教育引导，才会更有利于孩子的健康成长。

在孩子的学习及成长上，既要抱有期望，又要抱有一颗平常心，不要对孩子有超常的要求和不切实际的想法，才更有可能成功。

2006 年 7 月于华东师大一附中实验小学（原飞虹路小学）

阅读是很浪漫的教育

开学第五周，我是在"会海"中度过的，真的累！每逢开会，不是领导召集我，就是我召集教师，并且每个会议都会带回或下达一些任务。如周一去市教研室参加了"家长手册"框架的制订、讨论，除了要收集一些家长面对孩子入学而可能产生的问题外，还要承担问题解答的撰写任务。好在有本校教师的支持，此项任务已经完成。

在这么多的会中，周二下午参加的"2008 儿童阅读实验基地学校校长研讨会"最让人精神振奋，因为聆听了梅子涵教授充满诗意的演讲，本文标题中"浪漫"一词就出自他的演讲。现在的孩子学业繁重，除学校的课程外，家长还在双休日带着孩子学钢琴、绘画、舞蹈、奥数、英语等，留给孩子自主阅读的时间少之又少，同时，市场上又充斥着大量的漫画书，电视里播放的又是动漫，不由自主地就把孩子带入了"读图时代"。这一研讨会的召开，是在现实忙碌中关心孩子童年课本之外的阅读，不是为了完成任务，只是为了感觉、为了心情。本着对国家未来负责的态度，大家希望把阅读变成自然的事，就如同我们必需的一日三餐一般，成为成长的营养，因此，梅子涵教授把它称之为"浪漫"。

"阅读是浪漫的教育"，我突然来了一点灵感。在孩子身上常常有这类浪漫的事情发生，只是常常被我们错失。

"老师,我们什么时候去绘本馆看书啊?"一(1)班的小朋友们向老师问道。"今天就轮到我们班去绘本馆阅读了,你们想去看书了吗?"孩子们这么积极地盼望去绘本馆看书,让老师们欣喜不已。孩子们经常在这里读书,慢慢地也就培养了专注阅读的良好习惯。

"嘘! 我们要小声一点,看书的时候不能讲话,不能有声音的。"孩子们进入绘本馆前,会相互提醒着。

对低年级的孩子们来说,绘本阅读的过程,是一个人沉醉在幻想世界的一刻,也是他们与绘本故事里的世界融为一体的一刻。打开绘本封面的那刻,孩子们渐渐就进入了神奇的故事世界里,踏上了奇妙故事世界的旅途。做自己喜爱的事情,总会感觉时间如流水般,瞬间从指缝中流逝而去了。阅读时间很快结束了,孩子们将自己看完的绘本小心地放回原来的位置。

即使他们看完了绘本故事,我们依旧能在孩子们明亮的双眸中发现,他们仍然停留在故事带给他们的幸福感觉里,他们会展开自由想象的翅膀,在幻想的世界里翱翔,令自己的想象力更加丰富。

要引导孩子自觉阅读,就需要知道孩子最喜欢什么,《论语》《增广贤文》等是经典,但小学的孩子们未必就喜欢。阅读是有鲜明的年龄层次的。在研讨会上,主办方为每个年级的孩子推荐了童话类的书籍,前期的实验结果表明,童话,是孩子们比较喜欢的。沉浸在美妙的童话世界,让孩子们喜悦地、感动地接受教育,实现成长的指引,可能要比大人空洞的说教更容易接受。

我校是市级"儿童阅读实验基地学校",考虑到儿童阅读实验的期限为两年,学校推荐三年级组参加试点,同时,欢迎其他年级感兴趣的老师自由加入。这是一件无利可图的事情,但是能让孩子们沉浸在阅读的"浪漫"之中。我们的心愿就是让孩子们在童年时能有机会读到他们这一年龄段应该读的书,当他小学毕业,离开母校时,能抱着一怀抱的诗歌、一怀抱的童话,那将是一件多么令人欣慰的事啊!

2008 年 3 月于华东师大一附中实验小学(原飞虹路小学)

独立思考,从小开始

爱因斯坦说过:"学会独立思考和独立判断比获得知识更重要,不下决心培养思考习惯的人,将失去生活的最大乐趣。"现实生活中,成功者大多有极具个性的思想,有独立思考与判断的能力。家长要想成就自己孩子的才能,就应该从小培养孩子独立思考的习惯。

然而现在,许多家长总是喜欢替孩子做一些决定,却不知这些"决定"剥夺了孩子独立思考的权利,使孩子的脑细胞处于休眠状态,更严重的是让孩子的思维一直处于依赖状态,失去了独立思考问题的能力,从而培养出来一个只有依赖性和奴性,而没有主见、判断能力和独立思考问题能力的孩子。你会发现:孩子不会检查、纠正自己家庭作业中的错误,在课堂上不能独立思考问题,不能主动结交朋友,等等。这最终会使孩子失去自信心。

包括每一个家长在内的教育者都应该去思考一个永恒的道理——"授人以鱼"还是"授人以渔"。我们认为,真正教会孩子思考问题和处理问题的方法才行,要学会放手。放手并不是指放手不管,放手不等于放纵,而是要把握好大局,管控好主题,积极地引导孩子。独立思考的习惯应该逐渐加以培养,关键是一定要让孩子尝试着对各种问题独立地提出自己的见解与想法。

那么独立思考的能力到底该如何培养呢?可以从以下几个方面加以尝试!

其一,营造一个思考的氛围,帮助孩子从依赖性的环境中走出来。家长不能因为孩子小或不懂事、需要大人照顾等,就把他们看成是大人的附属品。要知道孩子也是一个完整、独立的个体,应该允许他们有自己的世界、自己的空间。有了独立的空间,才会去思考;有了独立的人格,才有助于孩子更好地融入团体,从而为以后的成长和成功打下基础。

其二,鼓励孩子独立自主地做事,不要怕做错事。要尽量创造机会让孩子独立完成他能做好的事,不要怕孩子完不成,不要怕孩子做不好而不放手。引导孩子在独立做事之前,先做周到的思考与安排,以减少差错。即使有不完善之处,也要鼓励、帮助孩子总结和提高。

其三,倾听孩子叙述自己的想法。孩子的想法常常是天真、幼稚的,但是也可能不乏闪光的思想。家长要学会抓住与孩子谈话中出现的有趣的、有道理的论点,鼓励孩子深入地"阐述",使他们尝到思考的乐趣,表达的愉悦,以增强自我探索的信心。

其四,培养孩子创造性思考的能力。在日常生活中,家长可以鼓励孩子凡事常问几个为什么,培养孩子打破砂锅问到底的习惯。同时应不厌其烦地给予正确的回答,并与孩子一起思考,去寻求未知的答案。这样,孩子思考、提问的欲望就会不断增强。

其五,培养孩子"学习事物"的兴趣。学习一件具体的事物比读十本书更管用,可以给孩子独立思考与体验的机会。知识的得来要经过他自己验证,这样才有利于培养孩子独立思考的能力,开启孩子的心智。心智开启了,他们就会留心去发现周围的世界,探究其中的原理,并思考如何与世界发生联系。

孩子是社会的栋梁,是明天的太阳。民族的创新精神要从孩子开始培养。家长们要多多关注孩子的成长需求,为他们提供一个良好的成长环境,给予他们更多独立思考的空间,为他们幸福的明天铺设更为广阔的道路。

2008 年 5 月于华东师大一附中实验小学(原飞虹路小学)

彩虹视屏窗里的教育

"优秀是教出来的",这句话源自美国著名教师罗恩·克拉克所写的一本书的书名。克拉克一方面抓住教育过程中容易被人们忽视的细节,对孩子严格施教,另一方面,又用爱心和热忱赢得他们的爱戴和尊敬。他不仅将注意力放在提高孩子的学习成绩上,还注重培养孩子的良好习惯和教养,注重在细节上教育孩子,引导孩子有善行,有品格。

我们在教育实践中倡导"优秀是教出来的",这既是对这本书的推崇,也是对这位睿智教师的尊敬,同时也表达了对学生寄予的厚望和期待,更说明了一个教育真理,即在学校教育下,在教师的精心抚育下,每一个孩子都能健康成长,成为对社会有用的优秀人才。

为了让所有孩子都能置身于充满新鲜感的教育氛围中,使他们感受到自己确实是被人需要,受人关注的,我们学校在每一层教学楼的墙面上都悬挂了"彩虹视屏窗"。它声情并茂,色彩逼真,播放效果很好。彩虹视屏窗既突破了播放时间的限制——每天滚动播出,又打破了空间的局限——设置在公共场所,让每个学生都能观看。每天滚动播出的诸如少先队活动、德育小故事、中队展示、时事快递、行为规范、新书介绍等内容,都是由师生用心挑选,精心设计和制作的,把简单枯燥的说教转换成了学生喜闻乐见的形式。难怪每天一下课,学生们就会不由自主地,相聚在视屏窗前观看。如今,这小小的一方视屏天地,已成为校园生活不可或缺的部分。

你看,母亲节到了,彩虹视屏窗无声地提醒孩子们:母亲节那天,跟妈妈说一句祝福的话吧!汶川地震了,很多学生久久地站在视屏窗前,感受着那一个个触目惊心的画面,流下热泪,大家发自肺腑地说:"我要捐出我的零花钱,帮助灾区的小朋友渡过难关。"寄托着国人百年梦想的奥运会在我国成功举办,爱好美术的同学展示了自己创作的福娃作品;爱好体育的同学向大家介绍了奥运健儿摘金夺银的精彩瞬间。"温馨教室"评比,班主任拍摄了同学们进校主动向教师问早、问好的场景,拍摄了教室中摆放整齐的课桌椅、布置一新的美观环境,拍摄了课间文明游戏的照片……当视屏窗滚动播出这些场景时,孩子们在屏幕中找寻着自己或好朋友的身影,心情无比激动。彩虹视屏窗规范着孩子文明礼貌的行为,展示着孩子创造世界的才能,记录着孩子快乐成长的童年。

什么叫"潜移默化""耳濡目染"? 什么叫"自己教育自己""自己督促自己"? 一扇彩虹视屏窗道出了教育的真谛。学校从细节着手,把教育渗透到生活的每一个环节,发掘每一个孩子善良的行为和品格,让孩子们向榜样学习,健康成长。

我们衷心地期望,借助彩虹视屏窗,把握住孩子成长的每一个细节,从细节入手提高学生的素质,使他们成为举止得体、品行高尚的好学生。

2008 年 11 月于华东师大一附中实验小学(原飞虹路小学)

"两纲"教育是学校教育工作的纲

《2006 年上海市基础教育(含中职学校)德育工作若干意见》明确指出,中小学德育工作要以邓小平理论和"三个代表"重要思想为指导,以科学发展观统领德育工作全局。按照中央 8 号文件精神,认真贯彻《上海市学生民族精神教育指导纲要》《上海市中小学生生命教育指导纲要》(以下简称"两纲"),围绕"两纲试点年"的中心工作,聚焦课堂、全面落实"树魂立根"教育,促进学生德智体美全面发展。

我校切实把"两纲"教育作为学校的主导工作来抓,抓出了实效,也抓出了一点成功的经验。

一、实施"两纲"教育的起始点：弘扬特色

"弘扬民族精神"和"重视生命价值"是当前未成年人思想道德建设必须突破的两个关键点,也是"两纲"教育的意义所在。开展"两纲"教育是在对以前德育内容有机整合的基础上开展的更有针对性、实效性,且层次更高的德育工作。在此基础上能动地适应和促进青少年的发展。因此,学校推进"两纲"应该全覆盖:不是一

门课,而是门门课;不是一个人,而是每个人;不在形式,而在日常。

我校充分分析、汲取以往的成功经验,特别是与学校原有的办学特色紧密结合,力争做到在原有基础上有所创新,有所突破。

(一) 生活德育

我校丁霞老师于2002年9月申报了"小学生活德育实践研究"的市教研室青年教师课题。生活德育即重视生活中道德资源的开发和利用,结合学生的实际生活,强调将道德教育深深地扎根于儿童生活的土壤,让德育与受教育者个体的日常生活、学习生活、交往生活、集体生活等紧密相连,用学生自己的生活对学生进行积极的启迪与引导,最终达到让学生知行统一的目的。我校从两方面展开了研究。

1. 生活德育的实施途径

儿童的生活有多宽广,德育的途径即有多宽广。除了品德课、少先队活动、班级活动、晨会课等,我们还注重从学生角度开发了生活"体验教育"活动。

2. 生活德育的评价方法

以往的教育评价比较侧重学生的认知能力,评价的主体常常是教师,评价的方法比较单一。生活德育认为德育评价应发挥激励和引领作用,以激发学生的主观能动性和内在潜能为目的,促进他们发现自己、发展自己。"成长记录卡"就是根据以上理念而推出的。我们要求学生无论参加什么活动,只要自己感到有收获,就可以记录在卡上。通过一年实践,我们发现,成长记录卡真实地记录下学生道德成长的过程,让每一个学生建立了自信,取得了人人有向上的追求,天天有奋斗的目标,常常有成功的喜悦,在自我体验中主动、全面地发展,健康、快乐地成长的效果;达到了让每一个学生成为评价主体,随时了解、调整、改进自己的发展状态,促进道德内化,让教师更加准确地了解学生的学习动态、发展状况,把握最佳教育契机,以取得良好教育实效的目的。

(二) 课改基础

我校从1991年起开始进行第一期课程教材改革试点工作。在改革过程中,我校以提高学生的整体素质和学校的整体办学水平为抓手,突破旧的管理模式,建立科学、高效的新管理体制;优化教育环境,全面实施素质教育;加强必修课学法指导和教法改革,深化课改工作;构建活动课程新体系,培养学生兴趣特长。以上工作的开展使我们顺利地完成了试点任务。

1998年,我校进入"二期课改",教师在各个领域进行了有益的探索,特别是探究型课程和拓展型课程的实施。我校在"一期课改"成果的基础上，重新设计、规划课程内容，分别制订了学校探究型课程、拓展型课程的实施方案。在实施拓展型课程过程中，按课程内容和任务划分为学科拓展课、兴趣活动课、社会实践课和少先队自主性活动四个模块，大大丰富了拓展型课程的实践。我们将探究型课程分为以问题为中心的学习和以项目为中心的学习，并出版了《探究型课程与教学——飞虹路小学探究型课程设计与实施的研究》一书，积累了成功的经验。

（三）科技特色

"科技教育成特色，素质教育争一流"是上海市教委张民生副主任视察我校时，对我校科技工作的高度肯定。作为上海市科技学校、上海市创造教育基地学校，早在 1986 年，我校就因地制宜地在学生中开展科技活动，有变废为宝、小工艺、小发明、小创造等。学生结合自己的生活实际，联系已有的生活经验，以及初步掌握的科学知识，充分展开想象，科技成果层出不穷。

2002 年以来，我校成为联合国教科文组织中国环境人口与可持续发展教育项目的实验学校。随着国务院《全民科学素质行动计划纲要》的颁布，我校在原有基础上开展了有关环境、人口与健康的系列教育活动。我校以环境科技教育作为突破口，使科技活动成为学生们快乐的世界、智能的园地、创造的舞台，全方位、多角度地宣传科普知识、树立科学思想、崇尚科学精神、掌握科学方法。学校分别于2004 年 6 月、2007 年 6 月申报市级课题"小学生环境科技教育的实践研究""小学生'生活科学'教育的研究与实践"并成功立项。

二、实施"两纲"教育的着力点：课程管理

"二期课改"的一个重大突破就是将课程设置分为基础型课程、拓展型课程和探究型课程三个模块，大大丰富了课程管理内涵。我校抓住"二期课改"的机遇，把立足点从传递知识调整为促进人的全面发展，在各学科课程标准中强调实现道德及价值观教育目标，强调培养学生积极情感体验的态度目标，要求尽可能挖掘、展示不同学科在实现道德教育上的价值。在"二期课改"中，我校开展生活德育，大大改变了传统专设德育课程的面貌，强调在真实、开放的生命感受中构建个体的道德成长经验。"二期课改"为解决以往学校教育中存在的智德分离、知情分离、道德与生活分离等二元现象提供了一个实践平台。

当前的"两纲"教育与"二期课改"的本质是一致的，都是为了学生的发展，为了全面提高学生的素质。因此，必须抓住新一轮基础教育课程改革提供的机遇，完善

课程管理,既要重视基础型课程、拓展型课程和探究型课程的建设,又要从课内与课外两个体系入手,构建"两纲"教育的完整格局。

(一)课内体系——突出学科作用

"两纲"教育具有基础性、丰富性、渗透性等特点,它将德育作为完整体系与青少年成长的各个阶段紧密相连,对接课改、主攻课堂,促使德育成为上海教育发展的重要组成部分。为此,我校将"两纲"教育与"二期课改"紧密结合,在课堂中将各学科教学变成与"两纲"习得同在的教育活动。

第一,不同学科学习的内容蕴藏着丰富的道德教育资源。对学科教学内容和形式中的"两纲"教育素材的挖掘,可以激发师生教和学的兴趣和情感投入,在培养学习能力的过程中实现知情统一。"两纲"的指导性极强,在"附件"部分详尽地列出了学段要求以及学科具体的教育内容与要求,帮助教师正确把握"两纲"教育的"度"。因此,我校发动所有教研组、备课组花费两个月时间,编制了五个年级单册教材中民族精神教育与生命教育的"两纲"融合点,要求教师在教学中既要注重品德与社会课的主导作用,又要发挥语文、音乐等各门学科的优势,还要挖掘数学、常识、体育等课程的人文精神和科学精神内涵,分层次、有重点地自然渗透。经过汇总,教学设计163篇,使"两纲"教育与学科教学初步融合。如数学《认识七巧板》一课,老师让学生了解了七巧板是我国劳动人民发明的一种图形游戏,利用七巧板可以拼出三百多种图形,且这一成果在19世纪流传到西方,被称为"东方魔板"。通过老师有意识的讲述,学生们知道了在很早的时候,我国的数学就已经走在了世界的前列,以及古代数学家的事迹和数学成就,增强了学生的民族自豪感。

第二,学科学习过程也是"两纲"学习过程,其中既有个体生命能量的投入、积极情绪的感受、自我尊严的确认,又有群体交往中的合作与分享、奖励与惩罚、信守与承诺等。为此,我校重新设计了《课堂教学评价表》,新增了"两纲"渗透的权重,学校各教研组也进行了有效的实践探索,如语文课《白鲸得救了》、英语课 Clothes,语文教师撰写的案例《开国大典》获区一等奖等。

(二)课外体系——突出学生体验

为了切实提高德育的实效性,我校围绕少先队活动以及科技教育,把民族精神教育、生命教育与拓展型、探究型课程、实践活动结合,同时重视抓住民族节庆教育、礼仪教育和学生社团的契机开展教育活动。

2007年初,大队部根据"两纲"推进的重点围绕民族传统节日,营造民族精神教育的良好氛围。3月初,在中国传统节日元宵节来临之际,我校邀请全校学生和家长共同参加"红红中国结,浓浓元宵情"元宵庙会。4月初,我校以"春日的追思"为主题,引导学生了解中华民族的民俗风情,通过活动让学生亲身领略清明不仅是一个寄托哀思充满伤感的时节,也是一个让我们放松心情的好时节。当年的农历九月初九,是上海市第20个敬老日,老人作为城市的一个重要组成部分,不但群体数量在不断扩大,而且在家中的地位也正在呈逐年上升的趋势。因此我校大队部向全体少先队员和儿童团员发出倡议,要求每个队员回家制订一份方案,为家中的长辈做一件力所能及的事,说一句温馨体贴的话,让长辈展露一次欣慰的笑容。在活动中,同学们体会到了老年人的辛苦,明白了自己的爷爷奶奶外公外婆在家中的重要性,也明白了老年人由于年龄的关系,许多工作已经力不从心,知道今后自己应该更体贴和关心家中的长辈。

作为科技特色学校,大队部与科技组携手开展节约、节能活动,引导学生了解环境保护的重要性,进而将环保教育与科学发展观教育结合起来。如大队部关于节约主题的童谣的征集,学生们有的提出节约一滴水、一度电,有的倡议"无车日",还有的付诸行动,用照片、视频体现行动。从一段段童谣、一张张照片中折射出当代小学生对环境的关注。又如我校坚持多年的变废为宝活动,随着世博会的逐步临近,不断推向高潮。学校引导同学们用饮料瓶、易拉罐等废旧物品制作成创意船模,有的班级还专门设立了废弃物收集箱,对可循环使用的物件进行回收。在"畅想世博,上海国际少儿科学创意大赛"上,我校师生共同制作船模11条,有9条获奖,成绩斐然。我校许仲嘉同学在老师的指导下,发明了"口香糖残渣祛除剂",既能有效清除口香糖胶质,又不会对环境造成二次污染,而且使用成本低,实用性强。许仲嘉同学因此荣获2007年上海少年儿童"科技启明星奖"金奖,并获得"上海少年科学院小院士"的光荣称号。

我校作为虹口区剪纸民俗文化教育试点学校,以"小剪刀,大艺术"为主题开展一系列活动,使剪纸这一原本根植传统文化土壤中的艺术形式与都市生活相结合,培养了学生对民族文化的认同感、自豪感,弘扬了民族精神。在剪纸教学中,我校主要围绕学生的"童心""童趣",引导他们用自己的眼光发现生活中的素材,在艺术创作中强调学生自己的体验,引导学生自然天性的发挥。我校还开设了分年级美术拓展课"剪纸",一到五年级创作内容分别为:花边、植物、动物、人物、建筑等。经过一个阶段的实践与摸索,学生们在愉快的氛围里实现了剪纸在我校的规范化和普及化。我校学生的剪纸作品还在青少年活动中心举办的"红红的中国结、浓浓的民族情"虹口区青少年民族文化培训展示现场活动中亮相,并进行了表演。

三、实施"两纲"教育的关键点：教师作用

在学生的成长过程中，教师的作用怎么强调都不为过。加强民族精神教育和生命教育，教师的榜样、引导和启迪是关键。随风潜入夜，润物细无声。教师应凭自己的执着，以自己的智慧和教育艺术，把理性的感悟渗入学生心头。

在实践"两纲"过程中，我校教师呈现出三大明显特点：①强化育人意识，让任何学科教学都具有教育性并赋予知识以意义和灵魂。②促进课改理念落到实处，重点突破情感、态度和价值观。③促进教师深入钻研业务，向专业化发展。许多教师反映，"两纲"的出台并没有加重教师的负担，反而使课程内涵更为厚实，使教师更能发挥学科教学的多种功能，真正成为教书育人的"灵魂工程师"。

此外，我校还利用政治学习时间，开展了班主任锦囊宣讲，学习优秀教师讨论会等活动，以进一步强化教师自身修养，塑造良好的教师形象。

在"两纲"教育实施过程中，我校一名班主任被评为上海市"金爱心"班主任，一名班主任的事迹被收录于《和谐校园，绚丽彩虹——虹口区教育师德建设篇》一书中。

四、实施"两纲"教育的突破点：管理与技术

（一）建立新型的管理结构

随着"两纲"教育的全面展开，学校管理发生了很大变化。主要原因在于：①"两纲"教育横跨学校教育及教学两头；②"两纲"教育涉及学校党政分工和职责；③"两纲"教育对各个学科、课内及课外实行全覆盖；④学校每一个教职工都是"两纲"教育者。

学校以往实行单轨管理体制，党政主要领导各自分管一条线，不仅单轨，而且存在断层。这就需要从"两纲"教育的要求出发，逐步建立学校新型管理结构，适应"两纲"教育发展。

（二）把"两纲"教育融进现代教育技术

虹口区教育局和同济大学软件学院配合，在我校成功开发了彩虹视屏窗，使"两纲"实施与现代教育技术结合，融进了学校生活之中。视屏窗每天滚动播放的内容均由学校教师精心采编而成，既有立足于社会的"国内外重大新闻"，也有体现

学校特色的"学校简讯""校园喜报""学生作品欣赏"等。通过缤纷的视屏窗，同学们看到了东方电视台 2008 年 5 月在学校举行的《陀螺战士战斗王》电视选拔赛的精彩瞬间；中福会少年宫以"捍卫饮水健康，发现上海巨变"为主题举行的"寻找上海巨变"科技实践活动的启动仪式……同时，视屏窗也是学校德育的主阵地，名言古诗，经典小故事渗透着民族精神；"缤纷校园"让学生了解了毒品的危害，掌握了火场逃生的技巧，领略了祖国各地美好风光……每天，孩子们都会兴奋地告诉爸爸妈妈："今天，彩虹视窗告诉我们……"

彩虹视屏窗丰富了校园生活，让学生们增长了见识，树立了自信，发展了审美能力、思维能力和创新能力，促使学生成为一个会学习、会交往、会创造的健康、快乐、和谐的人。视屏窗让实验小学真正成为孩子们快乐学习的殿堂，健康成长的摇篮。

"两纲"教育讲究全方位，讲究潜移默化，我校不仅在显性课程和隐性课程中全面贯彻，同时还将元宵节、清明节、端午节、重阳节等节日活动，以及交通安全、防火教育、全民健身等一些专题教育有机嵌入其中，并且与各种相关仪式如入队、入团仪式等相结合，尽可能做到自然渗透少说教，追求"大雪无痕"的境界。

2008 年 12 月于华东师大一附中实验小学（原飞虹路小学）

正确培养孩子的兴趣

在提倡素质教育和全面提升学生综合素养的今天，为了"不让孩子输在起跑线上"，作为父母，当然都希望自己的孩子能兴趣广泛，发展全面，恨不得十八般武艺样样精通。然而，这种思想往往容易带来"走火入魔"的后果。

2009 年 10 月 20 日，杭州网上发布了这样一篇文章《杭州一小学生一周上 8 个兴趣班　班主任给家长发整改意见书》。这是来自《钱江晚报》记者梁建伟的一则报道，聚焦了引起大家广泛关注的热点问题——课外兴趣班。让我们来看一下小 A 的一周 8 个兴趣班的课程表：周一晚上太极拳培训；周三晚上剑桥英语；周六上午计算、画画和硬笔书法，下午陶艺，晚上剑桥英语；周日下午艺术创想，晚上舞蹈。

像小 A 这样"日理万机"的孩子，在现在的生活中很常见。父母让孩子什么"班"都要上，这些孩子除了完成学校的学习作业外，还要完成额外的课业，自由时间、童心时刻几乎全被这些"班"给吞噬了。

那么,培养广泛的兴趣是不是就等于要让孩子"什么都要学、什么都要会"呢?回答是否定的。尽管兴趣会对人的认识和活动产生积极的影响,却不一定有利于提高工作或学习的质量和效果,关键还是要适合实际需要。

广泛的兴趣也并不仅仅指向于能力,更重要的是培养孩子始终保持对外界事物广泛而浓厚的兴趣。由此养成善于思维,善于学习,善于钻研的良好习惯,真正为孩子的发展提供取之不竭的动力。这里给家长提出培养兴趣的三法则。

法则一:鼓励孩子参加丰富多彩的课外活动

根据孩子的兴趣,家长和孩子一起选择合适的兴趣班不失为促进孩子兴趣发展的一条途径。但是,鼓励孩子参加各类丰富多彩的活动,尤其是校内活动,比如,课后330、社团活动等,同样也能很好地促进孩子求知欲和兴趣的发展。让儿童在丰富多彩的活动中自由表现是发现和发展儿童兴趣的重要途径。

法则二:博物馆是兴趣培养的"终身学校"

许多发达国家十分重视博物馆的教育作用,人们把博物馆看作是自己的"终身学校"。每逢周末,大批的家长带着孩子参加博物馆的各种活动。据英国著名物理学家霍金回忆,小时候,母亲经常在周末带着他和妹妹去博物馆,把喜欢物理的他放在科学博物馆,把喜欢生物的妹妹放在自然历史博物馆。霍金回忆说,每次在那里玩,他的好奇心都会得到极大的满足。

博物馆知识丰富、形式多样,完全是一部立体、生动的"百科全书",是培养孩子学习兴趣的重要途径,博物馆对孩子们进行的科学精神以及人文精神教育是潜移默化的,对于促进孩子全面成长大有裨益。在参加博物馆活动之前要做一些准备工作,找一些相关的资料让孩子初步了解,为充分享受博物馆的教育资源做些知识铺垫。在参与博物馆活动过程中要注意激发孩子的求知欲望和兴趣,利用鲜活的形式、快乐的气氛,让孩子的求知欲自然流露,让他们真正感受到学习知识的乐趣。

法则三:父母要对学习和生活抱有浓厚的兴趣和积极的态度

要培养孩子广泛的兴趣,父母自己首先要对学习和生活抱有浓厚的兴趣和积极的态度。美国学者莫里说:"自己感兴趣,是引导别人的兴趣的首要条件。"父母是孩子的第一任老师,身教重于言教。若父母饭后捧一本书,伴一杯清茶,端坐书桌前,孩子耳濡目染,也会经常看书、学习。若父母对外界事物始终抱有浓厚的兴趣,孩子也必然对生活充满好奇和积极的态度。求知欲强的父母带给孩子的影响是不可估量的。面对瞬息万变的信息社会,我们要和孩子一起学习。

2009 年 11 月于虹口区第三中心小学

懂"宽容"的孩子最美

曾经听一位老师说过：宽容是生命的一种香味。这个比喻多美啊，人生苦短，五味杂陈，但是幽幽的淡香会给人生增添一抹浓浓的亮色。

现在的孩子多为独生子女，他们是家中的小太阳，家长则是围着他们转的"向日葵"。身为独生子女，处处有人为他们着想，事事有人为他们张罗；不顺心的时候有人安慰，发脾气的时候有人抚慰。他们何时留心过别人的需要？他们何时学过包容别人的过失？

"你的眼睛大大的，皮肤白白的，真是个漂亮的小女孩。当你轻声轻气地叫老师好时，老师心里是多么欢喜！但是，你的好朋友为什么那么少呢？老师告诉你，和同学在一起得大方、不计较，那么你的好朋友会越来越多的！"这是一位老师写给她的学生的品德评语。从评语的字里行间，遗憾地看到这么可爱的小女孩却不怎么受同学的欢迎，究其原因，小女孩性格中斤斤计较的一面阻碍了她交友的脚步。

卢梭曾说过，儿童的不良行为不是自然而然形成的，而是成人教育的失误导致的。再看得远些、挖得深些，小女孩的家庭情况又是如何的呢？父母忙于工作，与她交流的时间少之又少。而当小女孩犯了错误时，外公外婆总是袒护在前，特别当小女孩受了委屈或被同学欺负时，外公外婆不是帮她分析原因，寻找解决的良方，而是一味地责怪对方或是怪罪于客观条件的不足，甚至教唆小女孩："他打你，你就打还他。"长此以往，小女孩满脑子是自己的利益得失，满心的报复欲望，不知原谅、宽容为何物。

宽容，是一种渗透着爱的感情表现，是宽以待人，是爱的付出。只有被爱，没有爱（他人）的孩子，不会懂得爱与被爱是紧密联系的，因为爱，才有被爱的回报；因为被爱，才感觉爱的可贵，其中，爱比被爱的心胸更为宽广博大。因而学会付出爱，才会培育出宽容的心态。现在许多孩子只知道享受爱，实在是爱的缺失。

孩子究竟成为什么样的人，受到遗传、环境和后天教育等诸多因素的影响，而最重要的则是"后天教育"的成功与否。教育的方法是多样的，有的直接，有的迂回，该从哪儿入手呢？其实，从直接的角度来看，如果家长本人是个懂得宽容的人，他面对问题时的态度，与人交往时的技巧，处理矛盾的策略，都对他的后代有着潜移默化的影响。假如一个孩子，他每天在读"家长"的故事，他的心灵该何去何从呢？也许，孩子不会有深层次的思考，对他们来说，模仿学习则是最简单的回答。家长自私狭隘，孩子多半也自私小气，而在宽容中长大的孩子，却大度、阳光，就是吃亏了,也心态好,能够忍耐。

在与人相处中,不要过多地计较"吃亏"或是"占便宜",往往在这个"不吃亏"的背后失去的是朋友的友情,在这个"占便宜"的背后是做人的失败。有一点吃亏却不计较,得到的是友谊和朋友。

雨果说,比大海更宽广的是天空,比天空更宽广的是人的心灵。宽容、谅解也是教育,宽容是一种境界,是一种爱的艺术,更是一种智慧。让孩子懂一点宽容,可能会让他更多一点灿烂的笑容。

2009 年 11 月于虹口区第三中心小学

让阅读陪伴孩子成长

高尔基说过:"书籍是人类进步的阶梯。"中国古代的《礼记·学记》说:"玉不琢,不成器;人不学,不知道。"阅读更是蒙童成长的伴侣。

一、从读书的故事说起

中国古代有许多关于读书的轶事,比如,牛角挂书、囊萤映雪、凿壁借光、韦编三绝、刺股悬梁、目不窥园等。"牛角挂书"说的是唐代李密往缑山拜访朋友,骑着牛,在牛角上挂了一卷《汉书》,边走边读。越国公杨素在路上见着了,拉着马的缰绳在后面跟着他,说:"什么书让你勤奋到这种地步?"李密说是《项羽传》。杨素于是和李密谈论了起来。杨素认为李密是奇才。后来,就用"牛角挂书"比喻勤奋读书。

这类故事以生动的描述,刻画了古人如饥似渴读书的真实情境,让人读来感觉身临其境,对现代人,尤其是成长中的孩子,也是一种形象的教育。

这里还要说一件现代人的读书故事。这个人可是家喻户晓,只要想见他,几乎天天可以见,他就是中央电视台《新闻联播》栏目主持人赵普。赵普出身贫寒,初中毕业后因为家境的原因放弃读高中,决定去参军。1987 年,16 岁的赵普到北京后勤部队当了一名新兵,在新兵连的联欢晚会上,他饱含真情的诗歌朗诵表演打动了全场,结果当上了广播室的广播员,为后来走向中央电视台垫下了第一块砖。1990 年,赵普退伍了,在安徽省属体育馆当了一名保安。他心怀当主持人的理想,每天啃读《新华字典》，不久机会降临，他考上了临时气象播报员，朝理想跨出了一大步。但之后，又历经了下岗、摆摊的挫折，但是他坚持自学考试，一直读到北京师范大学艺术专业硕士研究生。赵普的播音工作也从北京电视台走向中央电视台。

历经磨难的赵普在他生活最艰难的时候，始终没有放下的就是读书。早晨，伴随着早新闻，把赵普的故事讲给自己的孩子、学生来听，无疑是格外生动的教育。

二、读书就是滋养自己

平常说，读书给人知识与力量，似乎是很高的境界了，实际上，读书最重要的是滋养自己的底蕴，给人安全、幸福和希望，给孩子成长与发展。

1. 阅读是孩子进步的阶梯

古人有"三日不读书，面目可憎"的说法，因为读书最大的功效是获取养料，成长进步，对孩子来说，更是如此。

读书最直接的功效是增加个人的知识容量。"行万里路，读万卷书"，前者是讲实践，后者是说读书，人的一生短促，不可能事事实践，人的知识大部分来自后者。孩子正在长知识、长身体阶段，多读书不但可以丰富知识，而且可以使他们在成长中变得更加聪明，以后在成长路上少碰壁、少走弯路。

阅读又能提升涵养。因为阅读可以让人更多地吸取精神养分，使视野更加开阔，素养得到提升。对孩子们来说，提升素养也是在潜移默化中进行的，对他们来说，更重要的，是阅读，能够结交伙伴；阅读，会让他们对周边的事物产生更多的好奇心。阅读，使得孩子们的思维更加活泼，谈吐更趋文雅，性格变得开朗。

2. 阅读使孩子的生活更充实

许多家长把孩子们几乎所有的空余时间都用来补课、做习题，实际上，这是一种不聪明的做法。阅读，当然不可能"毕其功于一役"，而是持之以恒，日积月累的事。如果让孩子每天抽出不少于 30 分钟的时间，专心致志地阅读，长期坚持，一定会使孩子的生命质量发生很大的变化。

有这样一个故事，说有一个徒弟去问他的师傅：一碗米值多少钱？师傅说，这个难说，看这碗米在谁的手中。在一个家庭主妇的手里，往米里加一点水，蒸一蒸，饭出来了，就值一元钱；在小商人手里，用粽叶包成粽子，就值三四元钱；如果把米发酵，酿成好酒，就值一二十元钱。所以，一碗米值多少钱因人而异。

每个人的生命如同一碗米，发酵的过程就如同读书的过程，在通常的情况下，书读多了，也就是米发酵了。这个道理在孩子身上格外灵验。

三、怎么辅导孩子阅读

阅读不仅是获取知识的手段、教育的手段，读书本身也是一种享受，那么，怎么辅导孩子阅读？

1. 让阅读成为一种生活习惯

孩子都喜欢阅读自己感兴趣的书，童话、科幻、诗歌，等等。孩子们把读书视为享受，认为是一种快乐，刚开始，没有孩子不愿意阅读，这时，家长应该注重让孩子养成阅读的习惯，每天阅读半小时，坚持下来，成为习惯。不少孩子后来不爱阅读，是家长急功近利，不让孩子阅读自己喜欢的书，强迫他们看练习册，做作业，结果把好事做坏了。实际上，开卷有益，只要适合孩子的年龄特点，读什么书都是可以的。当然，家长可以引导、介绍好书，逐步做到广泛地阅读，但也不要过多干涉他们的读书兴趣，每一个人都有自己的阅读兴趣，慢慢就可能成为专才。

2. 精读，认真地读

对孩子们来说，他们还在长知识，积累知识，因此不要提倡快读，而要细读、精读。古人说，"熟读唐诗三百首，不会作诗也会吟"，就是这个道理。因此，一个月读五本、十本书，不如读精、读好一本、两本书，或者熟读、背诵段落，打下读书的底子。如果孩子已经形成自己的阅读兴趣范围，为了进一步发挥孩子的特长，可能要适当注意精读典藏类书，就是精读在孩子兴趣范围内的经典书。比如，喜爱文学的孩子，就要阅读中国古典名著、西方名著等。对年龄尚小的孩子，可以读一点少儿本。快读也是一种阅读的方式，但是，对年龄尚小的孩子不宜提倡。

3. 读后写一点体会

读书是学习，使用也是学习。鼓励孩子们在阅读后写一点体会不但是练习写作，也是养成一种思考习惯。读书贵在思考，因为思考，阅读就更有意义。当然，孩子都怕写作，家长或老师不要把读书后写体会作为强迫的任务，这样，孩子会很扫兴，慢慢就怕阅读，而是要引导他们，让他们抒发读书中的想法与情感。"读书开心吗？开心在哪里？""你对故事的哪一段最感兴趣？为什么？"用这类话去引导、激励孩子，让孩子们自己打开话匣子。这样，自然有话可以写了。

中国著名诗人臧克家说过：读过一本好书，像交了一个益友。让我们的孩子喜欢阅读，与书成为终身的伴侣。

2010 年 12 月于虹口区第六中心小学

一步一步学会"合作"

曾经看过这样一则报道：一位儿童心理研究中心的主任介绍说，从他们接待咨询的情况看，现在有不少孩子在人际交往中出现困惑，"同学之间的关系应该如何处理?"这是孩子和他们的家长咨询最多的问题。这说明这些孩子比较缺乏人际交往方面的指点和培养，家长对这个问题也关注得不够。

基于教育的缺乏，孩子中出现了两个值得注意的现象，一种是交际恐惧症，不知该如何与人交往，当与别人相处时，容易失态或让别人产生误会；还有一种是交际行为不当，言语粗鲁，举止不规，甚至品行不端。这两种现象，一方面可能是家长对子女保护太过，总怕孩子吃亏，总说外面有危险，使孩子有畏惧心理，变得过度敏感、自我封闭；另一方面可能是有的家长错误地默许或鼓励孩子在与同龄人交往中使用敌对态度，决不肯吃亏；有的是家庭缺少温暖，或者父母关系破裂，孩子跟祖辈生活，缺少交际技巧的指导；还有个别孩子在外面交了一些"损友"，失去正确的是非判断，以致误入歧途。

欧洲著名的心理分析家阿德勒认为：假使一个儿童未曾学会合作之道，他必定会走向孤僻之途，并产生顽固的自卑情绪，严重影响他一生的发展。学会交往与合作是人生的重要功课，那么，父母或祖辈家长应该如何指导子女儿孙养成合作意识，学会交往呢?

第一步是教会孩子与家人合作。

家长的一举一动都是孩子的方向标，家长首先要注重自己的仪表举止、待人接物的方法，树立榜样，给孩子以正确的指导。如果家长乐于助人，孩子多半也会乐于助人；如果家长善于与人合作，那么教育孩子时自己的经验与体会自然会传授给孩子。爷爷奶奶们与自己的孙辈在一起，其行为方式可是孙辈们模仿的对象。"近朱者赤，近墨者黑"这个道理人人都懂，谁都想做一块如旭日般的红玉，而不是如污泥般的黑墨，当然更不愿意孩子承袭家长的缺点。

鼓励、引导是教育的一大法宝。家长要给予孩子及时的鼓励与肯定。如："你和爸爸一起完成，真棒!""你配合得真好!"家长赞许的目光、肯定的语言、微笑的面容，以及轻抚孩子的头，对孩子亲切地点点头、竖起大拇指等，都能给孩子莫大的鼓励，让他们充满自信，感受与人合作的甜蜜。

具体指导孩子学会合作的方法也很重要。在家中，家长可以通过语言来引导："你玩一会儿，我玩一会儿，大家都高兴，不是很好吗?"适当的引导，信任、商量的语言,可以让孩子感到分享不是一种剥夺,而是一种增添快乐的机会。当孩子较小的时候,不妨对孩子进行这方面的"分享训练"。当孩子手中拿着画册时,家长可拿着一个玩具,然后温柔地、慢慢地递给他玩具,并从其手中取走画册。通过这样反复训练,孩子便学会了人与人之间的互惠与信任。

第二步是教会孩子与他人合作。

家长要激发孩子与同伴合作的愿望。比如,平时可以带孩子参观菜场、小吃店、商店等需要工作者互相协调工作的地方,对"合作"有个形象的概念。而当孩子来到公共场所玩耍时,家长可以鼓励他与别的孩子一起玩。或者家长有意设置一些情境,建议孩子来玩这个游戏,如,"你和小伙伴来玩医生看病的游戏吧"……孩子在游戏的过程中,自然而然地会明白一个人有时无法完成一件事,但是与人共同协作,就会完成得很顺利。成功的喜悦会让他真切地感受到与人合作的益处。

家长还要指导孩子与同伴友好合作的方式。与人相处,各种脾气、性格的人都可能遇到,孩子必须学会相处之道,才能顺利完成合作。首先要让孩子养成健康、开放的心态,并适时地指导孩子在交往中不断积累经验。懂得不要轻易地与人针锋相对,否则将会使事情变得越来越糟;要懂得换位思考,能站在别人的角度思考问题;学会适度的忍让、迂回,学习把家中学会的"分享"概念迁移到与同伴的相处中。另外,还应教育孩子在活动时对同伴有礼貌。相信这将是孩子与人良好合作的秘密武器,百战而百胜。

愿与人"合作",体现了一个人的家庭教养。孩子们自己也有一定的价值判断,他们当然喜欢与容易相处的人在一起,成为一个受欢迎的人。所以,"学习合作"对孩子的性格形成、顺利成长都有益处。

2011 年 9 月于虹口区第六中心小学

信任孩子胜过一切

若干年前,有这么一个小男孩,在一个晴朗的早晨,当别的同学走进教室把活动费交给老师时,他畏畏缩缩地蹭进教室,贴着墙边走到座位旁。老师自然把这一切都看在眼里,询问他有什么事。他的大眼睛中布满阴霾,与透过窗户射进的阳光形成鲜明的对比。他极不情愿地拿出家校联系册,上面赫然写着家长的问话:"老师,是否要收活动费? 请回复。"哦,原来孩子的委屈由此而生。小男孩觉得自己在同学、老师面前抬不起头来，自尊心受到了极大的打击。以后，做什么事都退缩在后，总认为自己不行。没有了自信心的支撑，他该怎样面对今后的风风雨雨呢？

家长是孩子生命历程中建立他们自尊心、自信心最重要的人物，家长对孩子未来的成功、失败往往起着决定性的影响。所以要常给孩子以鼓励，多说：你能行！放手让孩子去锻炼去实践，让孩子品尝成功的喜悦和失败的滋味。未来，孩子才会成长为一名有自信，也信赖他人的人。

首先，家长要相信孩子能够做好每一件事，能够勇敢地克服所有困难、实现自己的理想。年幼的孩子对什么都好奇，会学着大人的样子，干这干那，自己换鞋子，自己用纸擦鼻涕，自己装模作样地打电话……家长千万别阻止，而是要在旁适时鼓励。孩子再大些，可以让他与家长共同完成家务，共同解决困难，共同处理问题，在一次次的实践中，在家长信任的目光中，无论成功与失败，孩子在精神上总是会受到激励和鼓舞。这样，积极的内心体验就会逐步加深，从而增强自尊心、自信心和上进心，产生再进步的愿望。

其次，家长在面对孩子失败时，要多安慰、多谅解，更要多多地鼓励孩子、帮助孩子重拾信心。要知道，无论是谁都会有失败的时候，要相信，失败之后可能还会有成功的希望，并且告诉孩子："从失败中吸取教训，从成功中获得经验，胜败乃兵家常事。"

一个孩子在作文中写道："我竞选小队长失败了，回家后生怕家长责备，便默不作声。妈妈似乎明白了什么，安慰道，'流泪是没有用的，找找原因吧！常言道，胜不骄，败不馁'。我停止了哭泣，想到自己平时对同学不冷不热的态度；对父母不止一次地哭闹，使得同学、父母生气……是啊，妈妈说得对，失败并不可怕，可怕的是自己失败后站不起来……"孩子在文章中饱含感情地描述了自己失败后的遭遇，没有责备，没有训斥，得到的是家长的安慰、鼓励。原本可能在心灵中留有阴影的事件，却被家长的几句鼓励之言，悄悄抹去了。

曾听一位老教师说过：批评中长大的孩子，责难他人；猜忌中长大的孩子，容易嫉妒；鼓励中长大的孩子，深具自信；称赞中长大的孩子，懂得感恩；认可中长大的孩子，喜欢自己；尊重中长大的孩子，懂得尊敬；信赖中长大的孩子，不但信任他人也信任自己……聪明的父母应该知道怎样运用良好的教育手段，达到一定的教育目的了吧！

人生的道路毕竟要靠自己走，给予孩子良好的性格，比任何珍宝都宝贵！相信父母们看了这篇文章后，一定会懂得"信任孩子胜过一切"的深刻含义。

2012 年 10 月于虹口区第六中心小学

在教学中培育人文精神

在学校教学中培育人文精神是学校教育的基石,既是对校长的要求,也是对学校教育的要求。良好的"人文素养"是人发展的最本质的源泉,最持久的动力,教育发展到今天,我们不能仅仅着眼于学生知识素养的提高,还要把握住人的发展的内在精神。

一、培育人文精神是学校教育的基石

《中国青年报》曾报道清华大学学生用硫酸泼狗熊的事件。社会上一些明星偶像也时有不良表现。这些不好的行为对青少年的成长有相当大的负面影响。

上海市教委张民生副主任曾经指出:"人文精神"是中华民族几千年优秀文化的精髓,它既是学校的立校之本,也是校长的立身之本。每一所学校、每一位校长都要努力提高自身的"人文精神"和"人文素养"。教育工作者应该要把握住人发展的深刻内涵,为人的"终身发展"打好"精神底子",用自己的人文素养、人文精神潜移默化地影响受教育的学生。

小学教育阶段的语文、英语、艺术与社会等人文学科的研究对象是人的精神世界,其共同特点是蕴含着丰富的人文素养和人文精神。人文素养是指人们建立在人文科学知识之上,受优秀文化熏陶所反映出来的精神风貌和内在气质。人文精神是人类文化创造的价值和理想,是对人的价值、人的生存意义的关注。学科价值在于提供一种正确的价值和意义体系,为社会提供一种正确的人文导向,引导人们去思考人生的目的、意义、价值,去追求人的完美。人文学科的研究关系到受教育者综合素养的提升,这也是学校教育的根本目的。

二、"二期课改"的方案对人文素养培养的充实

"二期课改"在深入,继1999年上海中小学课程教材改革委员会办公室和上海市教育委员会教学研究室出版了《面向21世纪中小学新课程方案和各学科教育改革行动纲领》(以下简称《行动纲领》)后,又推出了《上海市普通中小学课程方案(试行稿)》(以下简称《方案》)和各学科课程标准的试行稿和征求意见稿。《方案》中指

出，根据"二期课改"的指导思想，中小学教育要向学生提供 8 个学习领域的课程，以打破过于单一的分科型课程体系，克服各学科的封闭性，淡化学科本位，加强课程内容与要求的整合，从而构建新的课程体系。

8 个学习领域及其在基础型课程中的相关学科课程是：

（1）语言文学学习领域，包括语文、外语课程。

（2）数学学习领域，数学课程。

（3）自然科学学习领域，包括小学自然、中学科学、物理、化学、生命科学、地理等课程。

（4）社会科学学习领域，包括小学品德与社会、地理、历史、思想政治（思想品德），中学社会等课程。

（5）技术学习领域，包括信息科技和劳动技术课程。

（6）艺术学习领域，包括音乐（唱游）、美术和艺术课程。

（7）体育与健身学习领域，体育与健身课程。

（8）综合实践学习领域，包括社会实践、社区服务等实践活动。

上述 8 个学习领域及其学科分类，加强了对人文素养（人文精神）学习的整合和充实，体现了课改的导向性要求。在新教材教学中实施人文精神教育，正是"二期课改"的精神体现。这里以人文学科为例，分学科加以说明。

《上海市中小学语文课程标准》（以下简称《语文课程标准》）对语文重新做了定位：语文是人类活动的重要交际工具，也是文化的重要组成部分。工具性和人文性的统一，是中小学语文课程的主要特征。《语文课程标准》在课程理念第三条提出：增加文化积淀，提升学生的文化品位。语文教育要在促使学生学习语言知识、掌握语言运用规范的同时，有意识地增加学生的文化积淀，充实其文化底蕴，培养他们的审美意识、审美情趣和审美能力，在提高其比较辨别能力的基础上提升文化品位，形成正确的价值观和健全的人格。

品德与社会课程理念的第一条就是"加强德育，注重人文素养的培养"。人文素养培养主要包括：了解、认同并遵守公民基本道德规范，形成正确的价值观并付诸实施；对自己和他人的生命及个体独特价值的尊重，在群体合作中的真诚态度，对真理不懈追求的热情，关心他人、关心社会、关心人类的人文精神，等等。

英语学科在《行动纲领》中谈道：学习外语就是为了扩大中外交流，互递信息，学习外国先进经验，了解外国的文化习俗和风土人情。

三、文科教学中实施人文教育的途径

如何把握"二期课改"的精神和新教材的特点,培养人文精神? 我们认为,人文精神的培育既不能"灌输"也不能"训练"。即使想让学生具备"高尚的情操""顽强的信念""深厚的文化底蕴""高雅的审美情趣",也不能通过"灌输"来教育。我们认为其实施途径,大体可通过"感染、熏陶、体验、顿悟"等,以影响学生的主体意识的方式来实现。因此在文科教学中实施人文精神的教育,可通过以下途径进行。

(一)课堂教学突出学生主体作用

人文精神教育,首先是对人的尊重与关爱。正确认识学生,尊重学生的主体意识,是实现文科教学人文性的先决条件。在以往的文科教学中,确实存在压抑学生个性的弊端,尽管"教师是主导,学生是主体"已烂熟于心,但很多时候仍然是教师是主角,学生是配角,学生的主动性、创造性难以发挥。为此,我们在课堂教学中,倡导教师多启发、多引导、多点拨,为学生的学服务,突出学生主体地位,引导学生自主学习、自主探究。

语文新教材采用的是"识写分流"的编写方式,将"识字"与"写字"分成了两个教学序列,这符合低年级学生的身心发展规律。但在实际操作中,我们发现,教材对学生识字量要求很高,短短的 35 分钟课堂教学时间往往完不成教学任务。于是我们改变教学方法,以引导学生形象思维为主要形式,让学生充分去想象,去创造。如学生用编口诀的方式认识"坐":两人背靠背,坐在土地上;用猜字谜的方法认识"鹅":我是一只鸟,走路摇啊摇。这样一来,在孩子们的眼中,汉字不再是单调的笔画组合,而是一个个生动活泼的个体;识字不再是死记硬背的枯燥过程,而是充满乐趣的游戏。

在英语教学中,原来教师采用的教学方式是在学生掌握单词的基础上,教他们句型,并反复诵读,达到掌握的目的。新教材的教学,由于句型不多,以交际为目的,因此教师在举例后,放手让学生自己对单词进行搭配组合造句,这样既串联了句子,又练习了单词。

(二)课堂教学发挥教材蕴含的人文因素

新教材是一套充满人文色彩的教科书,内容通俗易懂,结构简单明了,其中的短文、插图、练习题、社会实践设计,看起来是信手拈来,平淡无奇,但细细品味,无不倾注了编者的匠心。如一年级语文第一册近百幅插图,色彩鲜明,形象可爱,充

满了对初入学儿童童心童趣的关爱。在《早餐》一文中，插图里除了有丰盛的早餐，还有小男孩手捧牛奶端给妈妈的画面，从细微处表达了教材编写者的意图。我们教师就要有意识地利用这些素材对学生进行人文启蒙教育。

小学语文教材收录的课文都是经过精心选择的文章，给培养学生的人文精神提供了丰富多彩的文本资源。教师应当在教授语言文字的同时，引导学生领会生命的价值和人性的真善美，高质量地对学生进行人文精神教育。如学生通过《小山泉的心愿》课文学习后明白：给大家带来快乐是小山泉的心愿，我也要像小山泉那样给大家带来快乐。像这类课文，在新教材中比比皆是，都是进行人文教育的好内容。

新英语教材是一本满是插图的书，学生非常喜爱。根据我校实际，在教授了一些较口语化，且在生活中很常用的句子后，教师要求学生回家充当小老师，去教他们的弟弟妹妹，甚至是父母，在开家长会的时候，请家长和孩子一起来表达所学的对话，这样既加深了学生对所学句型的掌握和运用，又增进了父母与孩子的交流。

（三）课堂教学联系学生真实生活，引导学生体验感悟

过去，我们过分强调语文的工具性，夸大了训练功能，在个别词句上下功夫，搞文字的排列组合，将文章肢解成了一个个零部件。这样一来，文章闪光的思想不见了，启迪人的智慧不见了，感染和凝聚人的情感不见了，留下的只是一些符号。当然，必要的训练是要的，但不是机械的操练。练习的设计既要有针对性，又要有开放性，让学生在学会书本知识的同时还要学会社会知识。新教材规定一至二年级小学生的课外阅读量要达到 20 万～30 万字；三至五年级小学生的记诵量要达到 1 万～1.5 万字，熟记课文内容总量 5 万字，独立阅读书报杂志总量 150 万～200 万字，且要求学生自主阅读。语言文字中蕴含的语意、语境不是教师能够全部讲出来的，反复阅读吟诵这些佳作美文，其中的高尚情操、崇高思想就会通过语言文字流入孩子的心田，在潜移默化中影响学生。

品德与社会课的教材充满了人文色彩，如《你快乐，我快乐》要求学生学习与小伙伴分享物品与心情。又如《欢乐中国年》让学生通过交流，了解中国新年的许多风俗习惯。

四、教师要有较高的人文素养

"经师易做，人师难当"，要培养出具有人文素养的学生，首先教师要有较高的人文素养。近年来，我校在加强教师队伍建设，提升教师人文素养上做了几点尝试。

（一）培养科研型教师

时代的发展呼唤人文素养的提高,人文精神教育的主渠道是学科教育。新教材比较圆满地解决了科学知识和人文素养之间的关系。然而在课堂教学中渗透人文精神并不是件很简单的事情,不可能一蹴而就。如语文课程从原先讲究语言文字训练到现在重视在语言学习中体验和感悟语言情感;社会课程不再是某些抽象理论的解说,而是强调生活中的体验和感悟。课程与教材的这种变化传递到教师身上有一个过程,最好的办法是让教师悉心研究教学。

我校要求课改年级组教师人人开展课题研究,其中丁霞老师的课题"小学生活德育的实践研究"被上海市教研室批准立项。

（二）加快教师角色转换

新课程强调,教师是学生学习的合作者、引导者和参与者,教学过程是师生交往、共同发展的互动过程。交往意味着人人参与,意味着平等对话,教师与学生互教互学,形成一个"学习共同体"。基于此,我们强调在课堂教学中建立平等和谐的师生关系。教师必须认识到,他面对的是鲜活的生命,要从关爱生命、关爱成长的角度,倾注爱的情感,从人与人的理解与沟通的角度来审视师生关系和课堂教学,要使教学成为一次次知识、情感与思想的对话,成为师生一次次的精神聚餐。

我们要求教师设身处地地为学生着想,让学生的发展真正如冰心老人所期盼的那样,"像野草一样自由地长大"。在教学中,教师不再是"一桶水",学生也不再是"一杯水",而是一同寻求新源泉的"挖井人"。

（三）加强教师间对话

教师职业的一个很大特点是单兵作战,教师很容易把自己禁锢在学科的壁垒中,不再涉猎其他学科。而在日常教学活动中,教师大多数是靠一个人的力量解决课堂上遇到的所有问题。

新教材综合化的特征,需要教师与更多的人,在更大的空间内,以更加平等的方式从事工作。在探究型课程中,由于一项课题往往涉及多种学科,需要几位教师同时参与研究,这就需要教师之间更加紧密地合作。刚开始,老师们可能会感到不习惯,不适应,甚至有老师说,"要我去指挥别人,很不习惯"。校长应该促使教师尽快习惯,尽快适应,因为综合能力的培养要依靠教师集体的智慧。如一堂作文探究课,由陈老师和6位"助教"共同完成,大家共同对学生进行指导。教师间亲密的合作,对学生也有一种潜移默化的影响。

从十多年前开始使用课改新教材,课改始终给人一种焕然一新的感觉。我们使用的是新教材,感受的是新思维。它是一次观念和技术的革命,是一个实践和交流的平台,课改引领着我校师生在教育教学中不断成长。

2016 年 8 月于虹口区第二中心小学

习惯升华出精彩人生

1978 年,75 位诺贝尔奖获得者在法国巴黎聚会,人们对于诺贝尔奖获得者是非常崇敬的。不是因为物以稀为贵,而是因为他们都是科学巨匠。

一个记者问其中一位获奖者:"在您的一生里,您认为最重要的东西是在哪里学的呢?"这位白发苍苍的诺贝尔奖获得者平静地回答:"在幼儿园。"记者感到非常惊奇,又问道:"为什么? 您认为您在幼儿园里学到了什么呢?"诺贝尔奖获得者微笑着回答:"在幼儿园里,我学会了很多很多。比如,把自己的东西分一半给小伙伴们;不是自己的东西不要拿;东西要放整齐;饭前要洗手;午饭后要休息;做了错事要表示歉意;学习要多思考,要仔细观察大自然。我认为,我学到的全部东西就是这些。"

所有在场的人都对这位诺贝尔奖获得者的回答报以热烈的掌声。事实上,绝大多数科学家认为,他们终身所学到的最主要的东西,就是幼儿园老师教给他们的好习惯,这些好习惯最终凝聚成为他们的品格,转化为成功的人生。狭义的习惯,就是指积久养成的生活方式,并会影响一个人的人生观和价值观。

1998 年,世界巨富巴菲特应邀到华盛顿大学演讲,当学生们问"你怎么变得比上帝还富有"时,巴菲特的回答是:"非常简单,原因不在于智商。为什么聪明人会做一些阻碍自己发挥全部功效的事情呢? 原因在于习惯、性格和心态。"巴菲特的回答与诺贝尔奖获得者的回答如此一致,值得后学者深思。

古人说:"少成若天性,习惯如自然。"著名的教育家叶圣陶曾说过:"什么是教育,简单一句话,就是养成良好的习惯。"陶行知认为,儿童期是人格和习惯形成的最佳时期。孩子的心灵是一块神奇的土地,你播种一种思想,就会收获一种行为;播种一种行为,就会收获一种习惯;播种一种习惯,就会收获一种性格;播种一种性格,就会收获一种命运。

古今中外,概莫能外,都把少小幼时习惯的养成视为"性格"和"命运",可见习惯对人生有不可替代的意义。

我校正在开展市级课题"从浸润童心入手的小学生中华优秀文化'印痕'教育"研究。在每一个儿童身上都蕴藏着巨大的教育潜能,小学开展童心教育,就是注意启蒙教育的特殊性,"从浸润童心入手",给孩子留下教育"印痕",为他们的成长起到"保驾护航"的作用。

印痕,即印迹,原是遗传学名词,指在不改变基因编码的情况下,细胞内某分子发生的、会影响基因活性水平的改变。后来被借用到教育学、心理学上,被称之为"教育印痕"或"教育印迹"。学校开展"印痕教育",就是在学校教育中,针对学生的身心特点,通过有目的的施教,包括学校、社会、家庭的联手,提升学生核心素养,在学生思想、品格、行为上留下健康、向上、阳光的印迹。而最重要、最有意义的"印痕"就是良好的习惯。

要在学生身上根植包括优良习惯在内的优秀传统文化基因,学校就必须养育和建设先进的校园文化,以"随风潜入夜,润物细无声"的培育方式,使优秀传统文化融入我们教育的方方面面,让学生在不断的熏陶中耳濡目染,将这些优秀传统文化融入自身的行为习惯中。

2018 年 10 月于虹口区第二中心小学

给孩子一片自由天地

表1是小学四年级学生冬冬的奶奶包办制订的一张双休日生活作息时间安排。冬冬说,他最怕过"双休日",奶奶管得很死,他没有自由。奶奶是高级知识分子、专家,现在退休了,一心想为儿子培养一个杰出子孙。儿子很普通,奶奶对孙子的期望格外高。

表1　冬冬双休日生活作息时间安排

时段	时间	内容
	6:30	起床
上午	7:00～7:30	早餐
	8:00～11:00	小学奥数班学习

（续表）

时段	时间	内容
下午	12:00～13:00	午餐及休息
	13:00～15:00	英语（家教）
	15:30～17:00	练琴
晚上	17:30～19:00	晚餐和看电视
	19:00～21:00	补充作业练习
	21:00	洗澡、睡觉

在作息时间上，显然这个孩子丧失了自己的时间和自己管理时间的权力。不仅如此，更多的家长还把手伸入孩子的生活空间中，包办孩子的一切。不少孩子抱怨自己的父母、爷爷奶奶是"事事管"，"上管天，下管地，中间管空气"，管得他们一点自由都没有了。现代家长对孩子的关心和爱护可谓是无微不至，无形中也管得太多了，总以为孩子还小，什么都替他考虑周到，包办代替，唯恐有所遗漏。

孩子很小的时候，生活不能自理，需要父母的悉心照顾，但父母不能照顾孩子一辈子。随着孩子一天天长大，个性独立和自我需要越来越强烈，父母应该做到"该放手时就放手"，对孩子力所能及的事情就让孩子自己做，及时放开孩子的手脚，给孩子一片"自由"的天地。如果父母什么都为孩子做，使孩子处处坐享其成，慢慢地他就什么也不会做了。有个孩子午餐时要加吃鸡蛋，但每次鸡蛋都是外婆替他剥好的，这次外婆没有来得及给他剥，他就不会剥，蛋也没吃成，下午放学又把鸡蛋带回了家。

家长处处给孩子包办，表面上看是爱孩子，其实是害了孩子。常见的例子是，养在笼子里的鸟养尊处优，不愁温饱，如果哪一天打开笼子，放它自由，它反而会饿死于食物并不缺乏的笼外世界。究其原因，就是长期的喂食使鸟儿丧失了捕食能力，离开了笼子就不会自己寻找食物，因而也就不会独立生存了。

家长对孩子管得太多，多半是出于对孩子深切的爱，但爱不等于包办，所以并不是所有的爱都是明智的、有意义的。著名的大文豪高尔基就曾说过："爱孩子，这是母鸡也会做的事情，但说到教育孩子，就是另一回事了……"我们常见的情形是，孩子在享受着父母、老人"全方位服务"的同时，并不会感恩和感激，而是常常认为家长为其所做的一切都是应该的，自己不但坐享其成，而且往往会滋生自私、懒惰、骄横、以自我为中心等不良品性。也许孩子刚降生时，家长对其无私的"奉献"是由衷的，但以后对孩子的有求必应就多半是惯性使然了。

　　英国思想家斯宾诺莎曾说过，"自由是对必然的认识"。即通往自由之路，离不开理性。自由是理性的产物，只有拥有理性，拥有自己的主见而不是被动地依赖别人，才能拥有自由。孩子应该走自己的路，孩子应该有他自己的思想，自己的生活。"养于童蒙"，良好的生活习惯是要从小培养的。给孩子更多的时间和空间，让他自己的事情自己做。家长不能因为孩子动作的幼稚和笨拙就轻易剥夺孩子动手的兴趣。管得太多害处多，现代的家庭教育要求家长不能对孩子管得太多，而是要放开孩子的手脚，给孩子一片"自由"的天地。没有人生来就什么都会做，只有在不断的学习和练习中才会成长和进步。

2019 年 2 月于虹口区第二中心小学

第三章　且学且悟且行动

"人与人的差别,是学习能力的差别",只有学习才能使人进步;将学习转化为行动的中介是思考,"学而不思则罔,思而不学则殆";行动即实践,将思考和行动两者巧妙地结合,才能把学习者送进成功的神圣殿堂。

"学习、思考、行动",是公认的"领导力"成分中不可分割的三个层次。学习成才,做好学生的领导者,当一个好老师,是我最强烈的愿望。

校长的服务与奉献

本文要谈及的话题是:校长的自我形象设计,即校长向外要展示什么! 我能走上校长岗位,除了自身的努力外,应该说还有机遇。曾经看过一份资料,说校长的成长一般会经历四个阶段,即职前预备期、适应期、称职期和成熟期。我不知自己现在处在哪个阶段,肯定不是在职前预备期了,但作为年轻的校长,我仍然期望我所在的学校对教师而言有归属感,对家长而言有吸引力。

回顾校长任职,我自认为工作十分努力:努力地学习、努力地做科研、努力地处理好学校方方面面的事宜。就怕学校出不大不小的事情,给上级部门添麻烦。许多事情的决策对我来说是第一次,没有人能告诉我这样做对不对,是否行得通,只能硬着头皮往前冲。也正因如此,有时会感到底气不足,处理问题也会谨小慎微。

英国学者托尼·布什说:校长既要协调来自外部的学校建设目标的种种要求,又要避免过分加重教师们的工作负担。我认为他的话道出了校长的责任,也道出了校长的无奈。校长承受着巨大的压力,学校的"成功"或"失败"无疑都会归因于他们。现代管理理论认为校长应该作为一种专业,然而目前针对校长的、有实效的培训少之又少。我在处理问题时,模仿老校长的方法偏多,至于为什么要这么处理,说不清,道不明。这可能就是张民选教授在校长培训班所说的隐性知识——"发现隐性知识才能,促进校长专业发展"。学区总支为我们创设了倾吐思想的机会,使我能不断反思自己的管理行为,从而找到最适合我校的管理模式。

然而,目前在学校科层领导运行模式中,校长与教师的互动方式基本上类似于一种变相的"交易"。这种"交易式领导"所强调的规则是"为奖励而做",为实现绩效而做。对校长来说,要求下属追随的最有效方式就是"听我的",如同私企的"老板"。我们不自觉地也沿用了这种管理方法,以符合目前的结构工资、绩效工资等的要求。各种制度预先设定了"游戏规则",或绩效考核和奖励,即顺之者赏,逆之者罚;教师的工作动机主要是各种经济收益或非经济性的荣誉获得等,驱动力来自外部激励或惩处。这样,教师的行为选择就必然为"计算自我得失"所左右,大利大干,小利小干,无利不干。至于积极性、创造性,自然降低。

这种唯"绩效",唯"考核"的做法,虽有急功近利之嫌,但依然是目前主要的管理模式。虽然不可轻易抛弃,但也不能放大负面影响,所以,上至国家顶层、教育行政部门、管理理论界,下到基层学校的领导者,都大力提倡在教育领域发扬奉献精神,引导教师鞠躬尽瘁,树立服务学生的精神。

21世纪学校间的差距除设备和质量外,还会有学校自身形象的设计和展现的差距。那校长应该具有怎样的形象展示呢?

中国学者萧宗六认为:现代校长应具备的素质有,实事求是、勇于创新、严于律己、宽以待人、知人善任、赏罚分明、公而忘私、取信于民、多谋善断、自知之明。以上十条大致包括四个方面:一是怎样对待别人,即要做到宽以待人,取信于民;二是怎样对待自己,即要做到严于律己,有自知之明;三是怎样用人,即要做到知人善用,赏罚分明;四是怎样对待工作,即要做到实事求是,勇于创新,公而忘私,多谋善断。

国外学者认为:领导就是服务。管理的字根是"伺候"(minister),教育管理者有责任为学校的需要服务,并通过为家长、教师、学生服务来体现"伺候"。我是非常认同这种观点的,我认为校长的形象与学校形象紧密联系在一起,并存在于全校教师、学生,甚至家长的心中。

我相信这句话:领导就是服务。一些优秀或成功的校长为了学校的发展更是身体力行,率先垂范,鞠躬尽瘁,以自己勤勤恳恳、兢兢业业的工作和突出的成就,影响和带动教职工,以弥补单纯依赖科层领导模式、绩效奖励模式给学校管理带来的不足。凡是校长身体力行,堪为楷模,并长期坚持的学校,辅之以学校管理制度的重整和改革,这所学校的教育教学工作就不会一直没有起色,即使困难颇多,一时后进，但总会改变办学面貌，这就是校长的软影响力所在。

2003 年 10 月于华东师大一附中实验小学（原飞虹路小学）

一课一得，得得相连

今天听了两节随堂课，发现两位教师都有一个共通点，那就是教学前的准备都很充分，如板书的设计、问题的提出、练习的布置等，都经过了事先的仔细思考，周到的安排，因此在教学时不慌不忙，游刃有余。但在具体教学设计上，我也有一些自己的想法。

由于教学任务紧张，教学时间有限，因此教师在教学时不得不考虑教学效率问题，也称有效教学，这是指关注学生发展的，有教学效率和效益的课堂教学。有效教学的理念：一是"关注学生的进步或发展"，教师必须确立学生的主体地位，树立"一切为了学生的发展"的思想；二是"关注教学效益，要求教师有时间与效益的观念"；三是"更多地关注可测性或量化"，如教学目标尽可能明确与具体；四是"需要教师具备一种反思的意识"；五是"有效教学也是一套策略"，策略就是有普遍意义的方法群。

仅就一堂课的教学而言，课堂教学效率 = 有效教学时间 ÷ 实际教学时间。这里的有效包括：教师有效的"教"和学生有效的"学"。如何提高有效教学效率，方法、途径有很多，但在家常课中，我觉得一堂课的教学点还是不宜过多。一课一得，学生就会有收获，得得相连，就放大了课堂教学效率，也就是课堂教学的"性价比"高了。

"二期课改"提出制定三维目标，要求教师从知识与技能、过程与方法、情感态度与价值观这三个维度去确定教学目标。我想，我们教师在教学时可以根据本课教学的重点难点、学生接受的实际等因素把教学目标分解。特别是知识点的传授要尽量单一，因为比较单一的教学点，通过教师再三强调、反复练习，可能就会在学生的脑海中留下比较深刻的印象，从而强化理解和记忆。

如数学《千米和米》一课，教师在教学时反复强调单位名称的统一，以及"米"到"千米"的进率为 1 000，这样学生练习时的准确率就高。又如语文课，如果每篇课文都进行字词句篇、语法修辞的训练，学生会感到枯燥、疲劳，收效也不会很大，等到做练习时，学生还是不会。在教学中，教师可以有意识地抓住一两个教学点，教扎实了,如同敲钉子一般,把知识点印在学生的脑海中,让孩子"一课一得",增加知识的积累和储备。

"一课一得"还不够,还要"得得相连"。也就是通过一个又一个知识点的学习和前后连接,达到反复强化的效果。这样不但增强了学生记忆,而且可以在强化中催化其理解和运用,形成知识积淀。"熟读唐诗三百首,不会作诗也会吟",说的就是这个道理。

提升课堂教学效率,有教学理念的问题,也有方法改进的要求。教师只有在正确的教育理念引导下,坚持不懈地提升专业能力,持之以恒地进行教学改进,才能取得"真经",才能获得教学相长的实际效果。

2007 年 11 月于华东师大一附中实验小学(原飞虹路小学)

阅读: 为我打开了一扇窗

2009 年的寒假,过得实在有些不知所措。因为在 1 月 14 日晚上,接到教育局通知,下学期调我前往虹口区第三中心小学(以下简称三中心小学)当支部书记。1月 16 日上午,我来到新学校报到,随后参加了三中心小学的家访、班主任论坛等活动。突如其来的岗位调整让我很不适应,已经开始设想的学校课程方案戛然而止,熟悉的教师团队也让我有太多的不舍。因此,整个假期都处在调整当中,调整心态,调整工作重心。

放假前,买了一些书,利用假期我把每本书浏览了一遍,发现现在的教育类图书,以案例居多,如《窗边的小豆豆》讲述了特立独行的小豆豆在巴学园的成长故事。《世界顶尖级学校》介绍了不同国家、地区中、高效能学校与低效能学校的案例。《故事里有你的梦想》则展现了 18 位知名教育家的精神世界。没有空泛的理论,没有教条式的说教,更没有"正确的废话",一个个娓娓道来的故事,打动着我;一个个栩栩如生的人物,影响着我;一个个精彩睿智的观点,改变着我。

"二期课改"以学生发展为本的理念已深入人心。在办学过程中,我们也试图努力体现这一理念,期望达到"教育儿童数年,成就他们数十年,造福国家民族数百年"的境界。然而在实际操作过程中,我们不知不觉地担任着主导者的角色,理所当然地把学校教育理解为单向的学校对学生的教育,却从未逆向考虑过,孩子们是否乐于接受这样的教育。教育的均衡化和多元化的需求,创新人才的培养等,随之而来的一系列新办法、新途径、新提案，都是由成年人提出来的。我们的孩子关心些什么，他们是怎么想的，作为教育工作者，是不是应该蹲下身子仔细地倾听一下呢？随着改革的深入，思想观念的转变，越来越多的教育者主张给孩子更多表达心声的机会，认真对待孩子的意见和想法，深入他们的精神世界，了解与研究他们的思想、情绪、性格乃至志向，并在实践中不断总结。当前教育中的优势是什么，什么地方应该改进，我们怎样才能把学校建成学生乐于学习的地方？我想，只有知道了孩子们需要什么，才能为他们提供切合的帮助，因为孩子是学校的第一体验者。

结合近期阅读的书籍，反思自己的学校管理，有以下的体会。

一、倾听

2007年9月，我校着手设计能反映华东师大一附中实验小学（曾任校长的学校）办学理念和活动的读物。起什么名字呢？全校教师各抒己见，未能达成共识，于是我们把这一难题交给了学生。经过全校孩子的讨论、投票，我们选取了出现频率最高的"童""乐"两字作为校刊的刊名。我们还选择了小火箭作为《童乐园》的形象标志，它不仅仅是为了告诉大家，我们学校是上海市科技特色学校，更是为了不断激励大家努力探索，勇于创新，从小爱科学、学科学、用科学，让科学的种子在大家心中生根发芽。作为教育工作者，应该多倾听孩子的心声，能够读懂它，并从中找到灵感。《童乐园》来自学生，紧贴学生生活，成为学生们的最爱，甚至有孩子表示对其喜爱程度超过了《少年报》。我想，任何事物，只有扎根学生，才会有生命力。

二、尊重

三中心小学，是一所老校，一所名校，有着丰厚的人文底蕴。我来这里任职，怎样尽快融入这个集体，成为第一要务。寒假期间，跟随盛校长进行了一次特殊的家访，这是针对贫困生、家庭特殊困难学生推出的"温情家访"。听盛校长介绍，以前都是在学校开会统一发放礼品，今年起改由班子成员以及班主任上门走访关爱特殊学生，这样既能实地了解困难，又能保护隐私、保护孩子的心灵。受到尊重是孩子们最想要的，也是他们常常没有得到的。我们要求他们去适应一个固定、统一的模式，却从未考虑到他们对课程、对活动、对校园生活的个别喜好与感受。由此让我联想到了三中心小学特级教师毛蓓蕾，她把一生奉献给了孩子，以爱心开启孩子的心灵，凝聚她心血的《心之育》真切地记录了她从教实践中的成败和得失、思考和体会,真是弥足珍贵。

三、适合

苏联教育家巴班斯基说:"每一种教学方法,从本质上看,都是辩证的。"我个人理解为,每一种教法,都有其优点和不足,且可以相互转化,万能的教法是不存在的;教法本身无好坏、优劣之分,有的只是合适与否。

我们都知道,学生是有差异的,差异甚至很大,包括潜质天赋、动机态度、基础方式、知识思维、个性习惯等。根据学情选择相应教法,才能确保学生人人成才,个个成功,才能让其潜能得到最大开发。课程是有差异的,根据课程选择相应教法,才能确保课程功能最大化。教师是有差异的,各有各的思想理念、知识底蕴、经验阅历、秉性喜好、道德操守等。根据自身特点选择相应教法,扬长避短,才能教出真我,教出风采,教出魅力,实现教师成就最大化。环境是有差异的,根据校情选择相应教法,趋利避害,才能确保学校资源功效最大化。

是的,我们要面对太多的差异,这些差异告诉我们,要从实际出发,具体问题具体分析,按规律办事。在教育教学过程中,要做到多实践——不怕失败,努力尝试;多分析综合——寻找学生、课程、自我诸要素的最佳交汇点;多比较——同中求异,凡中求奇,差中选好,好中选优,优中选最佳;多学习研究——借而不搬,用而不僵,不断求异求变求新。不管哪一个工作岗位,只有承认差异,勇于面对差异,找寻合适的方法,才能教得称心,教得如意;学生才会学得轻松,学得扎实。

我们改变不了环境,但可以改变自己;我们改变不了事实,但可以改变态度;我们改变不了过去,但可以改变现在;我们不能预知明天,但可以把握今天。

2009 年 2 月于华东师大一附中实验小学(原飞虹路小学)

彩云之南,心之向往
——云南腾冲中小学学习考察报告

2009 年 12 月 1 日,由张治校长带领的上海市第二期名校长培养对象一行 10人,来到云南腾冲县学习、考察、交流,本次与腾冲小学校长互动交流的话题紧紧围绕减负增效与精细化管理展开。

一、阐述观点，交流热烈

1. 减负增效，切实推进素质教育

在腾冲县教育局党委赵书记的简短致辞后，两地的校长展开了热烈的讨论。首先由上海同达小学沈文文校长、浦东新区梅园小学陆虹校长，以及宝山二中心小学谈莉莉校长做专题发言。沈校长就"落实教学精细化，提升教师专业化，促进办学优质化"谈了她的思考与实践，她认为，学校的教育教学质量提升，不能仅靠教师们加班加点的付出，也不能仅靠全力以赴地抓考试学科，"落实教学精细化，提升教师专业化"，扎扎实实抓好课堂教学，深入全面优化教师队伍才能促进优质教育资源的扩大，才能真正实现办学的优质化。因此，她主持了"新课程背景下教学目标具体化的校本研究"，采用单元目标细化，"教、科、训"合一等做法，取得了很好的效果。她的发言引发了与会者的共鸣，

腾冲县腾越镇中心小学的李校长认为，她在办学实践中倡导忙在课前，功在课上，勤在课后，鼓励教师向研究要方法，向方法要质量，并为教师搭建有激情的合作竞争平台。上海浦东园西小学的姚星钢校长则认为，减负增效，一是突出一个核心：师德教育；二是理顺两条线：管理队伍和教师队伍；三是兼顾三个面：建立学习共同体、提高研课成效、关注智能互补；四是关注四个点：聚集教师的"兴奋点"，激发学生的"兴趣点"，巧解教材的"疑难点"，立足评价的"制高点"。

2. 文化办学，追求管理过程精致

谈莉莉校长的题为《在欣赏管理中经营和谐校园文化，提升教师职业幸福》和陆虹校长的题为《校长的文化自觉与文化建设》的发言，把大家的关注点引向了更深层次。谈校长从欣赏管理入手，追求被管理者的潜能发现和发展，追求被教育者自我教育能力的提高。她在办学中关注人文文化的打造，提升教师职业幸福；关注教师在专业成长中的职业幸福的体验。

陆虹校长认为，要提高校长的文化自觉，首先是"学习"，学学校的历史，学先进的理念；其次是"整合"，只有在学校的文化与先进的思想理念整合的基础上，校长才有可能确立自己学校文化发展的新起点，才有可能聚集智慧和勇气，有效地推动学校文化的建设；最后是"实施"，形成一个有共同认可，能各展所长、取长补短、联手发展的学校文化，还需要一定的途径和方式。

腾冲三湾小学林校长在办学中注重现代书香家庭的氛围营造，经常向老师推荐书籍，不断加深教师的理论功底；腾冲的许校长则主张将教育教学的每个环节都做得精致，具体分服务的精细化、教师的精细化、育人的精细化三个层次操作。浦

东建平实验小学沈伟栋校长注重在日常管理中引导教师关注学生健康成长,关注学生的全面发展,关注学生的学有所成,考虑学生的学有所长。

二、导师点拨,梳理经验

第二期名校长培养基地导师,杨浦小学张治校长在听了各位校长发言后,予以总结、点拨。他指出,规范化、精细化管理,每个阶段的要求不同,对这一命题,建议大家从系统论、控制论的角度去思考。

精细化管理是一种理念,一种思想,管理的目标是面向每一个学生。精细化管理有一个过程,既有阶段性,又有连续性。精细化管理不是单一的,需要整合地去思考,要做到大气、开放、精致、创新。

导师的点评高屋建瓴,不仅使与会者厘清了思路,还使得大家对以往的管理工作进行反思,收获满满。

三、结下友谊,资源共享

漫谈式的讨论拉近了两地校长间的距离,云南腾冲与上海虽然远隔千里,但一直保持着紧密的联系,上海北京东路小学张烨校长曾为腾冲的校长做过报告,腾冲的校长也曾到上海的华东师范大学进修过,双方阅读的书籍是一致的,双方思考的问题是一致的,因此也最能引起共鸣。大家在互动交流中学习彼此办学的成功经验,探讨目前教育教学的困惑。闵行实验小学顾文秀书记甚至还换位思考,谈到“如果我是腾冲的校长,我将怎样利用好腾冲丰富的资源,办让人民满意的教育”问题。会议气氛热烈,在座校长纷纷表示,两地学校还要进一步密切联系,让老师们也能有学习的机会,不断开阔眼界,做好教书育人的事业。

读万卷书,不如行万里路。此次学习、交流活动还可以称得上是一次爱国主义主题教育活动。我们参观了中国著名哲学家艾思奇故居,了解了他传奇的一生,以及对马克思主义哲学通俗化和大众化作出的贡献。我们来到了位于和顺乡,建于1928年的全国规模最大、藏书最多的乡村图书馆,在清幽古老的院落和石板小巷中,感受文化的震撼。我们还瞻仰了由辛亥革命元老、爱国人士李根源先生题名的“国殇墓园”和第一个由民间出资建设、民间收藏、以抗战为主题的“滇缅抗战博物馆”。

一路行来,我们学员和导师间增加了了解,加深了友谊,增进了感情。他山之石可以攻玉,我们将把学习到的经验认真地分析思考,应用到工作实践中去,以更加饱满的精神投入今后的工作中。

2009 年 12 月于虹口区第三中心小学

由读书想到校本管理

很久没有这样老老实实地读完一本书了，工作太忙、会议太多、时间不够用等成为不读书冠冕堂皇的借口。静下心来想一想，书竟然在不知不觉中变成了工具，写文章了，才会想起在书中找一些理论作为支撑。这样一来，这些理论形成的背景，在实践运用中的利弊，自然不会深究，这些理论知识也就停留在了书本上，没有内化为自己的东西，更不要说带着批判的眼光来审视这些知名学者的观点了。

最近在重读《沟通与分享》一书，其中有一个问题引起了我的思考：您对校本管理有何评论？它是否会成为新世纪教育（管理）改革的重要趋势之一？因为我校参与了区"自主发展"科研课题，所以关于"校本管理"的内容我读了两遍。

对这个问题，中国学者的回答基本是肯定的，代表学者有吴秀娟、秦梦群、郑燕祥、萧宗六等；而西方学者的看法则有几个层面，一是并不认为校本管理将是教育管理改革的一种趋势；二是认为校本管理只是整个教育管理改革的一个组成部分；三是将特许学校作为校本管理的新型模式来看待。通过这些内容的阅读，我感到正像教授们强调的，教育管理理论有不完整性，在使用过程中，不能简单地"拿来"，而应根据不同的校情加以取舍，逐步趋于完善，使之成为适应自己学校发展的教育哲学。

西方学者认为，校本管理主要是针对过去在教育系统内管理职权过分极权化和集中化所形成的一些弊端，而作出的面向学校的权力下放的教育管理方式。它主要强调教育管理权和重心的下移，把中小学作为决策的主体，运用分权、授权、协作、团队等组织行为学的原理和技术，构筑学校内部及外部的新型关系。

对于"权力下放"，我还是很有认同感的，因为决策是以集体而不是以个人的形式作出的，它给予教师、家长和学生更大的参与学校政务和决策的机会，能使学校更有系统地计划、推进和评价各个教育项目，有更清晰的目标，教育教学活动更有方向性，校长、行政人员以及教师分工更明确，学校教职工之间的沟通更顺畅。

从校本管理到权力下放，我联想到我国实行的"校长负责制"。虹口区曾组织中小学校长进行了"校长负责制"的专门培训，"校长负责制"是由校长、学校党组织和教职工代表大会共同组成的"三位一体"结构中的一环,其中,校长对学校的工作有决策权和指挥权;学校党组织对学校行政工作进行监督,并保证学校的办学方向;教职工代表大会对学校工作进行民主管理和民主监督。随后,为确保教职员工参政议政的知情权,学校开始实行"校务公开"。"校本管理"与"校长负责制"都是学校内部管理体制的改革,其实质是对过去上级教育行政机构对学校实施过多"外控"管理的一种矫正。通过管理权力的下放,学校拥有更多的办学自主权,从而能够根据本校实际对出现的各种问题进行及时快速的处理,提高学校的管理效率。

"校本管理"中提到,权力下放至由校长、教师、社区人士、家长及学生组成的学校董事会或学校理事会手里,由他们来参与管理学校的各项事务。由此带来了以下问题:现在学校各项机构健全,诸如教代会、校务公开领导小组、学校发展规划评审小组、教师评聘小组等,看似各项工作落实到位,而且也正在运行,但实际上,权利还是主要掌握在校长的手中,是校长不肯放权,还是教师没有做好参与校政决策的准备? 我认为关键是学校理事会、教代会、校长之间的权力如何分配与协调的问题没有解决。

作为年轻的校长,我期望我的学校对教师而言更有归属感、凝聚力,对家长而言更有吸引力,认同感。这是"校本管理""校长负责制"实施的根本,也是学校发展、教师发展的根本。

2010 年 9 月于虹口区第六中心小学

一次心灵的"朝圣"
——赴北京中小学考察学习有感

近一年,与北京特别有缘。2010 年 5 月,我参加了北京师范大学教育部小学校长培训中心举办的为期四周的校长培训;2011 年 3 月,我随上海市虹口区小学校长团赴北京考察学习;2011 年 4 月,我再次参加了教育局党工委组织的区骨干校长北京学习之旅。临行前,拿到行程表,我就发现了 4 月份这次学习的与众不同:首先,它打破了年段的壁垒,考察学校既有幼儿园,又有高中;其次,它丰富了组团的结构,不仅有校长、教育局相关领导,更有导师一路随行;最后,它体现了人文的关怀,学习之余,安排参观百年清华园,聆听芝加哥铜管乐队的表演等。

更值得一提的是,这次考察的学校中有我一直向往的人大附中,初识刘彭芝校长，是在上海市暑期校长培训的讲坛上，刘校长匆匆赶来，为我们介绍了她的学校。随后在各大杂志、报纸上，又一再接触到刘校长及人大附中。刘彭芝校长在《人生为一大事来》中说，"我希望孩子们将来在回忆起他们的中学生活时，感觉是幸福的、快乐的，是有独特收获的。我要让人大附中的每一个学生都能找到展示自己才华的舞台，我要让校园成为孩子们最向往、最喜欢、最留恋的地方"。这一对教育的美好愿景深深打动了我，所以说，这次为期五天的培训实在是一次心灵的"朝圣"。

一、学生的成长一定是教育的根本

《国家中长期教育改革和发展规划纲要》在谈到"育人为本"的工作方针时，提出"把促进学生健康成长作为学校一切工作的出发点和落脚点"。确实，在走访北京四所学校时，我深切地感受到了这一点。

从办学理念看，人大附中的办学理念是"尊重个性，挖掘潜力，一切为了学生的发展，一切为了祖国的腾飞，一切为了人类的进步"；北大附中把"肩负天下，敢为人先，追求卓越，志存高远"作为自己的办学理想；北京四中的教育理念是"以人育人、共同发展"；而劲松一幼则秉承"举众人之手，擎发展之天"的教育理念，引领教师在"真积力久，乐群精进"的园所精神鼓舞下，朝着更远大的目标不停地前进。

从校园文化看，行走在整洁、有序的校园中，聆听陪同教师的讲解，可以感受到四所学校在办学过程中对优秀传统的传承、恪守和弘扬。学校的历史文化积淀，历任校长、教师对教育和学校核心价值理念的追求，培养和造就了一代代成功的学生；一批批优秀的教师，也形成了鲜明的学校校风和办学特色。那里弥散着浓郁的育人元素，那里充满了生命生长的气息，那里是教师和学生成长的理想家园。

二、教师的成长离不开文化的浸润

我们一直讲校长要有文化自觉。学校是一个文化场所，但是文化场所并不一定有文化。学校自身不会自动生成文化，它需要校长带领大家有意识地建设。文化虽然看不见，但是感觉得到，它具有感染力、穿透力和生命力，能够在潜移默化中造就学生与教师。

来到北京四中，刘校长首先带我们参观了校史陈列室。自 1907 年建校以来，历任校长不断总结办学经验，带领全体教师改革创新，逐渐形成了具有独特人文精神的四中。在陈列室里，历史被很好地记录下来，四中的沿革、四中的实践清晰地展现在我们面前。行走在四中的校园内,各种雕塑展现了四中的精神追求,老校门记录了四中的百年沧桑,而操场上学生颇有架势的武术操,则反映出学生的精神风貌。在随后的校长介绍中,他如数家珍地讲述了四中的教师是怎样把教育教学过程当作师生思想碰撞、心灵交流过程的。在共识、共鸣、共志的教学过程中,教师宣讲自己的信念,表白自己的真情实感;学生袒露自己的心灵,述说自己的体会。此时,教师的教成了学生的需要、向往;而学生的学,则成了教师的期待、目的。特别是在讲述四中教师排演《郑伯克段于鄢》的话剧时,刘校长的眼睛湿润了,他动情了。是的,正因为刘校长有着这样的人文情怀,他带领的四中教师才具有这样的人文素养。

校长的文化自觉是学校文化建设的基本前提和重要条件,学校的文化建设是一个长期的、价值观不断冲突的过程,每一所学校都有自己的历史和特点,而社会进步不同时期又具有不同的时代特征,同时,校长个人还具有不同的个性特长,这些都将造就不同的且具有鲜明个性的学校文化。我想,校长要做的就是解读学校发展的历史,挖掘学校沿革与发展中的文化脉络,分析和反思学校当前的价值取向,并通过自己的判断,选择适合自己学校的文化类型,真正解决学校文化建设中深层次的矛盾和影响学校健康发展的薄弱环节。

三、校长的成长需要实践的磨砺

这次的参观学习,尽管没有安排走访小学,但教育是相通的,大家的育人目标是一致的。在学习过程中,我很自然地就联想到了我校即将开展的"快乐活动日"活动。为贯彻落实上海市基础教育工作会议精神,努力"让每个孩子都健康快乐成长",虹口区开始进行"快乐活动日"的试点,我校有幸被纳入试点单位。为此,我们想借此"东风",结合学校文化特色,开发实施"快乐活动日"课程,科学减轻学生课业负担,促进学生身心健康快乐地发展。学校"快乐活动日"的主题"温馨趣乐园,自主共成长"是基于学校文化建设进程中形成的学校特色所提出的,是学校体现办学思想与办学理念的重要载体,其倡导在开放、有意义、活泼有趣的环境中为学生提供高品质的学习活动内容,把学校创建成师生心灵放飞、自主健康成长的情趣乐园。我想,教育需要行动,校长的办学理念需要在实践中加以磨砺,加以检验,因此,在今后的管理中,我将努力实践,不断调整,不断提升。用刘彭芝校长的话说:"鲜花,在前面,我们,在路上!"

周国平说:"世上有多少个朝圣者,就有多少条朝圣路。每一条朝圣的路都是每一个朝圣者自己走出来的,不必相同,也不可能相同。"在这一次心灵的"朝圣"

中，有着很多的感悟，也有着实践的冲动，我将与我校教师一起，随着我们自己办学理念的指引，启程，出发。

2011 年 5 月于虹口区第六中心小学

第四章 教师发展那些事

心思纯真而又有事业追求的教师站在自己的讲台上,都会思考这样一个走向成功的发展轨迹:"新手型—熟手型—专家型"。做一个受教师欢迎的学校管理者应当与教师"心往一处想,劲往一处使"。

教师发展是实现学校发展、学生发展的重要前提与保障。教师发展就是学校的发展,教师成功,学校必然也能走向成功。校长的主要职责之一,就是让每位教师成功,让每位教师的价值得到提升,这是学校管理的最高境界,也是成功的主因。

浅谈探究型课程中的教师培养

上海市第二期课程教材改革构建了新的课程结构,由基础型课程、拓展型课程、研究型课程(小学阶段称为探究型课程)三大部分组成,其中探究性课程以其独特的创新品格和实践魅力,引起了各界的广泛关注,并成为"二期课改"的亮点,但同时它又是当前课改的难点。我校自 1999 年底承担了探究型课程的试点任务,在具体实践中我们感到最大的困难还是教师队伍的培养。根据我校师资的实际情况,在认真总结"一期课改"经验的基础上,我们实行了几个"多"的策略:多给教师理论指导、多给教师提供舞台、多给教师时间和理解、多给教师搭建合作平台。干群携手,为完成探究型课程试点的任务不懈努力。

一、多给教师理论指导

探究性课程强调学生通过实践,增强探究和创新意识,学习科学研究的方法,发展综合运用知识的能力。在小学阶段以活动为主要开展形式,强调学生的亲身经历,要求学生积极参加到各项活动中去,在"考察""实验""探究"等一系列的活动中发现和解决问题,体验和感受生活,发展实践能力和创新能力。

学生的问题从何而来,哪些问题又适合学生研究呢? 教师们觉得难以入手,我们采取了有针对性的办法。

第一,我们根据学校学生的原有基础,制订了我校探究型课程的指导思想以及分年段的要求,并从学校历年积累的科技材料中选取一部分作为探究型课程的授课内容,为教师扫除指导内容上的障碍。有观察类的:小乌龟喜欢吃什么、蝉什么时候开始鸣叫等。有查阅类的:陀螺为什么会变色、废电池的危害等;有制作类的:不倒翁不倒的奥秘、溜溜球的制作等;有实验类的:什么样的竹蜻蜓飞得高、净水真的很干净吗等。这些知识点解决了教师没有探究内容的苦恼。此外,要求教师指导学生运用"头脑风暴法",大胆提问。孩子们畅所欲言,提出了许多问题,如:"橡皮为什么能擦铅笔字?""为什么手机没有线却可以通话?""人为什么会变老?""头发会长,为什么眉毛长到一定程度就不会再长了呢?""鸵鸟有翅膀,为什么不会飞?""为什么蛇没有脚,却能走路?"……在这么多的问题中,教师再根据学生的兴趣爱好、知识水平、生活实际选择一部分作为探究的方向。围绕学生提出的这些问题,我们投稿到《当代学生》杂志,有四名学生获得了"探究价值奖"和"敏锐眼光奖"。

第二,我们要求教师把课题进展的过程以案例形式记录下来,个案研究前两年刚提出时,教师普遍对撰写探究型课程个案感到有困难,为此,我们请教了市教研室张企曾老师。张老师以我校的个案《是什么因素影响了手掷式航模的飞行距离和飞行轨迹》为范例,进行剖析,手把手地指导。这一个案发表后,我们把它复印给每位教师,要求他们参照撰写。同时我们还注意收集杂志上刊登的个案。由于研究的侧重不同,个案撰写方式也不同,有的个案在撰写时辟出三分之一的篇幅,留给教师,记录在指导过程中的遇到的困难以及解决的办法,较清楚地反映了教师的思维过程。有的个案在结束部分加上了专家点评,这样更利于教师的理解。还有的个案完全是课堂实录,便于教师模仿操作等。通过学习、实验、交流,教师打开了思路,撰写个案的水平有了实质性的提高。

第三,由于教师埋头于教学工作,进行理论学习的时间非常有限,我校图书室为教师提供了最新出版杂志的目录。为鼓励教师开展探究型课程的研究,我同意教师外出选购图书时,如遇到有关探究型课程的书籍,可大胆购买,各科教师各取所需。这一举措,使教师们感到学校尽管经济条件困难,却对他们业务水平的提高非常重视,老师们更积极地投入学习之中。有一个周末,两位查找资料的教师竟在上海书城巧遇。另外,我校有一条不成文的规定,凡教师外出学习,回校后均要把学习体会向全体教师进行传达,使大家获得的信息能够同步。

尹后庆主任到虹口区作《法国"做中学"科学教育项目的几点启示》的报告,其中的精神实质,一些新鲜的做法以及生动的例子,在周五的政治学习时间我特意向全体教师做了介绍。我校教导参加在中国香港举办的语文教学研讨会,返校后,不仅对会议的内容进行传达,还把中国台湾教师上的"妙想诗歌"搬了回来,请青年教师执教,全体教师观摩并分小组展开讨论。

我们衷心期望通过多渠道对教师的指导,使我校教师能尽快转变教学观念,并落实于课堂教学之中。

二、多给教师提供舞台

我校探究型课程的研究经历了由点到面这一循序渐进的过程。刚开始1个班1位教师试点,随后2个班5位教师参加试点,2001年9月,我校全面推开,把探究型课程列入课表,每周1节课,并安排了3位教师任教。尽管上课的是这3位教师,但探究性学习作为一种新的学习方式,每一位教师都应了解,并最终贯彻在学科教学之中,这样,探究型课程才有生命力。

为了使每位教师都能投入探究型课程,我要求每位教师带领一个实验小组完成一个课题研究,先由教师申报课题及实验班级,以避免课题的重复及班级的过于集中。这样,全校老师都能行动起来。大家撰写了《颜色混合趣味多》《汽车尾气对人类的危害》《蜗牛的饮食起居》《风能的利用》等,虽然有的过于简单,有的还处于网络资料阶段,但应该看到,这是老师们迈出的第一步,不管水平如何,都开始学习了,开始尝试了,这是值得称赞的。2001年11月底前,我要求全校老师再完成一个探究型课程的个案,要求略高于第一个个案,老师们撰写了《变化的影子》《动物与它的猎物能不能成为好朋友》《自制乐器》等,确实有所进步。特别是《苏轼与〈冬景〉》《小学生爱看什么书情况调查》等文章,不仅写了探究过程,还附上了学生的日记。12月底前,我又要求全体老师完成学科渗透探究型课程的个案,老师们撰写了《汉字的创造》《有趣的小棒游戏》等。通过个案的撰写,全体教师投身改革,到目前为止,共撰写个案78篇。

对于老师们撰写的个案,我们挑选出较好的文章向各种报纸杂志推荐,期望能有展示探究这一全新课程理念的机会。去年,我校青年教师肖艺撰写的《布料的质地与水分蒸发快慢的关系》个案,活动设计周密。这个个案引导学生从问题情境中选择适合自己的探究课题,帮助学生找到适合自己的学习方式和探究方式,与学生共同展开探究过程。随着活动的不断展开，学生的研究不断深入，新的想法不断生成，学生在这个过程中兴趣盎然，认识和体验不断加深，创造性的火花不断迸发。经过修改后，我们向《当代学生》杂志推荐了这个个案，并得到发表。

三、多给教师时间和理解

由于学生的课题包罗万象，上至天文地理，下至日常生活，无不涉及，我们教师感到了底气不足。听了尹后庆主任的报告后，真羡慕法国的教师拥有那么庞大的网络系统，可借助网络相互学习、沟通、借鉴；也羡慕法国的教师背后拥有阵容如此强大的科学家队伍，成为教师们教学的坚实后盾。相比而言，我们目前还不具备这样的条件。加上教师多年来已经形成的教学习惯，以及研究时间有限、工作负担重等原因，他们参与探究型课程改革困难重重。学校虽想尽办法解决，欲见成效，仍可能需要一段不短的时间。教师不但需要时间、物质或组织上的支持，也需要理解和宽容。所以我们提出多给教师时间，多给教师一些理解和宽容，多看到他们的进步，多相信他们的能力。

四、多给教师搭建合作平台

探究型课程虽起步不久，但给我校的教师队伍带来了质的变化。除了教育理念的更新、相应的教学行为改变外，更主要的是教师间的合作增多了，因为探究活动倡导团体指导与协同教学，因此探究活动的指导权不会只赋予某一学科的教师或班主任，而是所有教师智慧的集中。

开展探究型课程研究，使全体教师对教学工作有更多的投入，提高教师的工作积极性，增强其工作满足感和责任感，对校长而言，这是工作的动力和目标。当然在具体操作上，我们还有很多问题要解决。教育是一门科学，对教师的培养更应该运用科学的方法。未来我们将针对教师的角色变化、教师的指导行为等问题展开更深入的研究。

新课程将改变学生的学习生活，新课程也将改变教师的教学生活。教师在新课程中将焕发出新的生命活力，我愿与教师携手合作，共同走向成熟。

2002年4月于华东师大一附中实验小学（原飞虹路小学）

为教师服务是校长的重要职责

我相信一句话："领导就是服务。"校长要为学生服务，更要为教师服务，让教师心无旁骛地做好对学生的教育、引导和服务工作。在这样的理念指导下，我在学校管理中，努力把教师当作主人，以为教师发展服务作为自己的重要职责。

一、心里有教师

随着教育改革的不断深入，对教师的要求越来越高，目前的师资队伍能否适应飞速发展的教育形势，是摆在每个校长面前的课题。在学校制定三年发展规划时，我对学校情况加以分析，认为我校办学经费紧缺，新校舍建造后，没有创收，和兄弟学校第二次分配相比差距很大，这势必影响教师的积极性。曾经听顾泠沅教授讲起，"一所学校要称之为好，如果只有好的学生，那不足为奇；如果只有好的校长，那也不够全面；还必须有好的教师"。对于我校，要留住教师，就要让教师感到学校对他的重视，对他的培养。学校的发展与教师个人的发展是紧密联系在一起的。

北京海淀区玉泉小学校长有一句名言：当校长要"眼中有孩子，心中有老师"，重在让教师找到职业幸福感。校长要拥有一颗公正的心，平等对待学校里的每一个人和每一件事；校长要有一颗宽容的心，要有"海纳百川"的博大胸怀；校长要怀有一颗欣赏他人的心，赏识老师才干，欣赏学生成长。

二、把教师当作主人

我期望能建立校内文明社会的雏形——教师共同体。每一个教师都是共同体的成员，每一个教师都感到对学校的发展负有责任，每一个教师都愿为学校的发展尽力。

我们制订各项措施，都尽量以人为本，使制度不再是惩罚的工具，而成为大家约定俗成的一项规则。如上学期我校召开了以"提高素质，遵章守规"为主题的教代会，会上，我就学校(上班吃早餐的现象、请假制度、电脑的使用、禁烟问题、建立正常的教育教学秩序、办公室的卫生打扫制度、教师的业务学习等7个方面提出意见)，供代表们讨论。当然，前期我做了细致的准备，如设计了问卷来了解教师的想法，对教师进行了个别访谈等。通过讨论，教师们形成共识，学校的各项规章制度得到进一步严格执行。

本学期，我校的结构工资方案也放手让教师去制订，在制订的过程中，方方面面的代表为己方的利益据理力争。每一位教师都有发言权，都可以对方案提出修改意见。这次方案的出台用了整整3周时间，共修改了4次，尽管过程繁复，但因为充分听取了意见，所以方案执行起来更有说服力。

马克思曾经指出："一个人的发展决定于和他直接或间接进行交往的其他一切人的发展。"也就是说，人的发展，自始至终都是在群体的影响下进行的。营造一个平等、团结、互相尊重的环境氛围，对于主体意识突出的教师们将有极大的感召力。我将努力营造这样一个氛围。

三、为教师发展服务

为教师发展服务，在操作中，我主要做了以下几点。

（1）为教师搭建舞台，使他们能有机会在市、区层面上公开课。为了让更多的教师能有机会参加市、区各级各类教学研究，学校特别聘请专家对教师进行直接指导，尽管学校经费紧张，但在这方面的投入很多。学校两次举办专题汇报活动，分别是"课改的实践与思考""课改新理念：在教学中培育人文素养——文科相关学习领域"。2001年，我校教师开设公开教学课27节，其中市级4节，区级13节；2002年，我校教师开设公开教学课34节，其中市级11节，区竞赛课5节；2003年，开设公开教学课14节，其中市级1节，区级9节。开课，往往让教师们感到很辛苦，但是也为教师带来了许多实惠，特别是在职称评聘上。目前为止，我校共有8名教师因教学突出破格晋升高一级职称。

（2）请专家指导教师撰写论文，并推荐到市、区级刊物上发表。教师实践经验多，但要他们提炼总结，往往困难重重。为此，我校要求教师人人进行课题研究。在市、区专家的指导下，在校骨干教师的带动下，我校现有3项课题获市级立项，3项课题获区级立项；教师撰写的论文1篇获全国奖，3篇获市级奖，11篇获区级奖；20余篇发表在各类杂志上。此外，我校探究型课程的研究课题已经进入结题阶段，我们准备投入3万元正式出版该研究成果。为使教师克服对课题的畏难情绪，本学期，我们简化了课题申报的形式，开题报告由三个问题组成：你在教育教学过程中发现了什么值得研究的问题？你觉得出现这个问题的原因是什么？你准备怎样解决这个问题？学期结束要求教师根据开题报告完成论文。现在我校教师撰写论文的积极性很高，上周，体育教师的两篇文章发表于《体育教学改革探索》上。

（3）举办各类专题讲座和专家报告。2002年,我校组织了4场专家报告,分别为吴润门老师的"IT课程";崔可嘉老师的"怎样召开主题中队会";董蓓菲老师"小班化教学";朱福生老师的"行动研究法"。今年,我校开始尝试自己办讲座,已经进行了七讲,第一讲由我汇报了校长培训班的体会与感受;第二讲是教师论坛;第三讲是对我校教职工问卷调查的分析;第四讲是教师终身专业发展;第五讲,由教师根据自己所处的不同发展阶段,宣讲个人发展规划;第六讲是教师宣讲教育教学个案;第七讲我们特意选择了《基础教育课程改革纲要（试行）》的片段,组织教师学习、讨论,并请教师代表交流。

（4）开展教学技能竞赛。我校是虹口区首批校园网试点学校,为使教师尽快掌握这一先进教学手段,并能充分为教育教学服务,我们投入约6 000元资金举办了两届多媒体教学评比,共收到参赛媒体课件25件,其中丁霞、郑炯、周雅君老师设计的多媒体教学案例还发表于《计算机教与学.IT搜索》杂志上。现在学校的青年教师基本上都能制作多媒体课件来辅助教学,学校的多功能教室以及多媒体教室也频繁使用起来。

2003年10月于华东师大一附中实验小学（原飞虹路小学）

构建特色校本教研　促进教师专业发展

"二期课改"在小学已经全面铺开,许多新问题纷至沓来,如教育理念要更新调整,教材内容要重新构建,教学方法要重新策划,教育对象要重新研究等。其中,加快教师专业化的进程迫在眉睫。作为课改基地学校,在课改初期,我们就设想并尝试开展校本教研,把教师培训的重心下移,阵地前移,使教师的培养与学校的教育教学改革融为一体,努力为教师的专业化发展营造氛围,创造契机,从而构建适应"二期课改"的学校教学管理机制。

两年前,我校有幸参加了"基于小学语文课程教材改革的行动方案研究"课题组,在这一课题研究过程中,市教研室薛峰、陈祿等老师坚持每周带着价值30多万元的设备来我校听课、评课,把每节课拍摄、记录下来,并对教师在课堂教学中的教学设计、教学手段、教学机制等进行逐一点评,帮助教师解读文本,指导教师开展有效的教学活动。此项研究是费时费力的,但是,市教研室的语文教研员认真做了,并且坚持下来了,不仅在课题研究上逐步深入,还使我校在校本教研的探索上又多了一个抓手，为我校的校本教研带来了新的模式。回顾两年来走过的路，我们有三点启示。

一、助人成长的校本教研

我校正在进行的由市教研员领衔的课堂教学研究，更贴近教师的需要，更具有可操作性，具体的操作流程为：研究教材—明确教学目标—备课—听课—和专家一起分析反思—改进教学过程—同年级教师再实践操作—反思总结。

从流程中可以看出，这样的课堂教学不再是教师的个人行为，而是凝聚了整个团队的智慧，这样的校本教研，更有助于教师的成长。

比如，齐虹老师，曾经教过音乐、美术、英语和活动课，直到1997年才开始任教高年级语文，缺乏语文教学经验，而且在进入课题组前，刚休完产假，教学新教材，对她而言，困难可想而知。

在专家的引领下，齐老师开始接触最新的教育理论。市教研室的老师们经常召集课题组会议，探讨目前的教学动态，他们不仅赠送了齐老师有关教育学的书，还提供了一些教育教学理论方面的书籍目录，让齐老师能有针对性地在理论上加以充实。市教研员每周一次随堂听课的压力，又促使她在教学活动前，对教材进行孜孜钻研，同时虚心向区教研员袁晓东老师、同年级组老师请教，尽可能设计出有自己风格、有自己想法的课堂教学，努力做到听说读写整体推进。两年来，所有老师都看见了她的成长，感受到了她的进步。2003年11月，她执教的《当妈妈拉开窗帘的时候》一课获得了虹口区中青年教师教学评比语文学科一等奖。

二、以人为本的定向培养

随着研究的深入，我们感到，教学研究不仅是对教学行为的研究，还是对"人"的研究，研究的是如何使教师尽快走上专业化发展的道路。

我校依托教研室课题，发挥课题的辐射作用，力争使课题研究的效益最大化。在接受、参与、研究的过程中，有空的老师都主动听课、评课。这样不仅是齐虹老师，很多教师都颇有收获。

学校也鼓励这种行为，在平时的语文教研活动中，教导和大组长细心发掘每位语文老师身上的闪光点，并加以扶持、表扬，鼓励教师"同教材不同教法"，在教学中融入教师的自身元素，使我校的教学百花齐放。就以《迷人的蝴蝶谷》一课为例，肖老师文学功底扎实，她就着重地引导学生通过对语言文字的感悟，领略蝴蝶的千姿百态以及蝴蝶谷的清雅幽静;陈老师则在教学时紧扣课文中的词句,通过互换动词的方式,让学生体会到意思相近的词语有它不同的使用环境,使学生领略汉语文字的迷人魅力。经过一段时间的实践,我校教师开始形成各自独特的教学风格,如陈如英老师,作文教学新颖、活泼;朱崎泓老师,教学态度严谨,基本功扎实;肖艺、戴苏婷老师,会用生动、优美的语言表达给学生以熏陶。我们相信,在这样宽松而有序的飞虹教研舞台上,会有越来越多的教师在校本教研中形成各自的特色。

三、注重全体教师的发展

在总结学校的教学工作时,大家都感受到了课题研究对我校校本教研的深远影响。它好比是一个同心圆,核心是齐虹老师,第二圈是齐虹老师所在的二年级组,第三圈是语文大组的所有老师,最大圈则是我校的全体教师。这是一项多赢的举措,教师的教学能力有了显著的提高。如今,"以学生为本"已成为教师教学设计与实施的基本出发点。

随着改革的深入,充满创造欲望的优秀教师对课程,特别是探究型课程和拓展型课程的设计、创造,使得这一领域成为校本课程资源开发的活跃领域。教师"校本课程资源"开发的潜能逐渐呈现。

而"经验移植"是我校教师自我提高的主要途径。其他教研组的教师也通过学科内或跨学科听课、观摩、交流、研修、案例学习等方法来获取先进教学经验,改进自己的教学,以适应复杂多变的教学环境。

"专业进取心"成为教师改进教学的动力。我校教师积极参与各类教研活动,在教学中不断探索适宜的教学模式,始终保持锐意进取的旺盛生命力,近年来,参与了上海市教学资源库的建设,新教材的配套多媒体设计,新教材的评价、编写以及新课标的解读等。在探索中我们有艰辛的付出,但更多的是自己专业知识、能力上的巨大收获和飞速成长。

"二期课改"在不断深入,我们将继续多渠道、多途径地致力于以校为本的教学研究。在今后的前进道路上,我们可能还将遇到许多困难、挫折,但我们会脚踏实地地在"二期课改"的平台上不断探索、不断登攀。

2005 年 5 月于华东师大一附中实验小学(原飞虹路小学)

师生共度"学习准备期"

现在全校学生都去看电影了，校园里真是安静。昨天晚上接到区教研室电话，要求简单总结我校一年级"学习准备期"的实施情况。

本学期，上海市教委发布了《上海市小学一、二年级课程调整方案》。这个方案的重点内容之一是在一年级新生入学的2～4周，设置"学习准备期"。

由于"学习准备期"是新生事物，需要教师和学生共同适应。为此，我校在市培训的基础上，组织教师深入学习《上海市小学学习准备期教学指导意见》，领会其设置的目的、意义，并要求任课教师集体备课，通过年级组内教师的相互听课，互动交流，来积累经验，分享成果，使得此项工作真正落实。

同时，我校还以本学期校本研修的重点——教学实践反思为突破口，要求任课教师围绕"学习准备期"来反思自己的教学，把教师自主的教和研结合起来，让每一个教师能自觉地成为课改的研究者与执行者，使每一堂课都能成为课改精神、课改理念的试验田。

我校小吴老师写道："今年我执教了久违的一年级，觉得现在的孩子和以前有很大的不同。孩子之间的差异也是相当明显，但是我深深地感到，有了'学习准备期'这一教学设置，就使幼儿园和小学的衔接不再是割裂的了，学生也有了一个适应小学学习生活的过程。以前执教一年级总觉得时间不够用，大量的生字以及默写，使得我整天埋首于教材中。今年学科课程着重围绕对学生学习兴趣的培养和学习习惯的养成，也注重师生情感，生生情感之间的交流，这让我觉得孩子之间的差异被'淡化'了，更看重的是一种态度、习惯的养成。有良好基础的同学不再有明显的优越感，基础薄弱的同学也有了个好的心态，相信良好的习惯对于一个孩子的终身学习是相当有用的。"

又如小李老师谈道："让一群刚跨进小学大门的孩子来说说什么是数学，恐怕不是件容易的事。但从现在开始，他们的确要开始和数学打交道了。从引入数学到做游戏，每个环节都以小组合作的形式进行。每个小组成员都抱着为小组争第一的心情去完成同一个任务，那种迫切、期待可想而知。更重要的是，他们在完成任务的时候，不能只想自己，还要顾及全组。因为这是一个集体，这个任务需要合作完成。在完成任务的时候，我看到每个小组都有一些成员遇到一点小小的困难，而其他孩子就会去帮助他，使他们能尽快解决问题，从而让整个小组共同前进。可见，合作意识在他们中间已渐渐形成，他们的心中除了有一个'我'，还装进了'他'。

我想：只要不断为学生提供一些合作学习的机会，使他们不断适应合作学习的方式，久而久之，就会养成合作学习的习惯……"

看着这些凝聚智慧火花的反思交流、讨论，我不由想到，尽管日前我校正在进行结构工资方案的修订，但这丝毫没有影响我们正常的教育教学工作。教师的工作热情，使得我们实验小学各项工作蒸蒸日上，也正因为有了这样的工作热情，使得我们实验小学的老师们成为当之无愧的"最可爱的人"。

2007 年 9 月于华东师大一附中实验小学（原飞虹路小学）

家常课——教学工作的"重头戏"

课堂教学是一种有计划、有目的、讲究效益的活动。在新课程理念下，我们更强调教学活动的有效性。几年前，我校曾就"研有效的教，促有效的学"向兄弟学校领导、老师汇报了我校在教学实践中的思考。

目前的课堂教学存在两种不同类型的教学课，一种是公开课，对外的；一种是家常课，对学生的。以往出于种种原因，我们比较关注公开课，投入了大量的时间、精力，这种经过老师们集体研讨，反复修改教案、反复试教、反复研磨的课，在某一阶段，对某一名教师可能会有一定作用。但我们的学生不仅仅需要这样"一堂课"，我们的教师不能只会上这样"一堂课"。我们应该让教师夯实基本功，站稳三尺讲台，在每一天的课堂教学中，都能遵循教学的客观规律，以尽可能适宜的时间、精力和物力投入，取得尽可能多的教学效果，从而实现学科教育肩负的教学目标。因此，家常课才是教学真实的体现，家常课才是教学的重中之重，是一个教师必须倾其一生精力、花其一生心血，孜孜不断地追求，才能收获的一份为人师者的质朴、从容。

2007 年下半年，我校集聚校长室以及教导处的力量，全覆盖随堂听课 255 节，我们认识到一点：家常课，就是教学工作的日常，不管是上课教师，还是参与听课、评课的教师，都应以平常心去对待，我们要关注的是上课教师的常态。因此，为区别以往公开课的评课标准，我们给家常课制订了新的衡量尺度，除了重备课，重课堂亮点的采撷，重学生的习得，更重过程，重教师的基本功，重经验教训的吸取。听了一系列的随堂课，我的感受良多。

一、家常课最能体现教师的敬业精神

走进课堂听一节随堂课，实际上看到的是整个教学流程，从备课、上课到作业布置、个别辅导，执教老师"以学生发展为本"，尽己所能找寻适合学生的教学方法，这些老师的敬业精神是值得钦佩的。特别是青年教师为提高课堂效率，集中学生的注意力，纷纷自制多媒体课件。如数学《折线统计图》一课，对于小学四年级的学生来说比较抽象，为了让教学内容能够贴近学生的生活，任课老师设计制作了学生在生活中就能看到的"股市折线统计图"多媒体课件，以帮助学生理解。针对配套教具特定性和唯一性的特点，我校教师积极创新，自制特色教具。如教师在教学《砂和黏土》一课时，采用陶土来代替黏土，让学生比较沙子、黏土的不同特点。在上海市装备部组织的自制教具比赛中，我校老师的作品"小学低幼年级卡纸系列"被评为全国优秀自制教具三等奖，并到青岛交流展示；"遥控快艇模型"被评为上海市优秀自制教具二等奖。

二、家常课最能反映教师的业务功底

我们常说，备课时要备教材，备学生，但这仅仅是一个预设，课堂是活的，它在不断生成。有这样一个隐喻，课程可以被认为是一支乐谱；教学则是作品的演绎。同样的曲谱，有的指挥家和乐队特别受欢迎，并非是因为他们演奏的乐曲，而是音乐家们对乐谱的理解和演奏的技巧。同理，教师对教材、对学生的不同认识和理解，教师的不同气质与风格，使得我们的课堂呈现出百花齐放的景象：有的教学方法多样，有的语言诙谐幽默，有的能写一手漂亮的板书。例如，有一次，三伏天里学生上完体育课，个个满头大汗，接下来是语文课，老师已经做好了上课的准备，但看到学生的状态，有经验的她预测到课堂可能产生的效果，因势利导，索性撇开已经设计好的内容，与学生聊起了"风凉话"的话题，并以此为题，让学生在课后完成一篇作文。新颖、鲜活的素材让学生毫不费力地写出了篇篇佳作，有的还刊登在了《新民晚报》上。这是一堂富有教学智慧和创造性的家常课，更体现了教师丰富的教学经验和扎实的专业能力。

三、家常课最能发现教师的各类问题

在我校的家常课中还存在许多不尽如人意的地方：有的教师对教材钻研不

够，眼里只有具体的课时教学内容，没有整体的教学大体系概念，导致教学活动琐碎，训练目标不明，更不能体现适切的教学目标；有的教师教学时照本宣科，仅停留在对教材内容的理解上，对课堂中学生的活动不够重视，以教师的讲解代替学生的理解，束缚了学生的思想。即使设计了学生活动，也是流于形式，组织性、指挥性不够，课堂看似热闹，却无实效；更有教师的教学颇为随意，虽有教案，但由于从备课到上课有一定的时间差，教师也没有在课前进行二次备课，课堂提问零散、随机，往往让学生无所适从……种种原因，导致目前课堂教学的有效性存在着问题。针对这类情况，我们采取了一些策略。

（一）协助教师提高教学基本功

要提高教师随堂课的有效性，就必须在业务上加以引领，加强对教师各项基本功的锤炼，特别要加强对教师的日常教学能力的培养。因此我校除了对青年教师进行一系列行之有效的实务培训，如开展普通话、课件制作、粉笔字书写等教学技能比赛，以扎实基本功之外，还结合课程改革的新形势、新要求，加大对家常课的研究。每周一市区教研员会来我校听齐虹老师的家常课，他们对教师在课堂教学中的教学设计、教学手段、教学行为等进行逐一点评，帮助教师解读文本，指导教师开展有效的教学活动。同时，我校内部也开展了跟踪听课，有对教师个体的跟踪，也有对班级的跟踪。通过系列听课、比对，我们为教师或班级提供书面的短期整改意见，如我校一名数学老师，刚执教完高年级，就接手了一年级的教学任务，在听课中发现她的课堂气氛沉闷，35 分钟的教学过程始终不能有效地吸引学生。我校就要求各分管教导在教师备课时从旁协助，帮助她分析教材，设计教学环节，因为若只有理论知识的准备，而无方法、手段、情境等的研究和琢磨，是达不到较好的教学效果的。在对"10 的游戏"这一教学内容进行备课时，按照常规教学，师生游戏和生生游戏应放在教学的最后一个环节，但为了提高学生的学习兴趣，教师设计把游戏分 3 个层次穿插在整节课的教学过程中，学生一节课始终处于兴奋状态，注意力高度集中。我们还发现有的教师在教学时只想着如何顺利完成教学任务，而忽视了学生的反馈，于是提出要求：教师要真正关注学生，家常课不要走流程，一旦发现学生普遍不能理解或掌握的问题，必须停下来反复强调、操练。有的教师课堂密度不大，导致学生思想不集中，我们就要求教师在备课上下功夫，精心设计提问，并根据教学班级的特点预测教学环节所需时间，让各环节环环相扣，一气呵成。我们还在整改的期限上与教师做了约定，有两周，有一个月，使教师能有意识地去改变自己的教学习惯。我们一直要求每位教师：不求每节课都精彩，但求每一课都能让学生有收获。

（二）鼓励教师积极开展公开课

要提高教师的教学基本能力，上公开课也是一条便捷的途径。上公开课的目的是为了更好地上好家常课，由于公开课往往会起到一种示范作用，促使教师更认真、深刻地钻研教材，精心设计教案，巧妙组织学习环节，这样的一个过程，是对教师教学素质的一种打磨，是教师教学经验的一种积累，是对教学现实的一种思考。这不是一朝一夕就能成就的，既要练外功，也要练内功，为了让教师能多展示自我、提升自我，从而实现自我发展，我校多方搭建平台，提供教师在市、区内进行公开教学展示。相信经过这样的锤炼，教师的功底会更扎实，家常课的质量也会有飞跃。

（三）促进团队加强教研组建设

建设一支高水平、高素质的教师队伍是提高学校教学质量的关键，而教师个人的成长离不开集体，充分发挥学校教研组的功能与作用，是一条切实可行的途径。首先，我们要求教师在每周的教研活动中对教材的整体知识系统了然于心，对每个单元的总体要求明确熟知，再根据教学大纲要求，对照教材内容，确定每一课在整个知识系统中的位置，然后紧紧围绕目标进行预设，促进有效教学的生成，同时完善各组员间相互学习的制度和教师的反思制度，如要求分管教导、教研组长、骨干教师每两周一次在教研组内进行随堂课的教学展示活动，以活动促研究，以研究促成长，以教师的成长促学校整体教育教学水平的提高。

教师能否具备扎实的教学功底，能否切实提高教学效果和质量，取决于关起门来上的家常课。虽然我们的课堂教学还存在待改进的地方，但我们有初生牛犊不怕虎的青年教师，有老骥伏枥、经验丰富的老教师，还有市区教研员精彩的点拨引导，以及每位教师之间的相互启发，我相信我校的教学质量一定会逐步提高的。

2007 年 11 月于华东师大一附中实验小学（原飞虹路小学）

"四项举措"促成青年教师更好成长

青年教师是一所学校的生力军和顶梁柱，"青年教师兴则学校兴，青年教师强则学校强"。青年教师的专业成长直接影响着学校的成败和可持续性发展。为此，我校多年来十分重视对青年教师的培养，尽力缩短"磨合期"，积极创造条件，为青年教师的快速成长铺路搭桥，使一大批青年教师如雨后春笋一般茁壮成长起来。回顾这几年我校在培养青年教师方面所取得的经验，主要是同步推进"四项举措"，从而取得了积极的成效。

一、目标引领——拓展青年教师发展空间

目标对人的行为具有导向和激励作用。明确的、有价值的目标能诱发人的动机和行为的产生，并指引人的活动方向。

宋代名将岳飞，自小立下报国之志，苦练报国本领，最终成为名垂青史的爱国将领，为世人所景仰，为后世所传颂。此外，凿壁偷光的匡衡、警枕励志的司马光、读破万卷书的顾炎武等，这些古代名人之所以能取得成功，和他们能认清自我，找准自己的目标不无关系。

为此，我们激励青年教师加强学习，缩短对岗位、教育教学常规、教学过程的熟悉与适应期，力争在较短的时间内成为学校乃至区级、市级骨干教师。我们要求青年教师制定切合实际的目标，踏准每一步，实现每一级目标。在目标的激励下，我校青年教师参与教研活动的热情十分高涨，他们大胆创新，锐意进取，为自己的成长开拓了更为广阔的发展空间，并逐渐地踏上了发展的快车道。

二、校本科研——搭建青年教师成长平台

以校为本的教育科研的推进，为全体教师，尤其是青年教师提供了良好的学习环境。在实践中，我们发现，一个青年教师只有走"教、学、研"之路，开展切实有效的行动研究，才能使平时的教育教学工作上升到一定的理论高度。我们的具体做法是同学科教师共同研讨，教师通过反复观摩自己的录像课，发现不足，并及时加以修正和改进。我校要求每位青年教师每学期至少写一篇心得体会，形式不拘一格，可以是教育论文，也可以是教育随笔、日记或案例，在练笔中总结自己的成功经验和失败教训，并在一定的范围内进行交流。这样，不但同行之间可以取长补短，相互吸取他人的成功做法，而且青年教师也有了展示自己才华的舞台。目前我校教师有多篇文章在各级各类杂志上发表。

三、指导反思——提升青年教师教学理念

"没有反思就没有提高。"没有反思的经验是狭隘的经验,最多只能说是肤浅的认识,一个只会读书、教书,却不反思、不写作、不梳理自己成败得失的教师,是难以提升自己的教学理念的,这样的教师充其量只能算一个教书匠。要使自己尽快成长起来,我们认为,就要坚持反思。我们指导青年教师以两种形式进行自我反思:一是案例类反思,通过撰写教育教学案例,及时把自己的处理方式、心灵的感悟或者收获与感想记录下来,从中发现问题,总结经验教训,提升教育理念;二是课堂教学中的教学后记,我们要求青年教师坚持写教学后记,并且把它纳入教学常规考核的正轨。通过写"教学后记"反思成功之举和失败之处,点滴积累,不断进取,实现自我的提升。

四、专家指导——引领青年教师专业成长

在对青年教师的培养过程中,我们还十分重视专家的指导作用。专家的指导作用可以使青年教师在培养之初就处在一个高起点上,使他们的思路更清晰,目标更明确。根据需要,我们除了观摩教育专家、特级教师的学术报告和精彩课例的录像之外,还采取了"请进来"和"走出去"两种方式。我们定期邀请领导专家来学校进行指导,请专家们针对课程目标、教育理念定期开设理论讲座,提升青年教师的理论素养。同时,为尽快提高青年素质,让他们有一个质的飞跃,我们还定期组织青年教师到名优学校实地参观、考察、听课学习,学习名校的课堂教学实践和先进办学理念。我们始终坚持:教师要登多高的楼,学校就为他搭多高的梯,尽量为青年教师的外出进修、培训创造条件,鼓励青年教师多跟大师对话。

没有最好,只有更好。我们将继续扬长避短,鼓足干劲,矢志不移,争取筑起新的高峰,创造新的辉煌。

2007 年 12 月于华东师大一附中实验小学(原飞虹路小学)

校本培训的三种模式

做一名适应现代教育的教师必须与时俱进。面对新情况、新问题,教师要善于

采取新措施,使用新方法,努力使自己由"经验型"转变成"科研型",由"专一型"转变为"复合型"人才。作为教师栖身地的学校,则必须为教师的成长提供培训的舞台。

一、学习式培训,提升教师教育理论水平

在跨入信息时代的今天,知识的更新速度令人瞠目,今天刚刚学到的东西明天可能就过时了。"一桶水"已经远远不能满足学生的"杯水"之需,要给学生一杯水,教师就要有"长流水"。教师有了清泉流水,教学才会变得鲜活、有趣、生机勃勃,教师的教学生涯才会变得多姿多彩,富有意义。那么,教师怎样才能达到思想与知识的与时俱进呢?怎样才能得到鲜活的清泉流水呢?无疑,教师只有学会学习,才能胸中沟壑万千;教师只有学会学习,才能口中旁征博引;教师只有学会学习,才能创造性地驾驭课堂;教师只有学会学习,才能赢得自身的发展进而促成学生的发展。

在课程改革日益深化的今天,面对着繁重的教学工作,教师不能放弃教学去学习,学习也不仅仅只是看几本教育专著,几本教育期刊就能解决的问题。根据上海市虹口区第三中心小学的实际,我们提出了"学习式培训"的思路,以此作为校本培训的首选。所谓"学习式培训",就是集中时间,以互动、交流的形式开展的学习或讨论,它体现了"官教兵""兵教官"的平等。

首先,全体教师每周固定一个半小时的学习时间,定地点、定内容、定中心发言人。学习在"实"字上下功夫,做到有记录、有签到、有检查、有互动。其次,每周每个教研组集中一个半小时开展教研活动,采用集中学与分散学相结合,理论与实践相结合,新课标与新教材研究相结合的方式进行。我们发现,只有学习先进教育思想,才能领会新的理念,只有学习新的教学方法与手段,才能创造性地使用教材,才能在师生、文本对话中开合自如、游刃有余。例如,在教师大培训中,为了让更多的教师掌握教学研究的方式,我们开展了不同形式的教研论坛活动。活动中,各个教研组向全校教师展现了他们教研活动的研究亮点:英语组对学习困难学生的指导方式引起了广大教师的兴趣;二年级语文组对新教材多种教学方法的探讨激起了大家的热烈讨论。多种多样的学习方式,新老教师之间的专业切磋,彼此支持,满足了教师的需求,为教师的发展注入了活力和动力。

在学校里,我们崇尚读书,倡导学习。学生要读书,教师更要读书。校园书香飘逸,被浓郁的文化氛围浸润,让教师在这样的氛围中积淀深厚的文化底蕴,提升理论水平。

二、研究式培训，提升教师的研究和教学能力

研究式培训，就是以课题或项目为中心，以提升教师的研究和教学能力为目的的培训形式。学校通过组织开展教育科研，成就高素质教师队伍。在当前教育改革发展中，教育有许多实际难题需要解决，在教育实践操作领域里，在先进思想理念向具体教学实践转化的过程中，很多难题只有通过广大教师的实践研究才能解决。

"幸福课堂，有效学习"是我们学校所倡导的课堂教学理念，如何将这一理念落实到具体的课堂教学之中，需要广大教师在实践中进行研究。如我校自行设计了课堂教学的预设方案，从三维目标入手，规范教师的教案设计。《黄河源头汉藏情》一课，教师充分调动学生的感官，让学生看藏族的纪念品，听藏族的音乐，找有关黄河源头的资料，35 分钟的课堂时间不仅传授了教学目标所要求掌握的地理、人情知识，还培养了学生的自主学习能力。从孩子们的张张笑脸中，教师似乎读到了学生发自内心的幸福体验和由衷流露出的对学习的那份自信心。教师们领悟到，传统的教学观念、习惯只有在教师的切身实践、体验、感悟中才能改变。

我校鼓励教师研究，引领教师参与教育科研，积极建设科研型教师队伍。针对新一轮的课改，面对新的课程标准，新的教材，开展以学科、年级组为主的研究，整合教育资源，研究课程标准的基本理念，研究新教材的特点、内容，研究改革和创新教学的方法和手段，提高课堂教学效率。我们提出了"人人写反思，个个有研究"的口号，要求每位教师参与行动研究。我校的市级课题"学校新健康教育的理论研究与实践探索"就是全校教师人人参与下的成果。陈老师的市德育课题"培养学生良好的学习习惯与责任意识"就是她在班主任工作中探索出的培养学生学习习惯的有效经验总结。教师们在研究中发现问题、提出问题、分析问题、解决问题，把研究贯穿于教学实践的全过程，贯穿于课题实验的全过程。研究式的校本培训着实打造了一批教师，为课程改革奠定了坚实的基础。

三、课堂式培训，提升教师的教育智慧

课堂是学校教学的主阵地，教师专业成长的训练场。"学然后知不足，教然后知困。"教学实践最能提升教师的教育智慧，锤炼教师的基本功。我们提出的课堂式培训就是借助课堂，通过上课、评课、说课等形式来提升教师的教育智慧，促进其专业成长。

每月一次全校教师的听课、说课、评课大活动，以及每周以教研组为单位的听课、说课、评课活动，已成为我校课堂式培训的常规模式。在教学中，我们随时会遇到意想不到的问题或困惑，要解决这些问题或困惑，只有在教学中不断探索、实践，才会有发现、才会解决问题，才会收获成果。课前磨课、研究教材、制订教学方案，发挥了年级组集体的力量和教师的智慧，这样的公开课不但锤炼了执教教师的基本功，也让参与研课的教师群体的教育智慧在实践中得到了提升。学校实现了以课带科，以科带班，以班带级，以级带动整个学校教学的跨越式发展。

扎扎实实的课堂教学使我校教师的教学能力得到了锻炼提高，课堂式培训不仅为教师施展知识和才华提供了机会，而且实实在在培训了教师，真正地关注了教师的专业成长和未来发展。

我们说，在新的课程背景中，教师基本功的"涨价"是必然的结果。每个教师都应该清晰地看到在不断发展的教育教学工作中，锤炼自身基本功的重要性。面对机遇和挑战，只有不断学习、实践、思考、总结，勇立课改潮头，才能适应新的课改背景下的教育教学工作，才能成为一个基本功过硬、深受学生喜爱的老师。而学校也要充分运用得天独厚的资源和优势，锻炼造就一支高素质的教师队伍，实现教育的可持续发展。

2008 年 1 月于华东师大一附中实验小学（原飞虹路小学）

与教师沟通后的思考

人与人之间的理解是建立在沟通基础上的，在学校，与教师的沟通是一种常态。

一、从教师意外缺勤的事情说起

（一）缘由

今年春天的气候异常，气温忽上忽下，天气时晴时雨，很多教师病倒了。这不，又有一位教师缺勤了……

下课了，一位老教师边嘟囔边走进办公室："教导处是怎么排课的？今天小张请假,班里竟没有老师代课,还好我主动代课,不然——"话音戛然而止,因为她发现了办公室里正与老师交流的副校长。"小张请假了吗? 不会呀,早晨到现在没听教导处汇报呀!"副校长不解地询问。此时,办公室一下子安静下来,老师们你看看我,我看看你,与小张搭班的小齐说:"哦,早晨小张打电话说要去医院复诊,让我代为管理班级,但并没有提到课,我以为她已经安排好了。"

根据学校的规章制度,教师外出均需提前在校园网上登记,并写明去向,一般病、事假等外出会在每月的结构工资中扣除相应的钱款。可副校长打开校园网后发现,当天的外出登记中并没有小张的姓名,于是就将这一情况向校长做了汇报。

(二) 思考

对于这件事,我感到在处理时还需慎重。据我了解,这几天为确保教学质量,作为教学骨干的小张都是带病坚持上课的,同事善意的掩饰,我不是不明白。然而,学校一直强调规章制度第一,校长第二。按照制度,应该扣除小张的全勤奖,并且作为一次教学事故,扣除当月结构工资。但是,根据小张平时的一贯表现,以及近期身体确实不适的情况,以及事后在和小张的谈话中了解到的,由于那天医院就诊病人较多,超出了小张的估计,而她又忘带手机,无法联系学校,从而影响了教学的具体原因。我觉得在学校管理中不能死板恪守规章制度,还是要坚持以人为本的原则,紧紧围绕人的因素去开展工作,"三分管理,七分人情",以真诚的态度和老师们声息相通,让老师们体会到学校的真心爱护,诚心关怀,从而赢得教师的理解和信任。

(三) 处理

经过思考,我决定与全校教师就这个事情进行沟通。我打开了面前的电脑,给全校教师群发了短信:"老师们,春天到了,天气变化无常,请大家注意随时添减衣物,小心感冒。友情提示:如老师外出看病,请事先在网上登记。"

下午,在校园网上,我高兴地发现小张老师已自觉地把看病假期补上了,而接下来的那段日子里,老师们外出登记变得更及时了。

二、良好沟通带来的积极成效

通过寥寥几句短信,解决了这一两难问题。我想,对于已取得权力影响力的校长来说,除了要科学地运用权力影响外,更要努力提高与职务无关而与教师情感有关的能力,而沟通就是一种很好的途径和手段。因为沟通是人际思想及情感的交流,积极、有效的沟通有利于交换信息,增进相互间的了解和感情,而消极的沟通则适得其反。

学校是教育的殿堂,任何教育行为都应以沟通为基本手段,包括学校领导与教师的沟通、同行(主要是教师间)的沟通、教师与学生的沟通、学生与学生的沟通。就学校管理工作而言,主要是学校领导与教师的沟通、教师间的沟通。这类沟通如果得当,在学校中具有交流思想和情感、传递工作信息、增进互相了解等方面的重要作用。可以说,有效的沟通是学校办学成功的重要命脉,它不但能强化学校文化,将教师与学校紧密联系在一起,同时也能促进流程的改善,驱动学校绩效的提升。

沟通无处不在,上述案例只是借助短信形式进行的一次较为成功的沟通。沟通是一个过程,作为一名管理者,当沟通过后应该主动、积极地反思,在刚完成的沟通的过程中是否传递了你的想法,是否达成了共识,是否有更好的沟通方式等。只有这样,才能在今后的管理过程中创造出一种独有的学校文化,使学校管理的外在需求转化为学校教职员工内在的观念和自觉的行为模式,在认同学校核心的价值观念、目标及使命的基础上,获得更大的向心力。

三、实现成功沟通的要领

沟通后的反思可以从以下几方面进行。

(一) 有效沟通的两个要素

根据管理工作的要求,有效的沟通必须包括以下两大要素。

第一,有一个明确的目标。这是沟通最重要的前提,没有目标的沟通只是闲暇时的聊天,并非是有效的沟通行为。上述案例的目标指向非常明确,即要使全体教职员工遵守学校的请假制度。

第二,达成共同的协议。沟通双方或者多方必须达成一个共同承认的协议,才算完成了一次沟通。上述案例中,校长运用短信进行沟通,达到了预期的目的,如在此过程中未形成共识,那校长将进行第二次,甚至第三次的沟通,以使沟通双方或多方达成一个彼此都认可的协议。

(二) 注重沟通的双向互动

美国著名未来学家奈斯比特曾指出:"未来竞争是管理的竞争,竞争的焦点在于每个社会组织内部成员之间及其外部组织的有效沟通上。"

目前,我们还通行着传统的单向式组织的沟通模式——管理层传达,部属执行。至于部属是否完全消化了管理层传递的信息,或者对领导的信息有无反馈,都是管理层无法获知的。组织的信息沟通被隔断了,上情不能下达,下情不能反馈,这就大大影响了工作效率和内部关系。有效的沟通是双向互动式的,校长把短信发至每一位老师的手机上,看似单向传递,但校长在短信发出后注意去观察教师的动态,尤其留意查看了网上的相关数据变化,为沟通是否成功作出了准确判断。注重沟通的双向互动,可使学校工作得到更好的贯彻,教师的积极性得到更好的保护,对管理也能起到增效的作用。

(三) 慎重运用正式沟通

学校领导与教师,客观上是有位差的。领导一个眼神、一个手势、一种情绪、一种语气……都会给下属(对方)带来不同的体会。正因为如此,沟通可以分为正式沟通与非正式沟通。领导要用好正式沟通,可能更多的是要用好非正式沟通,如电子邮件、手机短信等,来缓解教师面对领导的紧张。

(四) 保障管理的高效运作

俗话说,磨刀不误砍柴工。沟通当然要占用时间,这是必要的管理支出。沟通在形式上是一种民主程序,在策略上是为了协调不同意见,在方法上体现了联络感情。沟通最终是为了保障管理的高效运作,对管理工作起到增效作用的沟通才是有效的。当然,沟通也不是一蹴而就的,可能会反复多次,才能达到目的,有时,这种反复也是民主行政的必要代价。

四、沟通后的反思

作为学校管理者,每次与教师沟通后,通过反思,评价自己的沟通状况与方式,有利于总结经验,找到更优的沟通方式,提高学校的凝聚力。沟通后的评价可以从以下几方面进行。

(一) 评价自己的沟通艺术及方式

领导者或沟通的主动方的沟通艺术及方式几乎决定了沟通的成效,可以问问自己如下几个问题:沟通的态度、语气、手势,是否可以让被沟通者接受?是否给被沟通者以表达的权利与充分的表达时间?是否十分注意地聆听被沟通者的倾诉?在表达自己的意图时,意思是否表达清楚,信息是否充分、合理?自己满意这次沟通吗?

(二)评价被沟通者的态度及感受

对学校领导者来说,通过沟通主要想达到统一意见、增进友谊(或感情)、协调步伐、推进工作的目的。因此,被沟通者的态度及感受如何,至关重要。可以回顾及反思以下几个问题:被沟通者在沟通过程中有心理压力吗? 被沟通者是否坦诚地表达了自己的意思或要求? 被沟通者是否真正理解了主动方的意思并能够接受? 沟通后,被沟通者感到心情愉悦吗?

"己所不欲勿施于人"。沟通后的反思,实际上就是摆正自己与他人的关系,以利于以后更好地沟通。校长的工作威信就是这样建立起来的。

(三)评价相关的工作实效

沟通本身只是手段,不是目的。沟通的目的不外乎人与事,最终是人,因为事是靠人去做的,而事则反映了人的精神状态。工作实效是主要的事,通过评价相关的工作实效,可以了解沟通的效果。当然还有其他的事,譬如,人际矛盾的化解。这类问题就事论事地解决效果是不大的,在合作中解决人际矛盾可能事半功倍。

沟通—沟通—再沟通,是一个反复进行的过程。只要有人,有人类社会,就有沟通的必要;只要有领导和被领导,即只要有管理工作,就一定需要沟通。老的问题的解决,一定有新的问题的产生,工作就是在不断地沟通中发展的。

2008 年 1 月于华东师大一附中实验小学(原飞虹路小学)

探索剪纸特色,培养品牌教师

走进校园,处处洋溢着中国红。走廊里的剪纸壁画,教室窗户上的窗花,以及多功能教室里的师生作品,从不同角度展现了我校正在实施和逐渐成为特色的剪纸课程。

三年前,我校申报参加虹口区民族文化教育试点学校,主攻项目为剪纸。学校之所以主动申报,是基于三方面考虑:第一,我校有一位会创新、敢实践、能吃苦的优秀美术教师——桑老师;第二,我校经过十多年的探索,科技教育已成为办学的特色,但从学生的全面发展出发,还想形成新的成长点,剪纸是一个比较好的切入口；第三，有一个好的实验项目，往往可以使教师更快地脱颖而出。这样，我们就以"小剪刀，大艺术"为主题，开始了剪纸实践。

剪纸项目的实践，对桑老师来说，既是一个难得的机遇，也是一次严峻的考验。其间，桑老师参加了第一期上海市普教系统美术名师培养基地的培训，师从张家素老师。在学习中，她对自己的定位就是"成为一名既能凸显教学实践，又追求全面发展的'特色教师'"。她吸收新的理念，悉心研究学生，对在新课程实施过程中遇到的问题，不等、不靠、不要，积极主动地在实践中进行自我反思，追求教学的最高效益。

恰逢"十一五"期间，学校开展网上反思性校本研修。基于此，桑老师开通了自己的博客，做有心人，随时记录下教育教学中，甚至生活中的点滴思考，于是就有了《幸福像花儿一样》《青花瓷》《将"欣赏"进行到底》《我的名字我做主》等一篇篇贴近生活、充满智慧的反思。

在操作过程中，我校围绕创设剪纸场景、学习剪纸技能、体验剪纸滋味、享受剪纸乐趣四个层面，鼓励教师、学生创新。实践之旅并非一帆风顺。刚开始，学生不太喜欢这种"土气"的传统剪纸，加之它呈现的形式又是静态的，只能看，不能玩，学生兴致不高。于是，桑老师率先学习剪纸技艺，并与孩子们面对面交流，讲述剪纸的历史、剪纸的发展，并当场挥剪，用一张薄纸一把剪刀，将一个个逼真的图案呈现在大家面前。孩子们在惊叹桑老师技艺的同时，也开始喜欢上了充满变化的剪纸。

就拿民俗传统中的"喜"字意象来说。为了让孩子们对这个"喜"字有更多的了解，桑老师把各种形状、各种纹样的大红"喜"字带进了课堂。孩子们看图片、听讲解、忆生活，他们的兴趣一下子被眼前的那片"红"调动起来，情感深处的某种情结被激发了。他们惊喜地发现，大红"喜"字竟然能变化出那么多形状，蕴含那么多"内容"……有一个孩子在日记中这样写道："你知道红红的'喜'字里有什么吗？让我来告诉你吧！'喜'有一些非常要好的朋友，龙、凤、莲花、莲藕、梅花、喜鹊、鸳鸯、蝴蝶……这些代表吉祥的植物、动物常常和'喜'在一起。龙和凤代表'龙凤呈祥'，两只鸳鸯代表'鸳鸯戏水'，鲤鱼和莲花代表'喜结连理'，'喜上眉梢'就是喜鹊站在梅花上，蝴蝶和花称为'蝶恋花'……有意思吧？我们中国人可真聪明，能用剪刀在纸上剪出那么复杂的花样，花样里还藏着那么多的学问。桑老师说除了剪'喜'之外，还会教我们剪更多的花样，我真喜欢剪纸啊！"

小小的"喜"字让孩子们走近了传统，对中国的民俗文化产生了浓厚的兴趣。借助生活，创设情境，巧妙连接，能迅速地拉近学生与民间艺术间的距离，使他们对剪纸丰富的形象语言及其内涵产生浓厚的兴趣，并延续到他们的剪纸实践与创作中去。

我校学生对剪纸由陌生到变得感兴趣,校园里也充满了剪纸的艺术氛围——人人都能剪,人人都会剪。如今,学校的宣传橱窗、校报、墙面、楼道、窗户……随处可见师生的剪纸作品。

为了使剪纸这一原本根植于传统文化土壤中的艺术形式与都市生活相结合,培养学生对民族文化的认同感、自豪感,弘扬民族精神。我校在剪纸课上降低技法难度,围绕"童心""童趣",要求学生用自己的眼光发现生活中的创造素材,探索剪纸的材料多样性(不同的纸质)、方法的多样性(撕、剪、刻、粘贴)、表现的多样性(民间的形式、现代的形式)。我们强调学生自己的体验与感悟,使学生在剪纸学习中,能够通过多种途径、多种方法,感受和体验艺术的创造魅力。于是,就有了"讲讲民间剪纸小故事""寻找、赏析上海典型剪纸花样""踏雪寻梅"等活动,并连续三年在青少年活动中心举办的"红红的中国结,浓浓的民族情"活动中亮相表演。

在实践的基础上,桑老师自编校本教材,经过大半年的酝酿、编撰,校本教材《中国剪纸》编写完成。原虹口区教师进修学院院长徐韵安在看了我校的校本教材后,即兴写下了两副对联:三寸小剪刀,一幅新天地;醉心剪纸艺术,弘扬民族文化。

剪纸项目走进了校园,学生得益了。因为剪纸可以使孩子们安静下来,专心致志地干一件事;不仅可以培养他们的动手能力、观察能力、审美能力,还可以陶冶他们的情操,丰富他们的生活。教师也得益了。桑老师对剪纸从起初的知之甚少,到现在的有所精通,从收集资料、钻研业务、设计教案、研究活动方案,到和孩子们一起从一张红纸、一把剪刀、一幅花样开始做起,一步步走来有艰辛有快乐。沉醉在剪纸教学中,让桑老师每天都忙着学习、思考、吸收、消化、再学习、再思考;让她在持续的教学实践中学着打磨、锤炼自己,总结、反思自己;让她在不断的挑战和挫折中迅速成长。虹口区"十佳"青年教师、上海市名师培养对象……一项项荣誉接踵而来。

看着桑老师这三年的不懈努力,看着已具雏形的学校剪纸特色,看着这本精心编写的校本教材《中国剪纸》,我们思考能否成立由桑老师名字命名的创意工作室。一个月前,我们把想法告诉了她的导师张家素老师以及教研员沈金龙老师、赵培红老师,得到了他们的大力支持,于是就有了现在的展示活动。

剪纸培训带着我校师生走进了"民族艺术之门",今后我们将走向哪里?要想获得答案,办法只有一个,那就是在新的起点上不断前行,争取更大的进步。

2008 年 12 月于华东师大一附中实验小学(原飞虹路小学)

教师的信念、胸怀和追求

现代社会环境日趋复杂,给当代教师带来了许多困惑和压力,以致职业倦怠、身心失衡现象时有发生,但这是社会发展的必然规律。要使这种来自外部环境的负面消极的因素,给教师带来的影响降到最低,提升教师对自身生命价值的认识是关键。要让教师认识到,为人师者要有信念、胸怀和追求。

一、信念：执著于钟爱的教育事业

仅仅把教育工作当作职业饭碗,带着浮躁的心态、动荡的心绪,这样的教师是永远定不下心来做好教育事业的,那些几次跳槽的教师或许就带有一点这种心态。

从社会分工来说,教师工作是一种职业,但由于它与人类自身的延续、文化传承和社会的发展进步息息相关,自古以来,就是高尚神圣的,因而"教师"被誉为人类文明这个大花园的"园丁"。如果孔子仅仅把自己的工作与薪俸、官职相联系,那么就不会有"三千学生",也不会有"七十二高徒"相随,更不会成为"大成至圣先师"。

现在许多教师对职业倦怠,有"高原期"的困惑,一个重要的原因,就是把教育工作当作职业饭碗,失去了仰望星空的理想与信念。教师一旦失去了理想和信念,等于放弃了对这个职业的精神追求,教师工作也成为一种消解其生命价值和意义的苦役。为人师者,唯有崇高理想和信念的指引,才能提升对自身生命价值的认识。不忘初心,方得始终。

二、胸襟：怀有"爱和教育"的心胸

教师当然也是知识分子,历史上有些知识分子自诩不凡,相互嫉妒,心胸狭窄,因而流传"文人相轻"一说。教师承担着教书育人的重任,一定要避免这样的德行。

何为胸襟? 现代汉语词典解释:抱负、气量和心胸、心怀。做一个有胸襟的教师,抱负、气量要大一点,心胸、心怀要开阔一点。教师的胸怀就是学生脚下的路,狭窄了,学生成长的道路就黯淡无光;反之,才能越走越宽。孔子的学生子贡曾问孔子:老师,有没有一个字,可以作为终身奉行的原则呢? 孔子说:那大概就是'恕'吧。"恕",用今天的话来讲,就是宽容。教师有豁达的心胸,他的课堂才能成为启智园,他的学生才能面朝大海,仰望星空,开垦自己的心灵,建造精神家园。

教师面对学生应该有的心态就是:大爱、仁慈、大度。

大爱:含有博爱的意思,普遍地爱世间所有的人。面对学生应该做到"爱无差等""因材施教"。

仁慈:"仁者爱人"包含大爱的意义,是以爱为基础的慈善、宽厚,有节操,心地纯正,道德高尚,热心助人。

大度:有气度,心胸宽广,气量宽宏,能包容人,善待人。以大爱为基础,以"授业"为职业,当以大度为本。

三、追求:提升自身素养和专业发展

人应该生活在追求中,有物质追求和精神追求都是自然的,但是应该把精神追求置于物质追求之上。做教师,育人一生,最高境界的追求就是"成就每一个学生的精彩人生"。

视发展学生为行动目标的教师不会因为学生的学业有阻,考试不第,或犯错而责怪学生,他们会竭尽所能地教育学生,让学生在他们的循循善诱之下重寻信心和动力;即便是有逆反情绪、沉迷于不良嗜好而自暴自弃的后进生,教师也要耐心教育。L同学缺乏有效的家庭教育,有较强的自我意识,特别喜欢和老师对着干,校园里经常上演"猫抓老鼠"的戏码,情绪激动起来甚至对老师动手抗议。有经验的班主任经过一段时间的观察,发现其爱好计算机操作,便找到合适的机会,让其帮忙一起参与简单的计算机操作工作,如板书文字的输入、制作PPT首页插图等。L同学在投入兴趣的同时,产生了对学习、对老师的认同感,逐渐愿意和同学们一起参与学习活动。教育是一个漫长的过程,但是对于善良、心中有爱的教师更应该是一段精彩的历程。

如何做一名好老师,言难亦难,说易也易。我认为,好老师要坚守作为教师的职业精神的底线,从心出发,从专业出发。对教师来说,最高层次的追求,就是对自身完美发展的追求,对事业的追求。简单概括就是:人文素养、师德和专业能力。这就是做一个好教师的底蕴。

2009年6月于虹口区第三中心小学

学校新健康教育下的教师培训

虹口区第三中心小学的课题"学校新健康教育的理论研究与实践探索"被批准为市级课题，于是学校"新健康教育"的命题成为校本研究的导向。

新健康教育，是在现代社会的新视野下，把"健康"视野拓展到儿童的整个生命成长过程中，以培养健康的身体、健康的心理、良好的社会适应能力和高尚的道德情操为目标。新健康教育要使学生成为有独立人格、有神圣尊严、有丰富情感，更有不竭创造力的人，也就是说新健康教育要求学生素质全面，且健康和谐地发展。

"新健康教育"是在新的教育理念指导下的一系列教育行为的融合，最终要渗透进学校工作的各个方面。在教师培训中，我们把"新健康教育"理念的学习放在重要的地位，切实帮助教师解决工作实际中的问题。"新健康教育"面向学生，重视学生的健康成长。但学校的其他人员的健康也必须充分考虑。

著名特级教师魏书生虽然只有初中学历，却取得了令人瞩目的成就，如果没有"捧着一颗心来，不带半根草去"的信念，没有一种神圣的责任感，没有高尚的师德和健康的人格，怎么可能把教育工作做得这么出色呢？

教师在学生"新健康教育"中起着不可替代的作用。教师既是"新健康教育"的引领者、施行者，又是班级教育教学的组织者和指导者。因而，在职教师的自身素养、专业化发展等，即教师自身完整意义的健康走向，都要在教师培训中不断完善。

我校教师不只是教育活动的执行者，更是教师培训活动的参加者，教育活动的创造者，学生成长的引导者。在新健康理念的引导下，促进教师专业发展是我校教师培训的本质目的，具体体现在以下四个方面。

第一，教师培训中突出职业道德教育，这是教师培训的首要任务。学校尽可能安排多样的培训方式，如请来"教师的楷模"余漪老师，我校的劳模李莉老师，为大家作师德报告；请来劳模杨怀远同志介绍"扁担精神"；组织学习毛蓓蕾老师的《心之育》，分组谈感想，全校交流谈体会和收获；在教师中开展读书活动，人人写心得，并在全校开展交流学习；开展"师爱真爱"的演讲等。

第二，教师培训体现出以学习、反思和实践为特征的教师发展的内在要求。教师培训需要重视教师群体合作的、实践的学习。教师反思如同教师的学习一样，不是抽象的，而是面向实践、总结规律的。我校在学期即将结束，假期临近前，开展教师大培训，全校各教研组积极参加，充分体现了教师群体合作的，以学习、反思和实践为特征的教师培训模式。

第三，教师培训中注重总结经验、利用经验和分享经验。这不仅是教师专业发展的形式，也是教师专业发展的目标。我校利用明星教师展示周、骨干教师展示周，开展教师培训，既给这些教师亮相、展示、锻炼的机会，也让其他教师学有方向，学有榜样。此外，我校每学期都要开展全校性大教研活动，由一位教师任教一节全校公开课，然后由组内的教师或其他组的教师评课，大家一起研讨，最后校长点评。这让大家受益匪浅。对经验的重视，意味着对教师差异的认可和重视。教师培训中，需要关注教师个体的内在需求差异，考虑教学实践的多样性对教师的不同要求。教师培训不是重塑教师的过程，而是促进教师健康发展的过程。

第四，教师培训强调教师对"教"的学习。围绕真实情景"教"，锤炼教学实践。提升教师的教学能力，就是多实践，让教师在不断开展的公开课、示范课、家常课中挑战自己，学会上课，提高教学水平。我校在教师培训上规定，每一学期每位教师至少要上一节组内公开课，并且组内教师要进行评课，以强化考核。显然，这种教师培训就是"在战场上练兵"，为战而练，是促进教师专业发展的有效方法。

2010 年 2 月于虹口区第三中心小学

做好教师专业发展的加减法

2018 年教师节，习近平总书记在全国教育大会上强调，坚持中国特色社会主义教育发展道路，坚持社会主义办学方向，立足基本国情，遵循教育规律，坚持改革创新，以凝聚人心、完善人格、开发人力、培育人才、造福人民为工作目标，培养德智体美劳全面发展的社会主义建设者和接班人，加快推进教育现代化，建设教育强国，办好人民满意的教育。

李克强总理在讲话中指出，要深化教育领域"放管服"改革，充分释放教育事业发展生机活力。

党和国家领导人的重要讲话对教育改革提出了新的方向、新的要求。作为一线教育工作者，立足基层学校，如何实现党中央国务院深化教育改革的要求？改革行动应该从哪里抓起，怎么做？

一、教师发展是学校发展的基础

教师步入学校，走上讲台，点点滴滴最终都会影响其专业发展，并投射到学生发展的过程中，因此，学校理应为教师营造一个健康优质的成长环境。教育现代化的本质是人的现代化，一支充满活力、高素质、创新型的专业教师队伍是实现教育现代化的核心支柱和保障。

（一）立德树人，突出重点

面对新时代中国特色社会主义教育发展道路，以及人民群众对公平、优质、均衡教育的渴望，基层学校和一线教师的教育改革任务日益繁重，对教师师德和专业发展的要求更是日益提升，教师肩上的压力和责任也相应加重。

虹口区第二中心小学面对现代教育改革与发展的大背景，围绕"立德树人"育人目标，聚焦"中华传统文化传承"，在新一轮三年发展规划中提出学校新的教师发展目标：在"固本乐学，立诚明德"校训下，打造一支"品格高尚、底蕴深厚、懂教育、善教学、爱学生，具有中国传统文化根基的现代教师群"。

面对教育要"立德树人"的根本任务，虹口区第二中心小学在校园内尝试着为每一个教师量身定制个性化的专业发展途径，期望既能公平地为每一位教师提供成长与进步的机会，又能有选择有策略有目的地让优秀教师"脱颖而出"。

（二）文武之道，一张一弛

在《礼记·杂记》中，孔子的学生子贡随孔子去看祭礼，子贡说："一国之人皆若狂，赐未知其乐也。"孔子答："一张一弛，文武之道也。"历史典故是指周武王治国有宽有松，有劳有逸，宽严相济之策。

既然学校教育改革的任务越来越重，能不能在服务新时代的需要，努力做好"放管服"改革的同时，又能尊重个性，适当宽松、加强管理、注重服务呢？我们清楚地认识到，教师之间是有差异的，教师的禀赋、个性、需要各不相同，因此，教师的自主发展过程和结果也不可能千人一面。教师发展目标一旦确定，集体的支持，群体文化的影响将起到保障的作用，个人的努力是关键。

基于这样的思考，我们学校开始设计和实行教师专业发展路上的"加加减减"，该加的加，该减的减，使其符合事业发展的方向，适合教师的专业发展。

二、注意发展重点方向，做好"加法"

教师发展与学校发展一定是一致的，让每一个教师认同学校文化，建构共同价值，促成个性发展才能保障学校发展。由此形成的管理"加法"是：多建一些平台，优化外因，激发内动力，群体成长。

（一）共同追求的"学校文化＋个人积淀"

在以"固本乐学，立诚明德"为核心价值的第二中心小学，要做一个名副其实的好教师，唯有把个人自主发展融于深厚的学校文化之中，发扬无悔奉献教育事业的高尚品格，惠泽每一个学生，身体力行地传承、恪守和弘扬学校的文化传统。

学校夯实制度建设，组织教职员工进一步学习《中小学教师违反职业道德行为处理办法》《严禁教师违规收受学生及家长礼品礼金等行为的规定》等梳理学校关于师德师风建设的相关制度，规范教师的日常礼仪、课堂行为，切实地以制度约束教师教育教学行为。

学校以"吟诵名家诗词，铭记中华精髓"为主题，开展教师古诗词大赛活动，在品读、吟诵经典诗词的过程中传承中华精髓；开辟"艺术大课堂"，由科艺组教师领衔主讲，带领大家走进传统文化体验室感受琴瑟之悠然、书画之神韵；开展"扎实基本功，粉墨传师情"的粉笔字比赛和"承中华经典、书中国梦想"汉字书写大赛；开展"以美立德，以德育人"师德建设主题系列教育活动，引导教师践行社会主义核心价值观，将德育与美育交融于学校教育全过程；在"二中心讲坛"进行学科教学展示，鼓励每位教师刻苦钻研教材，优化课堂教学；进行教研组交流，以点带面，使每个教研组的教研活动更具实效。

教工社团"330活动"开设了五门课程，"筝筝"日上、"茶"语清新、相"印"成趣、心驰神"网"、至"慧"学堂，让每位教师不断提升自我修养。

（二）私人定制的"大愿景＋小步调"

教师发展与学校发展一样，也需要有规划，有愿景，既要有"仰望星空"的远大理想，又要有脚踏实地的工作实践。我们鼓励教师个性选择，个性化发展，要求教师树立起明确的、可操作的奋斗目标，实现循序渐进的发展，从力所能及的地方做起，在实践中不断发展和改进，一步一步地迈向目标。

我校将教师分为三个群体，分别是十年以下教龄的成长型教师，十年以上二十年以下教龄的成熟型教师，有一技之长的特色型教师。努力引导教师找到自己的成长点或辐射点，制订符合自身实际的个人愿景规划，形成一个有层次、有重点、可持续发展的教师梯队。

（三）干部储备的"领先工作室＋项目负责人"

学校教育干部培养是时代延续和特色传承的保证，干部培养和储备有多种形式，如领先工作室、"青蓝结对"等。

"领先工作室"定位为"四领一先"，即骨干引领、项目认领、常规带领、科研统领，师德为先。在操作中采用"坚持岗位需要与实践锻炼相结合""常规带领与项目认领相结合""导师带教和集中培训相结合"的多点结合。学校在宏观层面设计教育方式方法，把青年教师政治思想教育融入日常教育教学工作，注重理论学习与实践锻炼相结合，发挥其主观能动性。在微观层面加强过程性指导，寻找适切教育载体，精心营造教育环境，使青年教师思想政治教育有针对性。

学校举行"青蓝结对"仪式，促成师徒结对。根据青年教师的实际，有的安排教研组中教学经验丰富的老教师带教，有的安排区教研员带教，要求青年教师每月完成交流课一节。除在专业上的带教外，还安排党员教师与他们结对，注重在思想上对其进行引领。

"领先工作室"的成员中，高梦飞、徐雯、石美娟3位教师分别为区"教学能手"和"教学新秀"，她们参与各学科单项竞赛均获奖项，郁菁赟老师开了面向学校的公开展示课。青年教师成长很快。

青年教师们还积极申报青年课题，提高专业能力，提升个人素养（见表1）。

表1　青年教师课题一览

序号	姓名	课 题 名 称	申报类别
1	傅丹峰	小学珠算概述教程建设与实践的研究	区级
2	高梦飞	中国传统文化背景下的探究性作文教学研究	区级
3	汤峥	在传统文化教育背景下古诗文素材的开发和运用	校级
4	石美娟	小学英语教学渗透中华传统节日教育初探	校级
5	吴佳	统编教材小学一年级语文朗读训练的实践研究	校级
6	郁菁赟	中国传统纹样在吹塑版画中的运用研究	校级
7	翟丽娟	品华韵、承华德——浅谈学校传统文化周的设立	校级

我校教导主任周吉提任凉城四小副校长，副教导谢邑璐提任教导主任，朱婷燕提任后勤主任，陈慧提任大队辅导员，教研组长许雪梅提任教导副主任。郭维量经

公推直选,当选工会主席。团总支书记徐雯获"虹口区十佳青年教师"提名奖。"领先工作室"的汤峥、徐雯两位负责人成长迅速,成为区第五梯队培养对象。

三、兼顾个人身心发展,做好"减法"

人的身心健康既是个人也是事业发展的保障。顺才能畅,让每一个教师愿做、乐做、做成做好,一定是建立在个人身心舒畅和健康的基础上的。由此形成的管理"减法"是:少一些干扰,舒缓心态,调适工作,助力成长。

正如前述,现代教师群体个体差异十分显著,每位教师都有着不同的专业素养、个性特征、内驱动力等,这些因素都对其成长高度、成长途径、成长成本、成长时间有着至关重要的影响。诚然,学校管理者无法包办教师发展的所有细节,但应该竭尽全力针对每一位不同个性的教师,营造积极的校园成长环境,为教师创造尽可能人性化的成长条件,努力引导与发展他们的人格因素,促其事业有成。

(一) 平台之上,有效提升教师成长效率

现代教育发展需要具有创新与改革意识的新生力量,青年教师自然当仁不让,因此,如何发展与培养青年教师一直是每所学校师资建设的重点课题之一。学校积极为教师发展搭建平台,多元优质的成长平台有利于资源累加,让教师少走弯路,优势增长,直达目标,从而带来更高的成长效率和效益。这一做法虽在一定程度上具有"减法"的作用,却在客观上造成了"加法"的效应,青年教师是多元优质平台最直接最显著的受益群体。

让我们来看看学校近几年的教研数据。2017 年,区级公开课 3 节,区级讲座 1人,均为青年教师;2018 年,区级公开课 5 节,教育科研课题区级、校级立项 7 项,区级青年课题申报 6 项,均为青年教师。此外,各种荣誉 52 人次,中青年教师占据 30人次。3 位青年教师入选区"七层级人才梯队",1 位教师入选虹口区"双名工程"种子计划成员。可见,我校 35 周岁以下的青年教师在市区级公开课、教学比赛、教育科研立项中,发挥着越来越重要的作用,已经成为学校方方面面工作的中坚力量。

事实上,在诸多影响教师专业发展的因素中,个人内在驱动力最为重要。青年教师初生牛犊,初入校园,面对教师这份职业,他们的专业发展蓝图好似一张白纸,作为学校管理者为其搭建切合而优质的平台,营造良好氛围,最大化地发挥他们的群体作用,才能挖掘出每位青年教师的发展潜力。

(二) 智慧统整，合理调适教师工作内容

智慧的学校管理者，犹如一位"向美而生"的艺术家，无论校园内的教师是璞玉还是"顽石"，都是值得倾力打造的。我们始终坚信每一位教师的身上都有其独特的闪光点，如果暂时没有发光，管理者也要静下心来，思考一下为什么。

近来，第二中心小学校园里就发生了几则普通教师向"成熟型教师"华丽转身的成功案例。有一位教师，一直从事科学与技术学科教学，但个人职业的追求度不高，工作成绩平平。2011 年，该教师主动提出希望任教语文学科。在学校语文学科并不缺少教师的情况下，若要进行这样的调整，唯有促进教师再发展。学校经过全面的评估与前期调研，将该老师岗位作了调整，不仅转变了她的执教学科，更让她走上了班主任工作岗位。事实证明，学校当时的"大胆尝试"是一项正确的决定，这位教师现在已经发展成为我区"七级人才梯队"中的语文学科"教学新秀"，多次进行区级教学展示，有多项教育科研成果。

学校这样的案例还不少，表现出管理者"知人"而"善用""敢用"的工作作风。"知人善任"，对被用的教师来说，就是心理上的"减法"，帮助相关教师找准自己的工作定位，实现由"成熟型教师"向"特色型教师"和"专家型教师"的华丽转身。

(三) 凝"心"聚力，让幸福感替代职业压力

在现代教育发展的背景下，社会关注、家庭期望、教育变革、学生变化等造成教师这一社会角色背负着许多职业压力。与此同时，教师本身在面临职业发展、专业成长、工作与家庭多重压力时，也很容易形成职业倦怠等消极负面情绪。

学校努力开展有益教师身心舒畅的人文活动，既能呈现学校文化"固本乐学，立诚明德"的精神追求，也能活跃教师的身心，让其产生职业幸福感。在第二中心小学的校园里，正是通过这些"加加减减"，从制度保障到文化建设，从搭建平台到梯队培养，最终让每一次的努力与尝试，聚沙成塔，积跬步而致千里。令人欣慰的是，第二中心小学的教师们也的的确确发生了改变，他们爱校、爱学生、爱教师这份职业，他们逐步在教师这个岗位上体验到了满足感、成就感和幸福感。

"师者匠心，止于至善"。教育需要创新，教师培养同样需要顺应时代的发展。如何创建一个健康优质的校园，让每一位独具个性特色的教师在其中获得成长，是每位教育管理者需要持久思考、实践与探索的问题。

2018 年 10 月于虹口区第二中心小学

第五章　在课改中学会管理

从来就是"时势造就英雄，英雄引导时势"。一个义务教育学段的普通小学校长远远称不上时代英雄，而是推动时代发展的机器上不可缺少的重要零件——螺丝钉。尽管离不开时代和社会大背景，校长管理学校的成功也需要时势的熏陶。

今天要做一个无愧于理想追求，又有责任担当的校长，就要紧紧跟随教育发展的时代大趋势，积极投身教育改革，领会政策，学通理论，坚持实践，致力服务，勇于创新，努力在课改的大势中学会管理学校。

两轮课改基地，显现办学成效

1999年7月，华东师大一附中实验小学第二次接受上海市课程教材改革的试点任务，成为上海市"二期课改"基地学校。在"二期课改"中，上海市课程教学改革委员会提出了"基础型课程、拓展型课程、探究型课程"的三类课程理论，给课改的发展提出了新的途径，也赋予了华东师大一附中实验小学以新的挑战。

华东师大一附中实验小学的做法：一是结合时代特征和小学生特点，按照多元智能发展的要求，建构了以科技教育为平台的三类课程，由此开设了20多门具有很强实践性的拓展型课程；二是创新"以问题为中心的学习"和"以项目为中心的学习"的探究课类型，突破了以往课堂教学的封闭性、师生交流的单向性和教学设计的程序化，在培养学生的问题意识、探究兴趣、创造思维和科学精神方面取得了比较好的成效。就是在"二期课改"中，学校逐步形成了以科技教育为特色引领的三类课程新体系。开始于"一期课改"，完成于"二期课改"的上海市"十五"干师训自编教材《小学科学启蒙探导》终于成书，并被推荐到全区、全市作为推广教材。1999年，学校被命名为"上海市科技教育特色学校"。

在"二期课改"中，华东师大一附中实验小学课改实践的最大亮点是接受了小学探究型课程的试点任务，成为"第一个吃螃蟹者"。为此开展课题"小学探究型课程的设计与实施的研究"，并付诸实践，在市区同行中产生了较大的影响。学校分两类着手推进探究型学习课程的实施。

第一类是分年级以问题为中心的学习课程。研究的类别有观察、调查、查阅、测量、制作、实验等多个方面。比如，小乌龟喜欢吃什么（一年级/观察）；磁铁能吸哪些物体（二年级/实验）；电脑病毒的危害（三年级/调查）；阳光投影长度的测量（四年级/测量）；电动赛车模型的装配（五年级/制作）等。

第二类是分年级以项目为中心的学习课程。研究的类别有环保、交通、饮食、住房等多个方面。比如，上海空气情况的调查（一年级/环保）；上海车辆情况调查（二年级/交通）；上海餐饮业的发展研究（三年级/饮食）；上海民居房屋结构及辅助设施的研究（四年级/住房）；上海光污染情况的调查及对策研究（五年级/环保）等。

正应了"时势造英雄"，机会降临到了我们头上。我因为当时担任华东师大一附中实验小学的校长，参加过由上海市教育委员会主编的《小学探究型课程导师指导手册》的编撰工作，所以就有幸参加了市教委组织的探究型课程编撰组。现在回想起来，正是这么一个千载难逢的机会，让我这个小学语文教师出身的校长跨学科参加了主要以理科学科为基础的探究型课程书籍的编撰，为后来增强学校课程领导力，夯实学校全面管理，深入推进校本课程资源改革打下了扎实的基础。

经过两轮课改基地学校的洗礼，以及持之以恒的教育综合改革，华东师大一附中实验小学的办学成效得到充分显现，校本化的优质教育逐步成为现实，最终形成了在全市有影响力的科技教育办学特色，成为区域内知名度较高的小学。

2001 年 12 月于华东师大一附中实验小学（原飞虹路小学）

教育科研、教师队伍和研究体制

尽管飞虹路小学地处中心城区陋巷，却被上海市教委命名为上海市课程教材改革试点单位，先后被评为上海市科技特色学校、上海市创造教育实验基地、虹口区素质教育实验校、虹口区教育科研先进校。学校多项教育科研成果在虹口区获奖，还有多个课题获得市、区级立项。能够取得这样的成绩是学校多年坚持科研兴校，带动教师发展的结果。

一、静下心来搞科研,丰富自己的底蕴

在第一期课改期间,我接受了市教育局下达的课改任务,担任课改年级组组长。这对我来说既是一个难得的机遇,也是一次严峻的考验。在教研员的帮助下,我们年级组四位青年教师在没有任何现成经验和资料的情况下开始了试验。

我们以新课型"听听读读"为突破口进行研究,几个青年教师一起钻研教材,分析教法,研究"听听读读"课型的特点。在大家的共同努力下,我申报了"S版小学语文中年段'听听读读'课型的研究"课题,虚心向专家求教,广泛查阅资料,搜集信息,终于悟出了一些门道,做出了一份像样的开题报告,该课题获上海市青年教师课题立项。

我原来并不会做科研,因为在大多数人看来,科研应该是由专门的学者做的。但我知道教育科研是教学改革的关键,也是提高教学质量的根本途径,从某种意义来说,教育科研就是基础教育发展的"生产力",只有理论联系实际,才能推动教育改革。于是,我经常去市、区和学院图书馆,学习最新教育理论,积极钻研教育科研的知识,还多次参加上海市教科院组织的教育科研讲习班的学习。

功夫不负有心人,我撰写的《S版小学语文第五册"听听读读"训练初探》《"听听读读"教学中的"听"》《小学语文S版教材"听听读读"的研究》等文章分别获得上海市"八五"培训优秀学员论文三等奖、上海市小语会论文评选三等奖、虹口区中小学语文教学论文评比一等奖等奖项,并代表虹口区多次在全市范围内交流。

二、抓住教师队伍,引导开展研究

学校的发展,一般有抓常规求稳定和抓研究求创新两种战略。我在进行科学研究的过程中体会到,学校要进一步发展,决不能只靠常规管理,必须不断创新,才能保持学校发展的后劲,才能使学校具有活力,才能在新的竞争中立于不败之地。要创新,靠什么?除了学习和研究,别无他法。

1. 干部带头,率先垂范

干部带头承担课题研究是我校推进教育科研工作的一项重要举措。我校的班子成员都积极参与到教育科研活动中来,科研室主任沈幸民老师的《小学活动课程的实验研究》《激趣、探讨、获取、应用——试论小学自然课中创造性思维的培养》等多项研究刊登在各级各类教育杂志上。

由我校管理干部领衔编撰的《小学科学启蒙探导》被列为师训教材,青年教导

张蓉、丁霞、徐培菁也分别承担了市、区级课题的研究。这样，学校领导班子带头实现了由实际工作者的单一身份向既是实际工作者又是研究者的"双重身份"的转变，这对全校教师开展科研工作是极大的带动，同时也是对学校科研室开展工作的强有力的支持。

2. 营造氛围，鼓励研究

我校采用多种方式加强广大教职员工对教育理论的学习，促使他们更新观念，增强研究的意识，培养他们研究的精神，养成他们研究的态度。如规定学校内部各种例行会议（行政例会、各学科教研组会议、团组织会议等）第一项内容为教育与管理理论学习，并就一些热点、焦点问题展开讨论。为教师举办各种学术讲座，在区科研室的大力支持下，举办了科研方法系列讲座、素质教育系列报告会。编印了有针对性的学习材料和研究指导材料，要求教师主动自学，做摘录，写体会。同时，我校还选送科研骨干教师参加市里举办的科研培训班的学习；经常召开座谈会，让大家就某一专题畅所欲言，深入讨论。

在日常的教育科研管理与课题研究的过程中，问题的分析与讨论既在科研室成员之间进行，也在全体教职员工尤其是科研骨干教师之间进行，如此使教育科研工作的管理过程成为课题研究过程，成为教师广泛参与管理的过程，成为教师了解科研工作制度、增强科研意识的过程。于是，一系列符合学校内部教育工作实际的措施不断地出台，有效地促进了教育科研工作的开展。通过不断学习与思考，教师们明确了教育科研对于学校改革和发展的重要意义，也明确树立了教育实践者是科研活动的主体的观念，强化了教师作为实践者和研究者的"双重身份"。

三、建立研究体制，加强过程落实

在课题研究的过程中，我校建立了校园内部的研究体制，理顺了研究体制与学校行政管理体制的关系，使研究体制与行政管理体制并行存在，相互补充，相互依托。

研究体制包括研究机构、研究制度、课题体系、经费保障等四个方面。

（1）研究机构，管理层级为校长—科研室主任—课题组长，科研室设主任1人，兼职研究人员15人。

（2）研究制度，制订我校科研工作制度，以保证学校科研工作的有效开展。

（3）课题体系，根据学校实际，将重点问题提炼成研究课题，组成科学合理的课题体系。

（4）经费保障，提供教师外出学习、参观、培训的经费，课题研究活动的经费，学校大型学术报告会的经费。

我校的课题研究,在研究内容、研究主体和研究过程等方面始终与实际工作紧密结合,实现了课题研究与日常工作、实践者与研究人员的统一和整合。

科研为学校办学注入了新的活力,带动教育教学和管理工作上了一个新的层次。多种形式的课题研究活动,提高了教学研究的深度和广度,加速了教学改革的进程;提高了教师的认识能力、认识水平,促使教师在工作中勇于探索创新;加速了青年教师的培养进程。教育科研工作对于学校教育具有不可替代的重要作用,我们将继续坚定不移地推进这项工作。

2002 年 10 月于华东师大一附中实验小学(原飞虹路小学)

加强校本管理的三条举措

在参加完"校长负责制"培训班后,加强校本管理成为上级教育行政部门对基层学校管理的一个热点要求。我作为校长,针对我校目前的实际情况,大致推进了以下三项工作。

一、创建学习型学校组织

一所学校的发展,主要依赖于学校教师的知识、能力、技能和动机,而教师个人的成功,则要依赖于其不断的学习和实践。学校通过培训等,对教师的持续发展进行激励和投资,使之成为教师的一种有价值的"福利"。

我校是市级课改单位,在深化教育改革、实施素质教育的过程中,始终把加强教师的理论学习放在重要的位置。有领导班子的理论学习,全体教工的政治学习,学科组学习、年级组学习、文明班组学习,等等。做到层层学习、层层把关,时间保证、内容保证、质量保证。除此之外,还要求每位教师联系实际撰写学习体会和论文,变"要我学"为"我要学",形成勤奋学习的风气。

"二期课改"提出了许多新的理念,如以学生发展为本、学生的多元智能发展、个别化教学、自主学习、合作学习、探究学习等。这些理念预示着改革的基本走向和趋势,我们必须把这些理念转化为教改的实际行动。

新的理念最终要落实在教师身上,落实在课堂教学之中。因此,我校对教师的教学行为提出了 7 条要求：①多一些自由，少一些限制；②多一些鼓励，少一些批评；③多一些自主，少一些灌输；④多一些讨论，少一些讲解；⑤多一些创造，少一些模仿；⑥多一些全面，少一些片面；⑦多一些有效教学，少一些低效训练。有了这些要求，教师在教学中不再是简单地灌输知识，而是努力引导学生去发现、探索知识。在听课评课中，我们也不再以上一堂完美的课来要求教师，而是通过对课堂的剖析使教师对自己教学行为有更深刻的认识，让教师相互学习，相互借鉴，变别人的灼见为自己的营养，变别人的经验为自己的财富。

二、建立协同改革的文化氛围

苏霍姆林斯基曾说："教师集体是一个志同道合者的创造性友好集团。"作为校长应该在确保营造良好的学习环境和氛围方面发挥重要的作用。

我们把"尊重、理解、融洽"定为教师间相处的原则。平时，我校教育教学工作的开展注重发挥团队作用，如教研组活动内容由教师们共同商议确定，大家互相听课、评课、解决疑难问题，共同提高。我们期望营造全校教师团结协作的氛围，使教师之间能取长补短，从而产生 1＋1＞2 的系统"放大效应"。

三、建立学校与社会的联合体

教育是个系统工程。作为现代学校，应该寻求建立内部和外部的伙伴关系，以更好地实现学校的全部目标。近年来，我校的外部伙伴急剧减少，究其原因有二：一是大规模旧区改造，居民动迁；二是城区改造，国有企业不景气，土地置换到郊区。这样，就为我校争取社会支持办学带来了困难。要走出困境，就要寻找新的突破口。为此，我们让学校科技活动走进家庭，为创建学习化家庭做准备。我们吸引、鼓励社区人士、家长及学生参与学校事务的管理，为学校的发展出谋划策。

管理的模式有许多，各有利弊，就学校而言，学校的校情不同，文化氛围不同，校长的教育理念不同，教师的觉悟不同，都将导致管理模式的不同。模式没有好坏之分，只要适应学校的，能促进学校发展的，都是好的。

我非常赞同一位教授所说的，每一个校长都是教育管理理论的创造者和实践者。我将努力在学校实践中成为创造性运用教育管理理论的管理者。

2003 年 3 月于华东师大一附中实验小学（原飞虹路小学）

以科研为先导，推进课程改革

飞虹路小学原是一所地处棚户区、名不见经传的普通小学，在课程教材改革的实践中，学校通过对全体教师进行教育科学研究的引导，积累了教学研究的成功经验，成为上海市首批课改实验基地，被命名为上海市科技特色学校、中国创造学会上海市创造教育试验基地等，还先后三次获得"上海市教育科研先进集体"称号。上海市教委张民生主任对我校工作视察后，高度评价了我们这几年取得的成绩，并当场题词：科技教育成特色，素质教育争一流。

我原来是飞虹路小学的一名教师，在课改中逐步成长起来，走上了学校领导岗位。我深切地感受到飞虹开拓进取的良好氛围、课程教材改革这一片沃土，对于教师发展及学生成长的巨大作用。我担任校长后，努力把学校的发展与教师个人的发展紧密联系在一起，期望能建立校内文明共同体，每一个人都是共同体的成员，每个人都感到对学校的成功负有责任，每个人都愿为学校的理念尽责。

我校参与了虹口区"中小学自主发展的理论与实践"的课题研究，这使我们有意识地开始以科学的态度寻求学校发展的路径。我们经历了"一期课改"发展的全过程，正在经历"二期课改"的探索过程。我们深深感到，开展教育科研是学校改革与发展的生命线，是教师进步与成长的平台。课程改革对我们每一个人都是崭新的课题，有许多问题需要我们运用科学的方法去深入地研究。因此，有了以下的办学目标：以学生发展为目的，以教育科学研究为平台，以课堂教学为中心，以科技教育为特色，以课程改革为抓手，充分关注学生创造思维的发展和实践，特别关注教师的成长和发展，实现学校的自主发展，努力把我校建设成为虹口区特色示范学校。

一、以探究型课程的研究为抓手

学校要发展，要具有鲜明的个性，决不能仅仅依靠常规管理，必须不断地创新，才能保持学校发展的后劲，才能使学校具有活力，才能在新的竞争中立于不败之地。要创新，靠什么？除了学习和研究，别无他法。

在"二期课改"启动之时，我们学校接受了探究型课程的试点研究任务。建设并发展探究型课程是课改向纵深方向发展的要求，因此，探究型课程的研究也就成为我校三年规划中的重点实验项目。我们于 2000 年 6 月申报上海市市级课题"探究型课程中科技探究活动设计和实施的研究"，被批准立项。

在上海市教研室的领导下，我们根据学校的基础，制订了探究型课程实施方案，并开始实验。我们撰写的《发展科技特色，形成校本课程资源》《是什么因素影响了手掷式航模的飞行距离和飞行轨迹》刊登在上海市教委教研室主编的《小学探究型课程实施案例选编》上，《制作类课题的指导》作为《小学探究型课程导师指导手册》中的一章，已由上海科技教育出版社出版。

2001年3月，我校开始向外扩大探究型课程的影响。青年教师带头上了研究课，向大家展示探究型课的基本模式，虽然不成熟，但对全校教师启发很大。在他们的带领下，老师们纷纷组织学生确定课题、寻找资料、尝试实验，撰写了《汽车尾气的危害》等。我也先后在多个场合介绍我校的探究型课程。2001年和2002年的暑假，我校师生与兖州市实验小学师生联手做课题，完成了《泰山旅游人群特征调查》《上海城隍庙小吃应"更上一层楼"》《泰山、"三孔"旅游纪念品调查与设计》《小钱币大学问》等多篇小论文，其中，《看过来，这里的旅游纪念品》《热气球飞起来了》等文章还发表于《新闻晚报》《作文大王》等报刊上。

2002年6月，我校召开了课题研讨会，上海市教科院普教所胡兴宏副所长、上海市教委科研处、市教研室教研员，以及我区督导室、科研室、教研室的老师都参会了，大家对我校的课题研究一致予以充分肯定。探究型课程的研究是一个长期的过程，在深度和广度上均需不断开拓与完善，我校要持续地研究下去，最终形成学校的校本课程资源。

二、以教师的专业化发展为切入点

一所学校的成功，主要依赖学校教师，而教师个人的成功则依赖于不断的学习和实践。教育科研既是学校走上新台阶的重要条件，又是增强学校凝聚力的重要因素，它能让教师把时间和精力真正花在对工作的研究和思考上，同时，教育科研又是培养青年教师，尤其是名教师的重要途径。

把教师塑造为研究者，是世界教育发展的新趋势。"未来教师应该具有与时代精神相通的教育理念，并以此作为自己专业行为的基本理性支点"，自觉提高教育科研的能力与水平。学校应该给教师提供继续教育、培训和持续发展的机会。

除了原有的"240"进修、教师的教学评比等培训方式以外，从2003年开始，我校开设了教师科研系列讲座，目前已进行了七次。

此外，我校还组织了两届多媒体教学比赛。全校教师积极响应，把学到的技术与课堂教学相结合，制作媒体作品25件。其中一位中年教师是第一次采用

Powerpoint 制作课件,但技术一点也不差。

2002 年 4 月 11 日,我校向全区校长展示了"二期课改"的实践成效与思考,汇报分两部分,一是由六位教师分别执教语文、英语、音乐、常识、探究和信息科技课程进行展示,二是由我和 5 位教师以论坛的形式,汇报我们对"二期课改"的理解。本次活动得到了市、区领导的好评,《新闻晨报》《虹口报》都作了相应的报道,教师的发言也陆续刊登在《虹口教育》上。

2003 年 3 月 25 日,我校又召开了以"课改新理念:在教学中培育人文素养"为主题的文科相关学习领域专场研讨活动,既为教师创设了一个亮相的舞台,又展现了飞虹路小学的整体形象,展现了我们锐意进取的精神风貌。

通过这些形式多样的自培活动,教师们感受到了学校对他们的重视,对他们的培养,同时也使他们对自己的教学行为有了更深刻的认识。

两年来的课改实践,充分调动了所有人的积极性、主动性和创造性。在全体教职工的共同努力下,我校取得了许多成绩:被评为上海市模范职工小家、虹口区首批素质教育实验校、虹口区文明单位、虹口区科研先进集体。而我校的教育科研也经历了一个从教育经验总结,到教育实验,到教育整体改革和课程改革的实证研究的过程,教育研究从单一学科向多种学科扩展,从低层次向高层次不断深化发展,形成了以教育科研促进改革不断深化和教育质量提高的良性循环机制。

三、一个好校长就是一所好学校

"一个好校长就是一所好学校",这已经成为人们的共识,我要以此自勉而不是自傲。就学校而言,学校的文化不同,校长的教育理念不同,教师的觉悟不同,都将导致各校管理模式的不同。模式没有好坏之分,只要是适应学校校情的,能促进学校发展的,都是好的。我心目中的飞虹路小学是一所有品位的学校:有一个积极进取、勇于争先的校长;有一支有理想、能研究、有活力的教师队伍;有一群乐学善思、健康成长的学生。

校长的办学作用虽然很大,但还是要通过教师来起作用,教师发展是办好学校的关键所在。

我将努力学习,争取在理论与实践之间找到一个连接点,找到一剂管理好学校的良方,努力成为教育管理理论的创造者。

2003 年 10 月于华东师大一附中实验小学(原飞虹路小学)

"二期课改"，我们做了什么

从 1998 年下半年起，上海进入第二期课程教材改革期，"二期课改"的核心理念就是"以学生的发展为本"。为充分贯彻这一理念，上海调整了课程结构，实行"三型课程"制度（基础型课程、拓展型课程和探究型课程），旨在充分体现课程的实践性、综合性和可选择性。

我校是上海市二期课改实验基地学校（小学），根据上海市教研室的部署，我们将逐年分科推进各门学科的试点，并努力在试点过程中做好经验积累，发挥对面上的辐射作用。为此，我校在 2002 年 4 月 11 日，召开了"二期课改的实践与思考"课改研讨活动；2003 年 3 月 25 日，召开了以"课改新理念：在教学中培育人文素养"为主题的文科相关学习领域专场研讨活动；2004 年 6 月 2 日召开了"以主题教研活动为载体，积极推进二期课改"的展示活动。

谨以本文谈谈我校在"二期课改"全面铺开后所做的具体工作，以及具体成效。

一、安排好"课"

这里所谓的"课"就是依据"三型课程"要求，设计和安排的课程计划（课表）。各年级有所差异，以一年级为例，周课时 34 节，科目如下：

基础型课程：语文（9 节）、数学（3 节）、英语（3 节）、自然（2 节）、品德与社会（2 节）、唱游（2 节）、美术（2 节）、体育与健身（3 节）。

拓展型课程：知识（科学、人文）、技能（技术）、体艺、综合学习与实践，共 4 节。

探究型课程：1 节。

班会：1 节。

安排好课表，才能保证"二期课改"在课程计划和教学大纲的基础上有条不紊地推进。

（一）基础型课程

根据新的课程标准，语文课合并了原来的阅读、说话、写字课，一周上 9 节。数学课按课程标准一周上 3 节，但实践下来，老师们感到来不及完成教学任务，因此，去年我校在拓展型课程中适当增加了 1 节数学课。

第一学期，上海市教研室请全市 4 所小学所有新课程（教材）任课教师，对专家制订的课时数与教师在教学中实际运用的课时数做比较，我校数学老师汇报了以上意见，并且还在备注中特别指出，哪几个章节所费时间要比预计得多，希望在推开时教材能重新修订（或增加课时，或减少内容）。品德与社会学科在一至三年级段不仅包括原来的思想品德内容，还结合了原来的生活与劳动的一些内容，所以增加到一周 2 课时，但目前的教材这一点并不突出，这也是我校反映的情况之一。体育与健身根据新的课程要求，每周比原先增加了 1 节课，并增加了拓展的内容，如游泳、球类等，这样基础型课程周课时达到了 26 节。美术课、劳技课老师提出了2 节课连上的要求。

（二）拓展型课程

拓展型课程在小学阶段分为知识（科学、人文）、技能（技术）、体艺、综合学习与实践等。拓展型课程旨在使学生的兴趣爱好得到广泛的开发和积极的培养，以挖掘学生的潜能，为已经具有一定兴趣爱好，并希望进一步发展的学生提供学习内容及学习通道，为学生的学习开辟新的领域，开阔视野，拓宽知识面。

对于拓展型课程的理解，我校也有一个再认识的过程，刚开始，我们认为拓展型课程是原"一期课改"活动课程的延续，随着研究的深入，我们对拓展型课程的认识逐渐清晰，即在基础型课程的基础上，以课堂教学为基本的组织形式，以各学科共性知识为突破口，加强学科间的知识整合，为学生以后的深入学习做好准备。

我校的拓展型课程，按课程内容和任务划分，由学科拓展课、兴趣活动课、社会实践课、少先队自主性活动四个方面组成。

1. 学科拓展课

调整后的基础型课程的教材，不但内容丰富了，而且具有明显的时代特征以及地域特点，但在试点过程中，我们也发现各科的教学内容存在一定的重复，如有关"春天"的内容，语文、品德与社会、自然常识等学科都有所涉及，尽管侧重点不同，但在教学中难免会有"撞车"现象。因此，我们感到，学科拓展课不仅是学科课堂教学的补充和延伸，还应以拓宽学科知识面、发展认识水平、活跃学生思维和提高技能为中心，让学生将所学的知识在实践中综合运用，使教学效益最大化，并能达到巩固、加深、拓展的目的。

我校教师设计的"足球小世界""中国的传统节日——春节""春天""恐龙""有趣的小棒游戏"等拓展活动，成为我校最原始的拓展型课程资料。同时，由各个教研组开展的主题学科活动，也为学生提供了展示自己才能的舞台。三年来，学生在作文、绘画、书法、制作等各类评比中获奖共计 112 项。今年我们准备在体育拓展课上下功夫，对形体训练、足球内容进行拓展。

2. 兴趣活动课

作为上海市科技特色学校，在"一期课改"活动课程的研究中，我校积累了大量的经验，而且根据学校实际，因地制宜，创造了"普及—分流—提高"的活动课程模式，以及由"引趣、实践、迁移、小结"四要素构建的课堂教学模式。进入"二期课改"后，我校又承担了探究型课程的实践研究，《探究型课程与教学——飞虹路小学探究型课程设计与实施的研究》已由东华大学出版社出版。同时，我校是联合国教科文组织中国环境人口与可持续发展教育(简称 EPD)项目的实验学校，为此，学校开展了有关环境、人口与健康的系列教育活动，并取得了一些实践经验。

拓展型课程在基础知识的深广度、综合性以及应用性等方面加以拓展，对思维能力、实践能力进行强化，为学生兴趣特长和个性的形成创造条件并提供课程上的保障，它既是基础型课程的拓展与延伸，又是研究型课程的准备和阶梯。鉴于此，我校把拓展型课程的发展重点放在了兴趣活动课上，成立了"红领巾环境艺术园艺园"，以发现、培养学生的兴趣特长为抓手，以进一步发展学生的特长为目的，满足不同学生的发展需要。目前我校已经编制了《妙趣指纹》《沙滩游戏》《百变蔬果》等教学辅助材料。

3. 社会实践课

社会实践课，就是我们平时各校组织的春秋游、社会实践活动等的合并。每次活动，我们都要求辅导员制订好活动宗旨、活动流程，活动结束后做好小结工作。丰富多彩的实践活动让学生从小接触广阔的世界，放眼看生活，放眼看发展，让他们感受时代跳动的脉搏，领略历史赋予自己的使命，尽早地在心中树立起社会观与责任感，让他们从实践中认识自己的能力，自己的地位，从而促进自我的完善。

4. 少先队自主性活动

结合少先队争章活动，开展形式多样的少先队自主活动，如建立少先队环境科技行动小组、开展绿色科技夏令营活动、开展环境科技节活动等，甚至可由学生自己去设计和组织活动，自己去评价活动效果，通过活动各个环节的组织与开展，鼓励学生标新立异，增强创新意识，培养创造才能。

2004 年 3 月 28 日，我校与上海市青年活动中心、共青团虹口区委、虹口区科技协会、虹口区新港街道、虹口区青少年活动中心联手，开展了"搭建创新舞台 共筑民族未来"的大型社区活动，有近千名学生、家长参加了活动，我们鼓励孩子学习科学家求实态度，突出过程研究，运用已有的知识技能去探索新知，能动地获得创新的本领，让他们在轻松有趣的氛围中获得体验，建构知识，掌握创新技能。

(三) 探究型课程

小学探究型课程是一门校本特点很强的课程类型。我校是上海市科技特色学校,也是上海市一期课程改革的试验学校,将本校办学特色与"二期课改"的探究型课程开发结合起来,是课改的一种全新尝试,需要进行校本课程资源的再创造。

1. 课程目标

显性目标:改变单一的接受式学习方法,创造开放式学习情境,指导学生以积极、主动的学习者的态度参与探究活动,初步掌握观察、调查、实验、设计调研方案、分析解读数据等研究方法;初步具有判断、推理和对知识运用的能力;成为善于学习、善于推理、善于创造,会解决实际问题的人。

隐性目标:实施创造教育,学习探究,旨在开发每个人的创新潜能,培养具有创新人格、创新意识、创新精神和创新能力的人,发现和开拓个人的生命价值。

2. 年段目标

低年级:学会观察,喜欢观察日常生活中的事物、现象;知道观察的顺序、观察的方法;能收集相关信息,并做简单记录。

中年段:学会提问,深入探究"为什么";能处理收集到的信息,做简单分析;了解进行探究的主要过程和基本手段。

高年级:善于发现问题,提出新问题;能制订简单的研究计划并付诸实施;能利用有关工具来搜集、分析和解读数据;能提出解释和预测,能把研究结果发布于众。

3. 探究类型

探究性学习以两种类型最为普遍:"以问题为中心的学习"和"以项目为中心的学习"。

4. 问题设计

不管是"以问题为中心的学习"还是"以项目为中心的学习",都是以问题为基础的。项目是多个问题的交叉和融合。对小学生的探究学习来说,其问题类型可以分为:推论性问题、解释性问题、迁移性问题,以及假设性问题等。

(1) 推论性问题。要求学生依据已有知识(信息)寻求新信息。比如,学生学习照相,老师拿着一张人物风景照让学生推测以下问题:照片是在什么时候和什么地点照的? 拍摄时,摄影者的位置在哪儿? 光源在哪儿? 照片上人物的心情和精神怎样?

(2) 解释性问题。要求学生理解信息或观点所展示的意义。比如,做"鸡蛋在盐水里浮起来"的实验。让鸡蛋在清水里沉下去,然后不断地在清水中溶解盐,鸡蛋浮了起来。只有当水(比重)比鸡蛋重的时候,鸡蛋才会浮起来。水为什么比鸡蛋重了呢？学生通过做实验自然也就了解了。

（3）迁移性问题。这类问题的设置主要是为了激发学生拓宽思维的广度，并把先前学得的知识机智、灵活地运用到新的场景中去。有个课题"探究布料的质地"，教师先做一个小实验，当着学生的面烧了一块小小的羊皮和一片塑料纸。学生们发现，被烧的羊皮发出了臭味，而被烧的塑料纸粘在了一起。然后，教师拿出几块小布料，分别是毛料布、纯棉布、化纤布，随后也烧了起来。结果，一块布烧成了灰、一块布一烧就粘在一起、一块布烧的时候有臭味。学生们有了先前的体验，很快就把三块不同的布料区分了出来。

（4）假设性问题。有经验的老师不满足于揭示现成的结论，而是想方设法开拓学生预见性思维，积极预见随后可能的结果。比如，诸葛亮唱"空城计"，如果你（学生）是司马懿，会怎样用兵呢？学生们纷纷假设可能的结果。

5. 探究阶段

探究性学习的过程就是问题探究的过程，问题探究是逐步推进的。

（1）建立问题阶段。在基于问题学习的开始阶段，学生就需要识别需要调查或探究的问题，建立假设，以利于全面认识在这一问题中究竟什么在起作用？比如，上海是水乡，地处黄浦江畔，北靠长江，东邻东海，但上海又是水质型缺水的大都市，因此，关于"水"，可研究的问题不少。

（2）探究或调查阶段。在这个阶段，学生通过访问获取信息资源，或从教师那里得到帮助，加深对问题所牵涉的知识和概念的认识。比如，学生登泰山，本身是游客，又成了研究者，比较深入地了解了游客的年龄层次、月收入、所来地区等，对进一步开发泰山旅游资源提供了宝贵的建议。

（3）形成解决问题的方案。探究的目的不在于知其然，在可能的情况下还要负责设计解决问题的方案。比如，登泰山的调查，每一个参与的学生都提出了一条开发泰山旅游资源的建议。

（4）汇报学习小组成绩。学生们完成了解决方案以后，师生还要重新审视，讨论对问题解决的看法、对自我和小组进行评估，并把重点放在元认知的技能上。

二、选择好"人"

（一）配备课改师资队伍

今年，我校接受市教研室任务，让各科教师与新教材主编见面。我校曾做了一个统计，那就是，使用新教材的教师平均年龄 32 岁，可以看出，青年教师挑起了课改的重担。2003 年 9 月,我校经历了一次两校合并,并入的年级全部改用新教材。

在配备课改师资队伍时,我们首先考虑让尽可能多的教师深入课改实验,如自然常识、品德与社会等学科,一位教师任教一个班级,这样既能使每一个任课教师接触新教材,又能在年级组内形成研究氛围。

优势:年轻教师容易接受新鲜事物,看法、想法与学生接近,如对于教材的排版、色彩都感到十分新奇,一位数学教师拿到新的教材后,相当激动,觉得色彩鲜艳,内容有趣;又如自然牛津版教材图文并茂,关键词还加注了拼音,感觉编委的考虑很细致;当语文教材配套的多媒体课件制作出版后,我们老师向我详细描述了多媒体的动画效果以及练习的设计,鼓动我购买。所以我感到,我校教师对教材的态度是积极的、热情的。

不足:年轻教师由于资历以及教学经验不足,对于新教材把握的"度"不够准确,思考得不够深入,包括我自己在内,对教材的认识也有一个过程,但即使是汇报,这对我们来说也是一次很好的学习机会。

(二)组织教师学习培训

1. 努力体现编写意图

本次"二期课改"在教材推出的同时,出版了各学科的课程标准,我们组织教师学习新课标,并认真参加新教材的学习指导,由编写人员面对面地直接指导,使教师能很快地把握教材的特点,如语文的识字起步、开篇阅读、识写分流、从描到写;数学的技能掌握,关注学生生活等;劳技强调的爱劳动、会动手、能设计;音乐的以听觉为先导,动觉为切入口,教材由听、唱、玩、创四个版块组成等。了解了新老教材的区别,更方便教师准确把握。我们在试点过程中力争做到不随意加大难度,不随意增加学生负担。

我校还利用各种形式向家长宣传新教材,因为目前家长也好,学校的教师也好,对新教材的认识有偏差,如语文,认为拼音不教了、识字要求高了、负担重了,有些媒体的宣传角度对家长也有误导,作为试点学校,应该向家长做正确、正面的宣传。新生家长会上,除了学校的简介外,我们分学科,由教导介绍新教材的特点、优点,争取家长的支持和配合。我们教导都制作了 PPT,形象的演示、清楚的描绘,使家长对教材有正确的认识。到目前为止,我感到我校学生的学习负担不重,这种看法有点异类,但我坚持,我曾对家长做过问卷调查,认为负担减轻的有 44%,认为负担没减轻的有 50%,认为负担加重的有 6%。

2. 创造性地使用教材

课程改革既要创新,又要继承,然而继承什么? 创新什么? 这在实践过程中是很难取舍的,我们希望通过教师对教材的使用、理解,促进教师进一步明晰新的教学理念,反思自己的教学行为,转变教师"领导者"的角色。我们挑选了青年教师担任试点教材的任课教师,要求他们创造性地使用教材,真正体现"以学生为本的理念"。

如语文,我们就自编儿歌,创设新的语言环境,帮助学生识记。三年级出现了作文,由于学生生活经验不丰富,游戏形式也较单一,在写作上,他们感到最困难的是选材,我们教师就联系学生的生活实际,创设情境,帮助学生捕捉生活中的小事。如去年三八妇女节,教师让学生回家趁妈妈不注意时说:"妈妈,我爱你。"当时学生哄堂大笑,觉得说不出口,老师引导学生注意观察妈妈的神态、语言,结果作文的内容丰富、有趣。

又如劳技课,在试点过程中,我们发现,要求学生设计,他们的想象成分偏多,要把他们的设计变为现实,困难重重,由此,我们就想到能否借助计算纸来帮助学生掌握科学的设计方法,而不是异想天开。尽管教材中没有这一要求,但我们大胆尝试,从技术语言入手,指导学生看懂图纸,学生先在计算纸上画出比较正确、规范的工作图,然后运用图纸来表达设计意图,最后按图制作,这样有利于作品的完成。通过一段时间的训练,学生由原先看不懂图纸到现在能按照图纸制作,进步很大。

在常识教材的使用过程中,我们与计算机教学整合,设计了"恐龙世界"网站,把有关恐龙的知识尽可能多地展示在学生面前,老师采用模拟上网的方式,向学生详尽地介绍了这个远古时期的生物,学生可根据自己的喜好有选择地学习,在学习过程中由于时间关系,学生不可能阅读完所有的资料,但从中可以明白,知识那么多,短短的 35 分钟不可能学尽,可以通过资料查找,如看书、上网等方式来了解。

3. 注意资料保存积累

在试验过程中,我们尽可能做好资料积累工作,如所有新教材教师采用电脑备课,既有利于修改,也便于第二轮教师使用;教师制作的课件全部刻录成光盘;数学根据市教研员要求,每学期都系统总结新教材的特点、亮点以及不足之处;品德与社会学科还积极参加编写组组织的"金点子"活动,记录下试点中的点滴体会。

经过多渠道培养,我校青年教师成长迅速:三年来,开课达 217 节,发表文章20 余篇;已有 4 名教师参加了上海市中青年教师教学评比,下学期还将参加;语文、品德与社会、新世纪英语等学科的青年教师参加了新课程标准的修订工作。

三、把握好"度"

1. 校长层面

新教材试点以来,教师工作的"强度"加大许多,我校采取了一些措施来减轻教师的负担,如各学科采用分单元备课的方法;齐虹老师参加市课题组,每周教研员都要听课,我们就不安排她做班主任,腾出时间搞研究(媒体自己制作、每上一课都要对学生作评价、录下的课要逐句记录并进行反思、阅读指定书目等等),刚开始教学,几乎每位青年教师都病倒过,作为校长,了解教师的工作强度,至少在精神上能给老师一些支持。(出示体育评价表格)

2. 教导层面

平时的质量监控都是由教导处负责,正确把握教学的"难度"至关重要。如语文,三年前,我们按照要求,拼音不写不默,第二年,发现各试点学校都在提前教拼音,我们也跟进,现在看来实在没必要,今年一年级,我们严格按照市教研员要求进行教学,不随意拔高,期终考试平均分达到 98 分。(外区课改校家长叹苦经)我们力争做到不要把竞争的负担转嫁到教师身上,最后再由教师转嫁到学生身上。

3. 教师层面

进度:在动态变化中跟踪辅导,适时进行指导。

力度:由于学生知识、能力水平不一样,对困难学生给予不同程度的指导。

难度:认真分析教材,把握好教学的"度"。

"二期课改",给了我校一种挑战,更带来了发展机会。我校曾参与的活动有:各学科实际使用课时与规划课时比较,体育工作调研,课改工作调研,拓展型课程版面展示,探究型课程版面展示,语文课题研究,语文、品德与社会、新世纪英语等学科课程标准的制订,对各科新教材的评价,0~8 岁幼小衔接等。教师个人也取得了许多成绩。

面对所取得的成绩,我们愈来愈清醒地认识到在学校里的学习不再是一种工作或任务,而是学生生命的一部分,是学生成长最为积极、最为光明、最为重要的途径,希望我们的教育能够达到这样的境界。作为试点学校,我们非常愿意把我们积累的经验与兄弟姐妹学校分享。我校每月固定一天为开放日,这一天,老师们可以任意走进飞虹的教室听课,如果大家需要教案,也可以带盘片来复制。

2004 年 7 月于华东师大一附中实验小学(原飞虹路小学)

抓课题研究，创课改新路

"世上本没有路，走的人多了，也就成了路……"

回顾我校的课改之路，走得并不平坦。但在不平坦之中学校有了鲜明的转变，其中教育科研起了至关重要的作用。以研究带动课改，使我校的课改如虎添翼。研究型的课改就是我们的希望之路。

2000年，我们以市级课题"探究型课程中科技探究活动设计和实施的研究"为突破口，带领全校教师开展课题研究。愿望是美好的，但操作起来，我们还是遇到了一定的困难，探究型课程作为一门全新课程，其中有许多个"为什么"困扰着我们，但本着大胆实践、小心求证、不断创新的思想，我们开始了探究之旅。

一、课题从何而来

开展探究型课程，首先要确立课题，我们知道确立课题的最佳途径是学生在学习生活和社会生活中，自己发现并提出的问题。那怎样引导学生提问呢？经了解，孩子们非常喜欢《十万个为什么》这套书，由此我们想到，能否建立一个"我们的十万"题库呢？因此，开学第一堂课，教师就在孩子们中间掀起了"头脑风暴"。学生畅所欲言，提了许多问题，教师再根据学生的兴趣爱好、知识水平、生活实际，选择一部分作为今后的研究方向。

二、探究型课程的实施如何与学科教学相整合

随着研究的深入，我们感到探究型课程的实施应与学科教学进行整合，把探究性学习方式引入学科教学，才能使探究型课程更具生命力。基于以上想法，我校组织教师从现行教材中挑选部分内容作为探究型课程课题，并用一学期时间进行教学实践，形成了"问题式课题"。

"问题式课题"的设计以年级为层次，以研究方法为区分，逐年提升要求。一、二年级的研究方法为观察、查阅、制作、实验等四种方法；三至五年级，再增加调查和测量两种方法，共提出26个课题。

举例如下。

调查：电脑病毒的危害（三年级）、空气污染的来源有哪些（五年级）；

观察：小乌龟喜欢吃什么(一年级)、蚯蚓切成两段后还能活吗(四年级)；

查阅：冬天树为什么会掉叶(二年级)、地震的产生有没有规律(五年级)；

测量：什么季节雨水特别多(三年级)、阳光投影长度的测量(四年级)；

制作：陀螺为什么会变色(一年级)、纸质模型滑翔机(三年级)；

实验：磁铁能吸哪些物体(二年级)、洗衣粉对水质的影响(五年级)。

三、学生研究的问题缺少系统性，怎么办

我们发现，问题式课题研究与学生的学习生活联系密切，可操作性强，但也暴露出缺乏系统性，比较单一、短促，生生之间缺少合作等问题。该如何解决这些问题？经过一个阶段的探讨、尝试，我们逐渐产生了具有项目雏形的跨学科研究方式。

跨学科研究课题的设计以年级为层次，以研究类别为区分，在每一个年级都分环保、交通、饮食、住房四个类别，共20个课题，但是对课题研究的要求逐年提升。

举例如下。

环保：上海空气情况的调查(一年级)、汽车尾气对环境污染的研究(三年级)；

交通：上海车辆情况调查(二年级)、十海桥梁的变化研究(四年级)；

饮食：上海人日常饮食种类的调查(二年级)、上海饮食习惯的研究(五年级)；

住房：上海民居的现状调查(一年级)、上海民居房屋结构及辅助设施的研究(四年级)。

为了使每一个学生都能参与，我们在师生联合的基础上所提出的交通、环保、饮食、住房等项目，力求贴近社会生活实践。一至五年级学生都可以在原有基础上深入开展探究学习，目前，我们正在操作过程中，以此，形成了我校开展探究型课程的两大学习方式：以问题为中心的学习和以项目为中心的学习。

最后我们把课改路上的坎坷挫折、成功收获记录下来，出版了《探究型课程与教学》一书。随着探究性课程的不断发展，还会有更多的问题亟待我们去解决，但我们相信，只要我们本着探索、创新的精神勇往直前，一定能克服困难。

探究型课程的建设和开发，对全校教师开展科研工作是极大的带动。目前，我校有2名教师参加了上海市教研室青年教师课题研究；4名教师的课题被列为区级课题。《小学生活德育的实践研究》获全国小学德育研究优秀成果一等奖；《小学科学教育的研究》获上海市教育科学研究院首届学校教育科研成果三等奖；《小学探究型课程设计与实施的研究》获上海市教师学研究会第九届年会论文一等奖；另有多篇论文在各个层面获奖。

教师全员开展课题研究,对学生的课题研究起到了一个很好的推动作用。师生互动中,学生们撰写了《汉字的创造》《苏轼与〈冬景〉》《动物和它的天敌能不能成为好朋友》《自制乐器》等多篇研究报告或调查报告。特别是 2001 年、2002 年暑假,我校师生,与山东兖州市实验小学师生联手进行课题的研究。学生完成了《泰山旅游人群特征调查》《上海城隍庙小吃应"更上一层楼"》《泰山、"三孔"旅游纪念品调查与设计》《小钱币大学问》等多篇小论文,其中《看过来,这里的旅游纪念品》《热气球飞起来了》等文章还发表于《新闻晚报》《作文大王》等报刊上。

在课改的过程中,我们深刻感受到"课程是发展而来"这句话的真意,"教无定法",不同的学校想要取得课改的成功,所走的路肯定也会不同,但只要深入挖掘学校、教师乃至学生的潜力,那一定是一次充满希望的旅程。

2004 年 7 月于华东师大一附中实验小学(原飞虹路小学)

以教研组为依托,开展主题教研活动

校本研修是立足本校,以学校为培训基地,以本校教师为培训对象,紧密结合本校的教育教学工作,充分利用校内外的培训资源,为实现本校办学目标服务的教师在职培训。

现代化的管理应该促进人的主动性与创造性的发展,因此,发展校本研修是学校教育管理改革和推进教师专业发展的重要趋势之一。它有助于学校自主选择、自我发展,主动适应并满足外界对学校教育质量的期望。

一、教研组是学校开展校本研修的正式组织

首先,学校教研组是一个专业性、学术性和管理性兼具的复合型组织。教研组也是学校中各学科教师发挥集体智慧,全面推进素质教育,提高教学水平和教学效益的教学研究组织,是学校教学指挥系统的基础部分,也是同一学科教师开展教学研讨的一个重要基地。因此,从教育教学业务的角度说,教研组是学校开展校本研修最适切的组织。

其次,教研组又是学校行政性的正式组织,具有长期性和稳定性。虽然教师也有调进流出,但是这个组织是长期存在的,这就会形成比较固定的风气和传统。持

续推进教研组建设,也保证了校本研修的开展。

最后,教研组长是教研组的核心,是组内学科研究和日常教学工作的组织者和领导者,也是组内教师的管理者和带领者。教研组长不是"官",但有威信,是教育教学业务骨干,这就保证了校本研修以组为基地,有条不紊地开展。

二、校本研修的特色:主题教研活动

我校对建设得比较好的教研组进行了调研和剖析,发现这些教研组大多有明确的研究课题,主导整个教研组活动且主题明确。为此,我们认为以主题教研活动为载体,是加强教研组建设的有效途径和策略。

(一) 主题教研活动的界定

所谓主题教研活动,是指在"科研兴教、科研兴校"的理念指导下,以明确的主题研究为载体,围绕主题开展教研组的各项学习培训和实践研讨活动,实现教研和科研的紧密结合,提高教研活动的针对性、系统性、可操作性和实效性,以促进教师业务、教科研水平以及学科教学质量的全面提高。

教研活动的主题,往往决定着教研活动的方向、价值、深度和效度。如何确定教研活动的主题是主题教研活动成功的关键。

其一,教研活动主题选择受制于课程教材改革。课程目标决定了教研活动的方向和实际成效。各教研组要围绕课改主旋律,根据学科特点,把解决教学实践中的生成性问题作为教研主题。

其二,教研活动主题选择受制于发展学生的需要。学校教育的唯一目标就是促进学生的发展,让教育适合学生,最大限度、最有效地开发学生的潜能。因此,选择教研活动的主题时,应该从研究学生开始。

其三,教研活动主题选择受制于教师专业发展水平。主题教研活动和教师专业发展之间是互为促进的关系。前者有利于发展后者,后者又有利于提高前者水平,但是,每一次主题教研活动首先受到具体承担这项活动教师自身水平的限制。因此,要循序渐进,逐步发展。

(二) 主题教研活动的开展

现在的语文新教材识字量大,阅读量也很大,学生学得较困难,怎样让学生乐学、爱学呢? 一年级教研组充分发挥学生学习的潜能,激发他们学习的内驱力,使他们养成良好的学习习惯,掌握科学的学习方法,确立的教研组主题是"小学语文识字教学的实践"。高年级语文组将探究性学习与阅读教学有机地整合起来，确立的主题是"在阅读教学中开展研究性学习的初探"。

我校数学教研组确定的主题是"小学数学'生活需要教育'的实践研究"，就是在把握国内外小学数学研究动态的基础上，让学生从生活中认识数学，体会数学的实用性，在理解数学的同时培养学生的综合能力。

我校德育组以"德育回归生活"为指导思想，从学生的现实生活、现实存在、现实活动出发，采取感性的、实践的方式，让学生在课堂生活、校内生活和校外生活中去经历、感悟、建构自己的价值理想，从而充分释放儿童的生命潜能，激活儿童的创造精神，做到"生活中育德，生活中育人"。在此基础上，确立的教研主题是"小学生活德育的实践研究"。

在小学体育课中，学生所获知识多少，掌握技能与否，很大程度上取决于他的学习过程与方法。传统的教学忽略了学生是一个有着丰富情感和各种需求的生命体，把学生当作一个被动的知识容器。围绕如何在小学体育教学过程中进行探究性学习的教学，我校体育教研组确立了研究的主题"让课堂充满探究的美趣"。

三、在主题教研活动中推进教师自身的发展

随着研究的深入，我们感到，教学研究不仅仅是对教学行为的研究，更应该成为研究"人"的一门科学。首先研究的是如何使教师尽快走上专业化发展的道路。我们感到以课题研究作为主题，开展校本教研，对于促进教师专业发展的影响是深远的，

如今，"以学生为本"已成为教师教学设计与实施的基本出发点，教师的教学能力有了显著的提高。随着改革的深入，充满创造欲望的优秀教师对课程，特别是对探究型课程和拓展型课程的设计、创造，使得这一领域成为校本课程资源开发的活跃领域。教师"校本课程资源"开发的潜能逐渐呈现。

我校教师参与了上海市教学资源库的建设，参与了新教材的配套多媒体设计，参与了对新教材的评价、新教材的编写以及新课标解读文本的撰写等。在探索中我们有艰辛的付出，但更多的是自己专业知识上的巨大收获和能力的飞速提升。

2005 年 6 月于华东师大一附中实验小学（原飞虹路小学）

打造独具特色的校本研修之路

校本研修就是要解决教师发展和教育发展不相适应的矛盾。它具有三个特点：一是功能性，它是促进教师专业发展的主渠道、主阵地；二是应用性，它是解决教育教学过程中的热点问题的一项重要举措；三是实践性，它是全体教师不断适应教育改革的重要实践。因此，我们始终围绕"教师、学生、学校共同发展"的最终目标，在校本研修中，紧紧抓住促进教师发展的两条途径，即名师指导和案例引导，分别从教师的师德素养、教育教学理论知识、专业知识和技能、课堂教学实践、科学研究五个模块入手，组织开展了一系列主题鲜明、形式多样、内容丰富的专业学习、理论研讨和社会实践活动，有效地提升了教师队伍的师德修养、人文素养和专业技能。

一、名师指导：促进师德素养、教育教学水平的不断提升

虹口区第三中心小学是一所历史名校，通过几代人的不懈努力，涌现出了毛蓓蕾、顾家漳、徐佩玖、吴惠娟、胡蕴琪、王莉韵等特级教师和沈功玲、林佩燕、李莉等劳动模范，以及徐万兵、吴斌、陈伟英、沈洁等一大批优秀青年教师。他们是学校的骄傲，也是学校宝贵的财富，更是学校得以发展的重要基石。如何让名师精神不会随着时间的推移而淡去，反而代代传承、生生不息，学校推出了分别以退休特级教师和年轻骨干教师为成员的"名师巡辅团"与"名师工作室"，引领全体教师开展研修，力求使校本研修成为培养新一代名师的重要舞台。

1. 名师巡辅团

我们利用学校拥有多名退休特级名师的丰富教育资源，组织"名师巡辅团"，开展了全体指导和个别带教两种模式的研修，要求青年教师不仅学习特级名师深厚的教育理论、精湛的教育教学技能，更重要的是学习老一辈名师对教育事业、对学校、对学生深深的爱，把所有的情感投入事业、学校、学生上的那种无私奉献精神。

每学期，学校邀请退休特级教师来校指导研修工作，通过聆听老一辈教育工作者的心声，全体教师不仅能感受到他们在工作上的睿智与豁达，更能感受到他们对教育事业的追求与对孩子的热爱。我们把特级教师毛蓓蕾的《心之育》作为校本课程资源，深入学习，以促进全体教师师德素养的提升。

同时，学校挑选年轻教师上门拜师。通过一次次与名师的思想交流、教学探

讨,青年教师获益多多。用青年教师的话来说,"我觉得自己有种阴霾的天空突然放晴的感觉,虽然,我的教学之路还将面临很多的困难和考验,但是我的心里少了些许浮躁,多了几分佩服和感激……"如青年教师小方把特级教师吴惠娟的"1、2、3排队法"运用在所教班级,收到了显著效果。这些特级名师的指导,使更多的教师"终有一天能够摸到大门并登堂入室"。

2. 名师工作室

虹口区第三中心小学教师的主力是青年教师,学校拥有一批在全区、全市,乃至全国有一定影响的优秀青年名师。因此,学校成立了以特级教师王莉韵和全国劳模李莉为首的"名师工作室",以"互助　共进　个性　卓越"为宗旨,带领青年教师开展研修。通过听讲座、指导研究课和开展教师基本功比赛、党员与青年结对等活动,以及平时的交流谈心,给全体青年教师提供了一次次学习的机会,使青年教师能够时刻以校内名师为榜样,学习先进思想,提高自身教学水平。

每学期,特级校长盛裴、特级教师王莉韵、全国劳模李莉都会为全体教师作各类报告与讲座,进行校本培训。同时,还要开展"明星教师展示周"活动,即明星教师上一周展示课,让全校教师全方位地深入了解、学习优秀教师的教学艺术。并在此基础上,开展青年教师"一日教学展示"活动,让更多教师有机会参加全校性的探索实践课展示活动。

特别是,2008 年根据教育部的文件精神,我校被确定为"国家级班主任远程培训"的基地之一,"名师工作室"的李莉老师担任了辅导员。这对学校和全体教师来说,都是一次极好的机会。通过班主任工作的 6 个模块学习,骨干教师的引领和辐射作用得以发挥,高尚的师德和优秀的经验得以传播。全体班主任在 6 周的交流、研讨过程中,进一步认识到了班主任的责任与意义,收获了更多班主任工作的艺术。培训工作结束后,李莉老师被评为优秀辅导员,另有 5 名班主任被评为"虹口优秀学员"。

二、案例指导:实现教师从理念向课堂实践的积极转化

课堂是新课程实施的主阵地,因此,我们的校本研修采用了案例指导这一模式,使教师做到既有理论修养,又有丰富的实践积累,把每次研修立足于课堂,产生实实在在的效益。

1. "1 + 7"教学沙龙

学校以教研组为单位,以一个个发生在课堂上的鲜活的案例,开展"1 + 7"教学沙龙,通过"说课、上课、观课、评课",对共同形成的解决问题的方法进行实践。每

个年级组由一名教师提出个案,然后由他作为主持人提出案例,开展"头脑风暴",最后形成问题解决方法。由一名教师率先实践,其余七名教师观课、评课,之后再次实践。第"1"位实践教师向"7"名同伴分享他的成果,而之后的"7"名教师的实践又使整个年级组成为一个同享智慧经验的团体,实现了整个团体的共同发展。

如我校开展的分层作业布置、批改和辅导这一专项研修,发现学生在作业问题上的普遍困惑后,针对问题,采用在同一年级、同一学科设立作业备课组,小组成员轮流担任一周主讲人,主讲人逐一讲述作业布置的思路、设计和批改要求,备课组成员在此基础上,对作业设计进行讨论、修改完善的方式进行解决。专题研讨活动中,不同意见之间的争论十分激烈,大家对知识点训练或评价方法选择上的不同,各抒己见,达到了智慧碰撞、共享的目的。

2. 特色课程实践

虹口第三中心小学在实践素质教育的行动中走在了前列。舞蹈、管乐、围棋、游泳、排球等被引入课程,丰富了学习内容、发展了个性;"幸福课堂、有效学习"的探索实践,让学生在学习中体验成功、感受幸福;"730""330""周周演""周周赛""周周主题活动""月月有节"等特色自主活动,更是让学生走上了展示自我的魅力舞台。而这一系列的特色课程,给全体教师提供了一个由理论学习到操作实践的机会。

如2009年开展的第一届少先队节就是大胆的创新。"观看学习 与时共进""我的节日 我的队会""描绘祝愿 抒写未来""共同约定文明校园""心心相印 同庆辉煌""雏鹰争章 领巾风采""雏鹰假日 小队寻访""爱我祖国 爱我宝岛"等一项项内容丰富多彩的活动,凝结了全体教师的智慧与创新。通过这些特色课程的实践,不仅全体班主任得到了锻炼,学校的特色课程内容也有了更好的积累。

校本研修是一条提升教师专业水平,促进教师专业成长的有效途径,它为教师构建了互相学习,共同提高的平台,它使学校的教育教学更加贴近实际,进而有效地推进了新课程的实施。但是通过实践,我们也看到校本研修是一项长期而艰巨的工程。未来,我们还将努力探索校本研修的新方法、开发校本研修的新资源,构建"多层次、多层面、多形式"的研修方式,把校本研修活动深入有序、持续高效地开展下去。

2009年10月于虹口区第三中心小学

浅谈校长的文化自觉在学校文化建设中的作用

有人的地方就有文化,学校是教育殿堂,当然应该是一个文化场所。不仅如此,学校还应该是优秀文化的产生地、传播源。这需要校长带领教职员工有意识地建设。校长的文化自信和文化自觉应成为学校承前启后发展的重要保证。

首先,校长要建设好学校的软环境。校长是学校办学的第一责任人,是学校教育的组织者和决策者,是学校管理工作机构的核心。校长不仅要建设好学校的硬环境,还要建设好软环境,尤其有责任努力建设好学校的优质文化。文化虽然看不见,但是随时能够感觉得到。它是最具有感染力、穿透力和生命力的,能够在潜移默化中造就学生与教师的素养和品位。

上海市虹口区第三中心小学(以下简称三中心小学)创办于 1920 年,以"促进儿童健康成长"为宗旨,坚持"关爱全体学生,关注个性发展"的教育理念,形成了"求真、求实、求新"的校风和"严、实、活、乐、新"的教风和学风。三中心小学的历史文化积淀,三中心小学的历任校长、教师对教育和学校核心价值理念的追求,培养和造就了一届又一届成功的学生,一个又一个优秀的教师,也形成了鲜明的学校校风和办学特色。这里弥散着浓郁的育人氛围,这里充满了生命生长的气息,这里是教师和学生成长的理想家园。

其次,校长有责任引领教师成长与发展。我们倡导教育要有大爱,以大楼为体,大师为根,大爱为魂。校长首先要有大爱,爱学生,爱教师。校长爱教师才能延伸到教师爱学生,学生茁壮成长。

校长爱教师具体表现在给予教师发展的空间,让教师充分享有学术自由,自觉探索教育教学规律。教师感受到了校长的关心与体贴,才能以自己爱的情感,去爱自己的学生。"爱,放大教育!"校长的爱在管理中得到放大,会使更多的学生得到爱,会使教育更加有效。好校长、好教师可以发展与成就一所好学校,同样,一所好学校也可以孕育一批好教师、好校长。

最后,校长要潜心研究教育规律。坚持以学生发展为本,把为学生减负、增能、增效,促进健康成长作为教学的根本目的。

校长要潜心研究学生的认知发展规律和教育教学规律,积极探索教育教学改革,致力于培养学生的道德人格、学习习惯、学习兴趣,真正认识教育的本原价值是"育人",而不是"育分",把课教到学生的心中。如我校在这方面实施了优化课程结构,丰富学习经历,完善培养模式,加强自主学习与个性化教育,创新培养机制,建构校内外联合培养平台等一系列举措。

　　总之,校长的文化自觉是学校文化建设的基本前提和重要条件。学校的文化建设是一个长期的、价值观不断冲突的过程,校长必须确立发展思路,不断完善机制,构建完整体系;不断修正目标,创造创新特色。每一所学校都有自己的历史和特点,而社会进步在不同时期又具有不同的时代特征,同时,校长个人还有不同的个性特长,这些都将造就不同的、具有鲜明个性的学校文化。所以校长要做的就是解读学校发展的历史,挖掘学校沿革与发展中的文化脉络,分析和反思学校当前的价值取向,并通过自己的判断,选择适合自己学校的文化类型,真正解决学校文化建设中深层次的矛盾和影响学校健康发展的薄弱环节。

2009 年 11 月于虹口区第三中心小学

走在"一流学校建设"的路上

　　2010 年我参加了第二期长三角中小学名校长高级研究班(杭州段)的培训,与浙江教育名家对话,参观考察及分享同行经验与智慧,令我受益匪浅。在多名校长的办学经验介绍中,提到频率最高的词要算"一流学校建设"了,感受着校长们对办学理念的努力实践,我深深地被校长们对教育理想的坚守所打动,也为校长们充满智慧的实践所折服。同时也让我对所在的上海市虹口区第六中心小学(以下简称六中心小学)的办学方向进行了深入的思考。

　　我任职校长的六中心小学是一所成立于 2004 年的公建配套新校,学校师资沿用原广灵路小学的教职工。我于 2010 年 6 月调任至该校。根据陈玉琨教授描述的一流学校的特征,比对六中心小学发展轨迹,我认为,现阶段我校只处在办学及发展的初级阶段,要成为一流学校还有很长的一段路要走。然而,不管在哪个阶段,我们都要尽己所能向"最好"目标发展,向一流学校迈进。

一、办学理念,决定着学校的定位与方向

　　六中心小学,前身为广灵路小学,有 50 年的办学史。学校素以"管理规范,治学严谨,发展全面"而著称。2004 年,经上海市虹口区教育局决定,由广灵路小学全体人员承办虹口区第六中心小学。全新的六中心小学如何在原有的基础上继续

发展,焕发出新的活力呢?

我调入六中心小学后,适逢新三年发展规划制订时期,我首先分析了学校发展中的新问题,如学校"主体性德育"如何进一步推进;学校原有的足球特色如何发展;女子垒球训练刚起步,如何招收特长学生;等等。然后会同学校中层干部和全体教职员工,共同总结、提炼符合六中心小学办学传统和优势,以及有利于可持续发展的经验,确定学校新发展目标,即"建设富有特色、自主发展的一流学校"。

我们的愿景:使六中心小学成为师生精神生活的家园和快乐人生的起点,让师生获得发展的机会,享受成长的愉悦,积极乐观地面对未来。办学理念:"手牵手、心连心、自主快乐同成长"。未来我们要强化生生之间、师生之间、亲子之间、家校之间、社校之间的沟通、联系、协调、共进,借助方方面面的优势促进学校的改革与发展。

学校强调通过有效的教育教学活动,不断激发学生的潜能和内驱力,在学习过程中以教师的行为、品德、能力、理想、情操、境界、人格去影响、感化、培养和教育学生,使学生产生自我认识、自我教育、自我设计的主观要求,形成主动学习和终身学习的意识和热情,让学生自主快乐地成长。

有了明确的目标,我就要将抽象的办学思想物化成一个个具体的任务,引领全体教师去完成,力争实现学校有序基础上的跨越式发展。

二、管理制度,决定着学校的根基与后劲

学校管理是一个系统的管理,是一个动态的管理,在管理过程中,校长的管理水平决定着整个学校的自主发展水平,校长的领导风格影响着全体师生员工的精神面貌。在学校管理中,我追求"尊重待人、品质求精、关注学生"的价值观,根据学校的实际情况,明晰学校的核心价值,把握教师专业发展的需求,倡导上下平等的合作精神,与全校教师携手共话学校发展,制订符合校情的发展规划,并在实施过程中营造学术氛围,建立伙伴式的团队文化,使学校的各项工作稳步推进。

在学校章程的制定过程中,我校把章程作为学校发展的基本依据,促进学校沿着健康、和谐的方向发展。我们发现只有把建章立制的"硬"管理和人文精神的"软"管理有机地结合起来,重"管"更重"理",使学校的章程遵循和体现以人为本的理念,用人文精神管理学校,关心师生,才能构建起和谐的校园,有力地推动学校走上可持续发展之路。

教学成效,决定着学校的声望与地位。在校长必备的诸多领导能力中,最核心的领导力是规划决策能力和课程教学领导力,前者是共性要求,后者是个性化要

求。为使学校课程能长远发展,我校架构起以"生动·活泼·有趣"为特点的"趣乐园"学校课程体系,这是基于学校文化建设进程中形成的学校特色所提出的,是学校体现办学思想与办学理念的重要载体,其倡导在开放、有意义、活泼有趣的环境中为学生提供高品质的学习活动内容,把学校创建成师生心灵放飞、自主健康成长的情趣乐园。

在多元化、有童趣的校本课程资源的学习中,我校主张培养学生广泛的兴趣爱好,进而强化其学习动机,形成良好的学习习惯,使每个学生拥有生动活泼的童年,并能够在校本课程资源的推进中,促进学生的参与,提高学生自我规划和自主选择的能力,为未来人生发展提供动力。同时,也希望通过校本课程资源建设,鼓励教师开展创造性的智力劳动,增强课程意识,提高课程开发能力,促进自身的专业发展,促进教师与学生共同成长。

三、教师团队,决定着学校的传承与发展

把教师打造成研究者,是世界教育发展的新趋势,是一流教育的必然归宿。"未来教师应该具有与时代精神相通的教育理念,并以此作为自己专业行为的基本理性支点",自觉提高教育科研的能力与水平,带动教与学的高质量发展。这是今天与过去教师工作的主要区别。

我校采取"用团队的成长促进教师个人成长"的策略,在教师中提出"我们就是研究者"的口号,通过教研组,不懈地开展教材分析、课堂研究及课后反思,不断提高教师课堂教学能力。同时,建立骨干教师培养制度,启动"名师工程",通过阶梯式的骨干教师培养,采取"分层管理"及"以点带面"的工作策略,配套起培训、考核、奖励等制度,以骨干教师的培养带动整个师资队伍的提升。我想,激发教师的内动力,让教师成为发展的主体,以团队的成长促进教师的成长,以教师的发展构成团队的卓越,是校长最重要的职责。

此次杭州的培训,让我开阔了视野,提升了认识,建立了友谊。本次学习我最大的体会就是:学校的文化不同,校长的教育理念不同,教师的觉悟不同,都将导致各校管理模式的不同,模式本身没有好坏之分,只要能适应学校,能促进学校发展,都是好的。我将继续努力学习,争取在理论与实践间找到一条连接点,找到一剂管理好学校的良方,努力成为教育管理理论的创造者。

2010 年 10 月于虹口区第六中心小学

看窗外，想脚下，做手中

　　长三角中小学名校长高级研究班学习已经结束，短短的三个月，让我经历了不同于以往的培训体验。在培训中，通过对话上海、浙江、江苏等省市教育行政领导，使我了解了长三角各地教育改革的形势；通过深入三地六所基地学校的浸润式跟岗学习，使我走到了仰慕已久的教育家身边，感受他们的办学理念、治校风格和个人魅力。更让我欣喜的是，华东师范大学王俭教授成为我的理论导师，他的学术报告以及多次精彩点评给予我很多启发，更让我增强了今后办学的底气。如果说集中培训开阔了我的眼界，那么回学校后的实践操作则进一步验证了我的办学思想。

一、看窗外：他山之石，可以攻玉

　　这次系统培训的形式是多样的：有名校长就自身所在学校进行的办学实例进行的分析；有学员之间就各自学校在不同基础、不同特色、不同背景、不同风格、不同模式下进行的办学案例的分享与讨论；有外出的实地考察学习；还有专家、学者就教育现象、教育热点所作的深入分析。在多位专家的报告中，提到频率最高的词要算"教育家办学""一流学校建设"了。确实，这次办班的宗旨就是通过共享长三角优质培训资源，更好地指导和帮助长三角中小学名校长系统总结办学经验，形成符合教育规律、具有鲜明特色的教育思想，为造就一大批教育家型的校长奠定坚实基础，促进长三角中小学教育的持续提升，引领我国基础教育的发展。

　　在聆听多名校长介绍的过程中，我发现每一所学校都有明确的办学理念、办学目标，以及行之有效的办学抓手。如杭州杨一青校长提出了"整体观念，主体思想，个性发展，和谐关系"十六字教改纲领，"个性化、现代化、国际化"办学方向，以及"教师发展的沃土，学生成长的乐园"共同愿景；湖州金毅伟校长提出了"文化引领下的学校新发展"；余姚余如玉校长提出了特色校本研修。还有如杭州卖鱼桥小学的"光谱教育"尊重差异、赏识个体、开放教育、多元发展，以及天长小学的"开放潜能，发展个性"等理念。这些既是学校文化的积淀，也是校长认真办学的结果。

　　正如苏霍姆林斯基所说："学校领导首先是教育思想的领导，其次才是行政领导。"校长必须集教育思想和教育实践于一身，没有思想的教育是盲目的实践，没有实践的教育则是空洞的理论。每到一所学校，聆听校长对学校背景的精准分析，感受校长对办学理念的努力实践，行走于体现着学校文化的一草一木中，我都深深地被校长们对教育理想的坚守所打动，也为校长们充满智慧的实践所折服。尤其是几位名校长的报告，闪现着教育家办学的智慧。他们不畏首畏尾，瞻前顾后，他们以对教育独特的理解，对事业探索的勇气，走出了自己的路，形成了自己的办学特色。在与名校长的对话中，我品味着校长对教育、事业与人生的深刻理解，探寻着他们心灵成长的轨迹，挖掘着他们成功背后的酸甜苦辣。

二、想脚下：静心思教，潜心铸学

在学习过程中，我时常会不自觉地拿自己学校进行剖析，比对导师的办学理念、办学策略，比对专家的教育理论、管理理论，从而对办学有了更清晰的认识。

感受一：学生的成长一定是教育的根本

《国家中长期教育改革和发展规划纲要（2010—2020 年）》在谈到"育人为本"的工作方针时，提出"把促进学生健康成长作为学校一切工作的出发点和落脚点"。确实，在走访基地学校时，我深切地感受到了这一点。

从办学思想看，上海阳浦小学办学理念是"'三精'：精细的学校管理、精致的课堂教学、精美的校园文化；'四园'：温馨的家园、启智的学园、成长的乐园、五彩的校园"；上海向阳小学的办学思想是"面向全体学生，树立全面的质量观，办让学生满意、家长满意、社会满意的学校"；杭州崇文实验学校的教育理念是"坚韧不拔的创业精神、精诚合作的团队精神、脚踏实地的求是精神、荣辱与共的爱校精神"；而宁波广济小学则秉承"行走在润泽教育的路上"的教育理念，引领教师将"交流分享，合作互助"作为学习宗旨，树立"广济教育"品牌。

从校园文化看，行走在整洁、有序的校园中，聆听陪同教师的讲解，可以感受到基地学校在办学过程中对优秀传统的传承、恪守和弘扬。学校的历史文化积淀，历任校长、教师对教育和学校核心价值理念的追求，培养和造就了一届届成功的学生，一批批优秀的教师，也形成了鲜明的学校校风和办学特色。那里弥散着浓郁的育人元素，那里充满了生命生长的气息，那里是教师和学生成长的理想家园。

感受二：教师的成长离不开文化的浸润

我们一直讲校长要有文化自觉。学校是一个文化场所，但是文化场所并不一定有文化。学校自身不会主动生成文化，它需要校长带领大家有意识地建设。文化虽然看不见，但是感觉得到，它是最有感染力、穿透力和生命力的，能够在潜移默化中造就学生与教师。

在杭州崇文实验学校，俞国娣校长用三个半天为我们讲述了学校文化建设的实践探索、校本课程资源的开发、学校制度的建立，在校长如数家珍的讲述中，我们感受到了校长是怎样把办学理念转化为可实践操作的教育行为,转化为教师愿意接受的学校制度的。苏州实验小学的老校长徐天中立志"小学校研究大教育",率先进行课程改革,率先建设素质教育基地,率先开展科学、规范、精细化管理,率先建设教育集团,率先进行国际合作办学,使"小学校演绎大教育"的思想在行动中进一步落实,让众多的学生和家庭从中受益,获得了高品质的教育服务。

校长的文化自觉是学校文化建设的基本前提和重要条件,学校的文化建设是一个长期的、价值观不断冲突的过程,每一所学校都有自己的历史和特点,而社会进步又使学校在不同时期具有不同的时代特征,同时,校长个人还具有不同的个性特长,这些都将造就具有鲜明个性的学校文化。我想,校长要做的,就是解读学校发展的历史,挖掘学校沿革与发展中的文化脉络,分析和反思学校当前的价值取向,并通过自己的判断,选择适合自己学校的文化类型,真正解决学校文化建设中深层次的矛盾和影响学校健康发展的薄弱环节。

感受三：校长的成长需要实践的磨砺

在学习过程中,我觉得各校的育人目标是一致的,那就是努力让每个孩子快乐健康地成长。这就很自然地让我联想到了我校正开展的"快乐活动日"。在我校新三年发展规划中,我们提出了打造自己的校本课程资源——趣乐园的计划,并且着手架构了自己的校本课程资源体系。我校设定每周二下午为快乐活动日时间,将校内特色课程和校外社会实践相结合,为学生健康成长开辟广阔时空,培养学生广泛的兴趣爱好,使每个学生得到全面发展,拥有生动、活泼、快乐的童年。为此,我校开发了中国象棋、魔术、种植、小足球等20余个项目;构建了以阅读经典、快乐1+1、模型智多星、阳光运动等主题活动为焦点的微型课程,并以常态方式运行。在运行过程中,由于是新生事物,刚开始时老师们发现了许多问题,有的还提出了改进的建议。

令人感动的是,整个过程中虽然有一些问题,但全校教师对于这一新生事物给予了极大的宽容,以大局为重,不议论、不质疑,在实践中不断积累经验,以使课程更趋完善。我想,"手拉手,心连心,自主快乐同成长"的办学理念已深入人心,在成长过程中,我们能够做到全校上下团结一致,相互包容、相互支撑。我相信有了集体的智慧,我们一定能架构起适合我校实际的校本课程资源。

教育需要行动,校长的办学理念需要在实践中加以磨砺,加以检验,因此,在今后的管理中,我将静心思教,潜心铸学,认真从学校的教育改革做起,眼睛看着窗外,心里想着脚下,通过学习,把学校办得更好,跟上时代发展的大趋势。

三、做手中：立足本校，放眼未来

六中心小学建校至今经历了迁校、更名、分家、校长调任等诸多变化。

来到六中心小学，让我最纠结的是对学校原有历史的不了解，对学校所面临现状的不明晰。这使我一度对学校如何进一步发展忧心忡忡。于是，我拜访老校长、老教师，从他们对学校深厚的感情中体验六中心小学的文化内涵；我深入班级听课，从教师们的课堂中汲取六中心小学的文化力量；我参加教研组、班主任等组织的各类活动，从管理流程中了解六中心小学的制度文化；我浏览各种文件、资料，从历史的积淀中感受六中心小学的办学文化。

在这一年里，我校多次召开教代会，全员讨论学校的学期奖励方案、学校的三年发展规划、学校的办学章程、学校的补充规章制度、学校的作息时间调整等。每一项制度或文件的通过，既有以校长为首的学校行政意见，也有全校教职员工的集体智慧和认可。这一切的背后，无不体现了我校的办学理念——手牵手，心连心，自主快乐同成长。

根据陈玉琨教授描述的一流学校特征，比对我校发展轨迹，我认为，六中心小学目前还处在发展的初级阶段，要跻身成为虹口区，乃至上海市一流学校还有很长的一段路要走。然而，不管在哪个阶段，我都有信心尽己所能做到这一阶段的最好，因为我有一个饱含合作精神，极富创新意识的团队，我们正行进在一流学校的路上。

2010 年 12 月于虹口区第六中心小学

第六章　课改行动常态化

教育要发展,根本靠改革,这已成为教育发展的常态。"教育改革就是教育现状所发生的任何有意义的转变",推进义务教育公平、均衡、优质的发展成为教育改革的最强音。

教育改革的根本目的是"立德树人",让每一个学生成为新时代中国特色社会主义事业的建设者和接班人。学校教育就是要让学生和家长都有获得感、幸福感。从教育改革中寻求学校发展的新路,是一名称职的小学校长的使命所在。

在探究课中尝试"玩中学"

1999 年 7 月,华东师大一附中实验小学第二次接受上海市课程教材改革的试点任务,成为上海"二期课改"基地学校(小学)。这是继"一期课改"以后,我校第二次成为市级课改基地学校。在"二期课改"中,上海市课程教学改革委员会提出了"基础型课程、拓展型课程、探究型课程"的三类课程理论,给课改的发展提出了新的思路、新的途径,给基地学校的发展既带来了机遇,也带来了新的挑战。更大的压力还在后面,2000 年,我担任了学校的正职校长,于是"二期课改"的担子自然传承到了我的肩膀上。

我接受了任务后,几次召集学校在"一期课改"中立下汗马功劳的几位"干将",仔细商量深化"二期课改"的思路和办法,然后集中大家的意见,归纳了以下三条"锦囊妙计":

一是继承学校开展"一期课改"所创造的"爱、趣、玩、乐"四字课堂教学改革经验,继续做深做细做好,完善相应的规定,逐步形成有教师个性特点的教学方法,促进课堂教学的温馨、情趣、有效。

二是结合时代特征和小学生特点,按照多元智能发展的要求,建构以科技教育为平台的三类课程体系,发动有志有能力的教师自创自编教材,开设多门具有较强实践性的拓展型课程。

三是创新"以问题为中心的学习"和"以项目为中心的学习"的探究课类型,突破以往课堂教学的封闭性,师生交流的单向性和教学设计的程序化,注重培养学生的问题意识、探究兴趣、创造思维和科学精神。

就是在"二期课改"中,学校逐步形成了以科技教育为特色引领的三类课程新体系。开始于"一期课改",完成于"二期课改"的上海市"十五"干师训自编教材《小学科学启蒙探导》被推荐到区、市作为推广教材。1999年,学校被命名为"上海市科技教育特色学校"。

在"二期课改"中,华东师大一附中实验小学课改实践的最大亮点是接受了上海市教委课改办交付的小学探究型课程的试点任务。回想起接受任务后,我冥思苦想,难以找到突破性的出路时,无意之中看到"做中学""玩中学",思路忽然开阔起来。今天,几乎每一个教育工作者,都已经了解什么是"做中学""玩中学",但是20年前,这两个名词就好像是"西天取经"得来的"真经"。

那个时候,互联网在国内开通不久,信息量并不大,但我还是千方百计上网寻找资料,线下到处寻找书籍,通过学习,基本厘清了"做中学""玩中学"教育理论的来源和内涵,用以指导学校的课改工作。"做中学""玩中学"是来自欧美发达国家的教育理念,也是一种操作性的教育方法。儿童的天性就是玩,通过这种教学方法引导他们将"玩"和"学"结合起来,通过"玩"来激发求知的兴趣和动力、习得相关的知识、提高动手协作的能力,使他们在"玩"的过程中自由、快乐地学习和探索。"让学生在玩中探索"正好与在生活中的探究有"异曲同工"之妙,激发了我的灵感。

为此,落实上海市教委课改办任务而开展的课题"小学探究型课程的设计与实施的研究"开始紧锣密鼓地付诸实践。学校从两个方面着手,把"做中学""玩中学"与学生自主探究紧紧地结合起来,并带动兴趣开发、知识获得、能力提升。

第一,分年级以问题为中心的学习课程。研究的类别有观察、调查、查阅、测量、制作、实验等多个方面。比如,小乌龟喜欢吃什么(一年级/观察);磁铁能吸哪些物体(二年级/实验);电脑病毒的危害(三年级/调查);阳光投影长度的测量(四年级/测量);电动赛车模型的装配(五年级/制作)等。

第二,分年级以项目为中心的学习课程。研究的类别有环保、交通、饮食、住房等多个方面。比如,上海空气情况的调查(一年级/环保);上海车辆情况调查(二年级/交通);上海餐饮业的发展研究(三年级/饮食);上海民居房屋结构及辅助设施的研究(四年级/住房);上海光污染情况的调查及对策研究(五年级/环保)等。

我因为担任课改基地学校的校长,还应邀参加了由上海市教育委员会主编的《小学探究型课程导师指导手册》的编撰任务。后来这本书成为上海全市小学开展探究型课程教学的主要指导书籍。

2002 年 8 月于华东师大一附中实验小学(原飞虹路小学)

信息技术支持下的校本研修

2002 年,我校在完成标准化校舍建设的同时,也完成了校园网络的建设,每个办公室、教室都可以通过校园网随时进行各种网上活动和电子备课。"十一五"期间,学校开展校本研修时,我校运用网络及时性、互动性的特点,开展了网上反思性校本研修。我们期望通过反思,帮助教师挖掘或梳理经验中蕴含的原理,使经验升华为理论。通过反思,使教师减少教育工作的盲目和冲动,以审慎的方式行动,更好地完成教育教学任务;通过反思,提高教师的问题意识和教育研究能力,提升教师独立解决教育问题的能力;通过反思,形成教师爱岗敬业、虚心好学、自我否定、追求完美的优良职业品质。

我校的网上教学反思活动经常做法就是结合教学案例进行反思式的教学交流和总结。如"二期课改"带来了大量的新教材,教师既是教材的使用者,又是教材进一步开发的实践者。基于此,学校教研组通过习得性学习、发现性学习、交流性学习的形式,对新教材进行钻研。每上完一个单元,执教教师就会开个交流会,畅谈并记录下在教材使用过程中的体会与建议。如语文组肖老师和戴老师就《颐和园》一课的教学进行了反思。肖老师认为,这篇课文有一个教学目的是渗透作者的写作方法,这个目标完成得不够好。一是因为时间的原因,二是教师自己在写作方法的引导上不够到位,以致学生没有真正体会到作者这样写的好处,这也是她在以后的教学中需要注意的。而戴老师发现,自己对学生的创新素养培养不够,如学生在设计完游览示意图后,应让学生对照自己的游览示意图,向同学们再次介绍一下颐和园的美丽景观,这样可以充分发挥学生的创新想象力。在教研大组活动中两位教师的交流也给了其他教师一个借鉴。

此外,我校网上的反思活动不仅仅局限在教师的课堂教学上,还有教育教学管理方面的内容。荣获过"十佳班主任"称号的李群老师十分注重学生的培养,她在反思中写道:"大家都知道榜样的作用和力量,学生接触最多的是老师,班级事务讲得最多的是班主任。班主任是学生的一面镜子,要求学生做到的,自己首先要做到;要求学生不做的,自己坚决带头不做。学校无小事,事事皆育人;教师无小节,节节是楷模。如在日常生活中,你拾起了地上的一片纸,一个班级总会有人看到你的行为,那你就影响了这个人的思想行为。又如在劳动中,学生看到你也在劳动,与他们一样也有任务,就会感觉自己要是不完成就不好意思了。学生可能会因你这一榜样示范而改变自己的某些习惯,说大了甚至可能会影响到他的人生观、价值观等。"李群老师代表着一线班主任的心声,因为有了网上反思,我们实现了交流的快捷、便利和高覆盖面。

这种以网络为平台,在常态下进行,紧密联系教师教育教学生活的反思,得到了教师的积极响应,到目前为止,已递交反思文章 1 200 余篇,浏览超过 3 万次,内容涉及课堂教学、作业布置、考后反思、学生教育、班主任工作、家长会等学校工作的方方面面。多角度、细水长流式的反思交流,使得我校的教育教学更有效,也使得校本研修在时间和内容上更具灵活性,不同层次、不同需求、不同学科的教师相互借鉴,促进了全体教师在各自原有基础上的不断发展。

2004 年 6 月于华东师大一附中实验小学(原飞虹路小学)

信息技术与教研互动

虹口城域网是一个庞大的系统,作为"二期课改"实验基地,我们比较关心的是"教研互动"这一版块,因为教研活动是基础教育的一个重要环节,它可以提高教师整体教学水平,可以增进教师之间的研究交流,可以为教师提供共享教学新思路与新理念的场所等。目前的教研工作,大多局限在校园内,学校与学校的沟通渠道不畅,甚至在我们学校中,因为所教学科不同,教师与教师之间的交流与合作也相当少,从本学期开始,小学全面使用新教材,这就意味着课改的重心已经从课程建设开始转向课程实施,跨学科、跨学校之间的合作与分享要比以往任何时候都来得重要。依托信息技术支持的教研互动就为我们提供了一个进行教学、研究、交流、沟通的良好平台。作为此应用平台的用户方,我想就使用的情况以及使用后的一些想法,做一个简单的汇报。

一、现代教育技术培训

"教研互动"平台包括课堂实录、教学讨论、教学教案、教学课件、教学资源、教研活动等多项功能，要使教师熟练运用，培训必不可少。我校自 2002 年接通校园网后，根据学校三年发展规划的时间节点，进行了一系列校本培训，包括简单多媒体制作、网页设计与制作、成绩管理系统登陆与使用方法、网上校务公开的查阅（学校添置了财务、教师结构工资等）、网上课表查询、专用教室登记使用系统等。在培训的同时，要求教师边学习，边使用。我校曾举办过两届多媒体教学评比活动，其中甚至出现了以网页形式制作的课件。

通过培训，教师充分认识到教育信息化建设和实施现代化教学的重要性和紧迫性，把教育信息化与我校的发展紧密结合起来，使教育信息化建设和现代化教学成为自觉行动。培训也帮助教师掌握了各种教育技术平台的使用技术，新技术使教学内容与信息技术发展同步进行，使教师在教学思想、教学方法、教学手段等方面取得了显著进步，也使我校应用教育技术的整体水平得到了明显提高。

二、网络教学资源建设

我校从"二期课改"开始，首先就要求参与课改的教师全部采用电子化形式备课，首轮试点的教师克服了困难，积累了最原始的备课资料，为随后使用新教材的教师奠定了基础。其次，在配套的媒体资料没下发时，就要求教师制作简单的课件辅助教学。现在这些资料在我校的校园网中也都可以查阅。依托信息技术支持的教研互动平台建立后，我校教师根据教研员的要求，修改了部分教材，上传到互动平台，让更多教师可以借鉴。

通过一段时间的使用，我们感到"教研互动"平台有这些优点。

（1）打破了学科的界限。新教材强调学科间的有机整合，但目前的教学格局、办公格局使这项要求很难达到，教师使用互动平台后，就发现可以充分利用其他学科的资源，如《品德与社会》有一课《春天》，配有一段春天百花盛开的录像，常识课老师及语文课老师就发现其中部分内容可以为自己的课堂教学服务。

（2）打破了学校的界限。在教研员的牵头下，课改学校已经开始联手研究教材、教法，并有了初步的成果，如较为成熟的教案，我们把这些经教研员审核后的资料放在平台上，并设计了可以根据班级实际、教师需要进行修改、调整的程序，这样就方便了校际的交流。

（3）合理安排了教学时间。从本学期开始,小学生上课时间缩短为 35 分钟,许多教师感到不适应,互动平台在页面上专门辟出一块,让不同的教师可以根据需要,把网上的教案进行个性化的整理,这样就使课堂的每一分钟都能发挥作用。

（4）为远程教学提供了资料的保证。在互动平台上有许多音像资料、文本资料,操作简便、快速,既为学生提供了与教材配套的资料库,又保证了网络安全。

由于"教研互动"平台是教研员进行组织、审核,这样学科方面的"度"把握得就比较到位,但作为管理者,我也十分希望能参与到"教研互动"中去,这样不仅能及时了解教学信息,也能了解本校教师的参与度。我想,能不能在登录的时候加一个以学校为单位的汇总记录,这样我可以很清晰地知道教师教学资料、教案、资源的使用、发布情况,便于管理和奖励教师,从整体上提高教学能力,也能进一步加快我校的信息化进程。

我们已经充分认识到城域网给教育教学工作带来的冲击与便利,只要我们认真使用,不断地更新、维护,相信教育的明天一定会更好。

2004 年 9 月于华东师大一附中实验小学(原飞虹路小学)

学校信息公开的网络化部署及体制建设

2002 年,我校在完成标准化校舍建设的同时,也完成了校园网络的构建,每个办公室、教室都可以通过校园网随时进行各种网上活动和电子备课。我们就在想,如何使校园网的功效最大化,让教师不仅仅能通过网络来辅助教学,更能加强校园内部的沟通,把校园"搬"上网,让教师每天登录校园网成为一种习惯。

学校分析校情,发挥各种优势,逐步推进"信息公开网上行"工程。首先,在 2003 年,我校成为 iSchool 管理通的试点单位,教育局为我校配备了服务器以及"校校通"应用软件,为"信息公开网上行"提供了硬件上的保证。2007 年,上海市基础教育机构信息公开网上专栏实行了全市统一模板,我校根据要求梳理规范了校信息公开栏目,使我校的校园网在管理上更趋规范;其次,我校信息室主任通过培训和自学,掌握了编写程序的技术,为"信息公开网上行"提供了技术上的保证,同时,他还任学校工会主席,熟悉学校的管理;最后,我校年轻教师居多,基本熟练电脑信息处理的基础操作,为"信息公开网上行"的实施提供了便利。

在管理上,我校采取分级管理、各司其职的做法,每位中层负责一块,给予不同的权限,这样不但使校园网能正常运行,而且也提高了中层的业务水平。具体划分为以下四个类目:学校概况、计划总结、单位业务、其他。每个类目可显示下一级目录。同时,在规定的框架下,我校结合原校园网的特色,加入了专用教室使用管理、校务公开、教工出勤管理、学校教学管理、教育科研课题管理、后勤管理等栏目。

在操作上,我校以"实用"为原则,针对学校管理的条块,按由易到难、由简到繁的原则,集中人员和精力分期分批开发,每学期推行 1～2 个模块,边开发、边建设、边培训、边使用、边修改,经过几年的积累,逐步开发了功能较全、界面友好的动态网页,用于学校的管理,使学校的管理真正实现了无纸化、网络化。

如教学管理,主要分为课表管理、教案上传、论文上传、家校联系、教育科研、探究学习这几个模块。在学校的主页上有一个课程表查询的小栏目(这是我校最先推行的栏目),建立后受到教师和家长的广泛欢迎,过去教师只知道自己的课表,要看其他教师的课表要到教导处,现在在学校的任何一台电脑上都可以查询,家长也可以在家里查找自己孩子的课程安排,以便整理第二天的书包。而课表管理程序就是对学校课表进行后台管理的,用它可以进行课表输入、调课等工作,操作非常方便。教案上传、论文上传这两个栏目主要针对学校的"科研课题""各学科教案"这两个网页进行动态管理。教师的教案、论文可以自己直接上传,并马上显示在页面上。学校的大多数网页都能动态更新,既方便了管理,又充实了内容。2004 年,我校推出了教师博客,供教师每周递交教育教学反思。这种在常态下进行的,紧密联系教师教学生活的反思,得到了教师的积极响应。到目前为止,博客已有反思文章 600 多篇,浏览数超过 2 万次,内容涉及课堂教学、作业布置、考后反思、学生教育、班主任工作、家长会等学校工作的方方面面。在此列举一些篇目,如《给学生搭建思辨的舞台》《幸福像"花儿"一样》《纸盒笔筒教学后反思》《此时无声胜有声》《捧爱如沙》等。对于老师的反思,除了教师间可以点评外,分管教导也将进行评价。上述栏目都编制了后台管理程序,发布信息非常方便。

校务公开模块是针对学校需要公开的一些项目设计的。它包括教代会、各类公示、金点子发布等栏目。在教代会这个栏目里还包括了教代会文件、网上提案和历届教代会通过的规章制度等文件资料的子栏目,使用起来非常方便。

考勤管理模块主要应用于学校教工的出勤记录,它包括外出管理、请假管理、调休管理、迟到登记、代课管理等栏目,有了它,谁在校,谁外出、请假、调休,只要上网一查便一目了然,既方便了学校工作的安排、调度,同时也对教师自身有一定的纪律约束作用。

现在的校园日常事务,多通过"校园简讯"和"通知公告"栏目及时告之教师,具体信息则由分管教导随时上传入网。

要真正做到把校园搬到网上，还有很长的一段路要走，还会遇到很多的困难，我们希望信息技术不仅是学校教育现代化的外显，也是其内涵的有机组成部分。

2005 年 4 月于华东师大一附中实验小学（原飞虹路小学）

加强教学实践反思，促进教和研的结合

"业精于勤荒于嬉，行成于思毁于随"。普通人要反思，作为教师，更需要反思。

一、反思在教学研究活动中的独特作用

教育教学反思被广泛地看作教师职业发展的决定性因素，是推动校本研修最活跃的内涵发展因素。西方教育家波斯纳认为：没有反思的经验是狭隘的经验，至多只能是肤浅的知识。他提出教师成长的公式：成长＝经验＋反思。反思对教师改进自己的工作有独特作用，是教师获得专业发展的必要条件。

1. 有助于教师把自己的经验升华为理论

每一位教师都会在其职业生涯中积累一定的经验，这些经验成为许多教师教育教学赖以实施的理论基础，而通过反思则可以帮助教师挖掘或梳理经验中蕴含的原理，使经验升华为理论。同时，对自身教育教学的反思可以帮助教师构建一套属于自己的具有理论色彩的体系，形成独特的教育教学风格。

2. 有助于教师提升教育教学实践的合理性

教师自身的教育教学实践是否合乎教育理论，合乎教育规律，是否科学有效，需要来自外在的评价，更需要不断地自我反思。教师通过对各种教育现象进行反思，通过实践与理论的整合，通过与教育目标的对比，来努力追求实践的合理性，减少教育工作的盲目和冲动，以更好地完成教育教学任务。

3. 有助于教师实现专业自主发展

无论是教师的专业发展还是人格发展，最重要的是自主。教师不仅是学校生活的主要参与者，也是学校发展的推动者。在课堂教学情境中，教师具有自主的权威地位。反思可以提高教师的问题意识和教育研究能力，提升教师独立解决教育问题的能力，换言之，有助于教师自主发展。

　　4. 有助于教师形成优良的职业品质

　　反思是一种面对问题和应对问题的主人翁方式。反思除了涉及专业理论知识和技能以外，还涉及直觉、情绪。虚心、责任感和全心全意是反思性行为的有机组成部分，教师形成反思意识，养成反思习惯，本身就是对事业、对学生、对自己的一种负责任的态度，有助于形成教师爱岗敬业、虚心好学、自我否定、追求完美的优良职业品质。

二、结合教学案例进行教学反思

　　我校的教学反思活动最经常的做法就是在课后，结合教学案例进行反思式的教学交流和总结。

　　如学校德育组在教师执教后，会结合教师所撰写的教学案例进行反思和总结。《我们的班级》这课的行为目标是让学生会使用教室里的设施，为美化班级环境出力。

　　在平时的生活中，教师发现学生的劳动能力参差不齐，不少孩子一点也不珍惜别人的劳动成果。针对这一情况，教师先让学生分组为班级服务，每一小组把自己承包的地方打扫干净。有的小组干得井井有条，先扫地，再拖地，然后整理课桌椅；有的小组非常仔细，劳动完毕，把劳动工具全部收拾好；可有的小组却手忙脚乱，一会儿水打翻了，一会儿拖把找不到了，地还没扫干净，就拖地板，结果是一片狼藉……劳动结束后，教师让学生们交流一下自己的劳动感受。学生们有的认为，扫地时，要关电扇，否则灰尘会飞扬，对身体健康不利；有的提出，在擦黑板时，可以用湿抹布擦，这样的话，没有粉笔灰；还有的认为，劳动时要按次序来，不然就无法打扫干净。更有孩子发出感慨：从来不知道打扫教室还有那么多的学问，尝试以后才知道，原来非常辛苦，以后一定要好好珍惜别人的劳动成果。大家在各抒己见中，掌握了不少劳动经验，也在这真实的生活情境中，领悟到了珍惜劳动成果的道理。

　　通过这个教学案例，教研组的成员一致认为在这堂课上，教师没有扮演灌输者、传道者的角色，而是把德育的舞台让给学生，让学生在生活中进行道德实践，在实践中慢慢养成良好的行为习惯，起到了事半功倍的良好效果。

三、把反思作为教学研究、交流的经常性方式

　　把反思渗透到学校教学活动的每一个环节，渗透到教师自身的教学工作中去，很重要。只有把反思作为教学研究、交流的经常性方式，反思的独特作用才能体现。

譬如,"二期课改"带来了大量的新教材,教师就是教材的使用者,更是教材进一步开发的实践者。基于此,学校教研组通过习得性学习、发现性学习、交流性学习的形式,对新教材进行钻研。每上完一个单元,执教教师就会开个交流会,畅谈并记录下在教材使用过程中的得失、体会与建议。正是这样细水长流式的反思交流、讨论,使教研主题能够在"二期课改"这方舞台上得到积极、主动和富有创造性的实施。正是这样卓有成效的日常积累,使富有特色的教研组活动,成了一项多赢的举措。特别是使青年教研组长和骨干教师得到了迅速成长。2001 年 3 月,区教研室征集教研活动集锦,我校各教研组共上交 10 份个案,均获得各科教研员好评,其中有 6 篇入选《虹口区优秀教研组活动集锦》。我校综合组被评为上海市文明组室、语文组被评为虹口区文明班组,数学组、英语组、思品组获"区特色教研组"称号。

我们感到得益最多的还是我们的学生。语文组通过"月季花"活动评选出的优秀作文,15 篇在市、区级征文比赛中获奖,24 篇公开发表。数学组"头脑大比拼"活动,教研组在二至五年级举办了应用题竞赛、看谁解题方法多等活动,使学有余力的同学拓展了知识面,开阔了眼界。综合组带领学生参加了市、区各项制作类比赛,在"金茂大厦"杯制作比赛中,我校获得了唯一的特等奖,以及多个一、二、三等奖;在上海市中小学生"品客筒"手工创作大赛中,7 名学生获二等奖,14 名学生获三等奖;在荷兰"乳牛杯"少年制作大赛上 9 名学生获得欢乐奖,3 名学生分别获得最佳制作奖、最高效果奖和最佳创意奖。

随着"二期课改"的逐渐深入,我们将继续多渠道、多途径地致力于教研组的建设,为教师及学生提供一个更为广阔的发展平台!

2006 年 12 月于华东师大一附中实验小学(原飞虹路小学)

浅议小学劳技课教学中的教师素养

我曾以评委的身份参加过四年一次的上海市中青年教师教学评比活动。听了两天的劳技课,给我最深切的感受是:劳技课,要上好,不容易。

劳技课不是明文的"主课",因此学校在人事安排上往往让各学科教师兼任,很少设置专职(专科)教师。劳技课没有分数要求,因此在日常教学中往往会被老师、家长忽视。然而,劳技课对教师的素质要求却一点也不亚于主课教师,甚至更高。

一、教师要把握教材特点，领会编写意图

劳技课程是学生在教师的引导下，通过独立活动或与他人合作，在设计、制作、使用、维修等一系列劳动体验和实际探究的技术过程中学习技术知识、掌握技术操作、增强技术意识、提高技术素养的一门课程。这门课尽管尚没有单列成学科，却具有很强的跨学科性、实践性、综合性、创造性等特点。劳技课程有工艺上的要求，但又不等同于美术；有科学上的要求，但又与自然常识相区别。这其中的"度"，需要教师通过对课标的学习来领会；需要教师通过对教材的解读来把握；更需要教师在实践中找寻课程标准、教材与学生的最佳结合点。

如《拱桥》一课，教学目标为：①了解拱桥的基本结构特征、作用。②能够运用正确方法锯割矩形木块并巩固打磨的技能。③通过实践操作，学习用 C 形夹固定并锯割木块，打磨截面。④能在探究活动中不断激发学生探究科技的兴趣。教师在上课时，应把教学重点放在木块的锯割、打磨上，通过尝试，使学生掌握木块加工的方法，初步了解拱桥的结构特征和作用。因为在自然常识课中也有关于拱桥的知识，如果老师把教学重点放在拱桥承重上，不仅达不到劳技课的要求，也会使知识点与常识课重复。

二、教师要有很强的动手能力

劳技课在小学阶段共上四个学期，涉及的内容有纸工、木工、铅丝制作等，要求学生运用美工刀、剪刀、钢丝钳、小榔头、手工锯、砂纸、剥线钳等工具和胶水、小铁钉、小螺丝钉等连接材料，对纸、铁丝、小木片或木块、单股细导线、电池、薄金属片等进行加工、组合、装配、制作等。要让学生掌握这些技能，教师首先要对工具的使用方法和材料的特性了如指掌，并能用浅显的语言教导学生，这就对劳技教师的动手能力提出了很高的要求。

三、教师要有很强的驾驭课堂能力

劳技课一周只有一节，每堂课会用到不同的制作材料，还会有制成品，学生肯定非常喜欢。但因为教学时间短，学生各做各的，这就要求教师能对课堂驾驭自如，既要放得开，又要收得拢，否则整个教室将如打翻的"田鸡笼"，闹哄哄。

我想，劳技教师的魅力就在他的巧手上，对学生不能"压"，只能引导。要让学

生信服你,老师自己就要有一手"绝活",还要能指导学生做成一个值得夸耀的作品。要让学生明白,只要听清老师的要求,严格按照步骤去操作,力求精细,每个同学都会拥有一双像老师一样的巧手。

2007 年 10 月于华东师大一附中实验小学(原飞虹路小学)

用第三只眼睛看劳技课

因为参加上海市中青年教师劳技学科的教学评比活动,我集中听了 20 节课。这是第一次如此密集地听某一门学科的课,并把许多课摆在一起听,参与答辩。对劳技课进行评价,在各位教研员与主编面前也是班门弄斧。我想从我自身的角度,谈谈本次听课的一些发现,一些感受,用第三只眼看劳技。

一、教师如何把握教材特点,领会编写意图

我翻阅了劳技课程的课程标准,其对劳技课程有这样的描述,劳技课程是学生在教师引导下,通过独立活动或与他人合作,在设计、制作、使用、维修等一系列劳动体验和实际探究的技术过程中学习技术知识、掌握技术操作、增强技术意识、提高技术素养的一门课程,它具有跨学科性、实践性、综合性、创造性等特点。

劳技课讲究"技术",与"一期课改"生活与劳动课程的目标有明显的不同,"一期课改"仅仅是要求做(劳动),而现在不仅要求知其然,还要知其所以然。我们的课程目标显然不是培养工匠,而是要求学生掌握一点劳动技术,重点在"技术"。尽管一些教师是从"一期课改"过渡到"二期课改"新教材,但是,现在课堂中的"技术"味还是很浓的。所有的课,教师在制定教学目标时,都会把技术上的目标单列开来,这方面教师有了很强的意识,劳技课的核心已经入脑、入心。

如在教学中,教师帮助学生读图(即看懂符号的一一对应,以及各种图示的意思等),这就有一些难度。四年级学生刚接触劳技,尽管在准备课上已经讲过,但因课时少,学生年龄小,容易遗忘已学知识,教师边复习、边提示,甚至引导学生发现配套材料中的错误。在指导学生设计时,教师能强调设计是为制作服务的;在工具的使用上,教师也有意识地进行指导,如剪刀的安全使用,胶水的使用方法等;在指导制作时,教师强调了制作的步骤和要领,有的让学生表述,有的教师在媒体上显

示，这样学生在课堂上基本能按照要求完成。

教师也做了很多有益的探索，有成功的，也有不尽如人意的，但老师们很有想法，很勇敢地探索，这是值得钦佩的。

有教师对教材进行了合理的调整。如《笔架》一课的教材内容中，有笔架的凹槽和支撑两部分。教材先后对这两者的功能、设计和操作的方法予以了呈现。许多参赛教师在教学设计时做了适当调整，并根据教材提供的材料为一块小木块的特点，要求学生在设计时留出支架，并借鉴生活中一些其他材料的支架结构和组成支架的方式，降低学生设计木片支架的难度，并用"靠"（笔架靠在支撑部件上）、"插"（笔架插在有凹槽的支撑部件中）、"夹"（支撑部件夹住笔架）、"架"（支撑部件架住笔架）等方式对木片支架结构进行了概括，同时加深学生对木片支架结构的理解，提高学生对生活中技术产品的关注和学习的兴趣。

有教师对教材内容做了深入挖掘。如《简易连杆玩具》一课，教师在了解学生基础的情况下，利用自制教具，简单明了地向学生讲清了连杆的结构。一块 KT 板、两种颜色的四根纸条、几枚图钉等学具，在老师的指导、启发下，学生自行摆弄、模拟组成不同的连杆结构、装置，探究连杆结构的特点与作用。这不仅提高了劳技教学的有效性，还联系了生活实际。在课的最后，老师出示了"伞"字，这是个象形字，也是一个连杆装置，有机地渗透了"两纲"。老师还联系到学校电脑教室的防盗门，也采用这样的装置，使得学生感受到劳技的学习不仅仅停留在制作上，还与我们的日常生活紧密联系，要不断地留意身边的各种现象。《定量茶叶盒》一课，教师为了向学生展示茶叶盒内部的结构，制作了透明的教具，并采用录像的方式让学生有直观的认识，考虑到学生的接受程度，老师连续播放了两次，收到了比较好的效果。

劳技课是围绕指导学生动手做来展开教学活动的，教师不仅要指导学生"学着做"，还要让学生关注"做什么""怎么做""为什么这样做""还可以怎么做"以及"怎样做得更好"的技术活动全过程。教师要能适时引导学生对制作的作品产生预期的想法，以及为达到预期的想法而选择合适的材料、工具和加工工艺等，逐步培养学生的技术意识。

但是对于劳技课的拓展，拓展的"度"要把握好，拓展的科学性要把握好。比如《双锥体模型》一课中，教师根据教学目标，引导学生探究双锥体在支架上运动的轨迹时，对这一现象的阐述，应该在科学性上有一定的要求。现行教材中，每一课都有拓展部分，但拓展部分要达到的"度"需要教师做好把握。如《碟片架》一课中，教师怕禁锢学生的思维，对于材料未作规定，学生在制作时，就没有顾及选择恰当数量的木材来制作，教学目标的达成出现了一些偏差。如《杯垫》一课，有的教师规定了木片的数量，但未引导学生考虑杯子底部的大小，因此学生制作的杯垫直径远远大于杯底,可以当锅垫了。

二、教师如何兼顾原学科背景,把握劳技本质

　　劳技学科在小学四、五年级开设,且每周仅一节课,这就导致学校在人事安排上重视不够。目前一所学校副科教师的周课时量一般为 16～18 节,一个年级的平行班少的 2 个,多的 6 个,两个年级劳技课的总量为四节至十几节不等,这就出现了兼职教师。由美术老师、自然常识老师、图书管理员等来兼职,甚至有时语文、数学老师也会兼职。同时由于劳技学科不考试,学校在考虑人事时,也会用上不好主课而退下来的教师、临近退休的教师。学校不重视,教师也就不会重视。每一位教师都有其不同的学科背景,兼任的学科如果不以劳技为主,也就有可能不参加劳技学科的进修。而学校派代表进修,代表再回学校传达的方式,对于劳技课的内涵、本质和内容的把握都会或多或少带来一些问题。

三、劳技教师需掌握哪些基本技能

　　劳技课程是小学生技术学习的启蒙课程,教师要注意培养学生的学习兴趣,引导学生经历技术问题的解决过程,从而让学生初步学习一些简单的技术方法,并使他们增强技术意识,促进他们整体技术素养的提高。根据现行教材要求,哪些又是劳技课教师必备的基本技能呢?

　　1. 材料的加工和工具的使用

　　劳技课在小学阶段涉及纸工、木工、金属丝工艺、电工工艺等,要让学生掌握这些技能,作为教师要对工具、材料的使用方法和特性了如指掌,并能用浅显的语言教会学生。这就对劳技教师的动手能力提出了很高的要求。如配套材料晚到,会影响正常的教学进度;配套材料的批次不同,材料就有所区别。这些就给教学开展带来了问题。

　　2. 多媒体辅助教学

　　随着现代教育技术的普及以及学校设备的不断更新,多媒体辅助教学为越来越多的教师所使用。合理使用多媒体,有利于更好地突出教学重点,突破难点,从而实现教学目标。比如,有的老师用实物投影快速显示学生的作品;有的老师为让学生有时间观念,在媒体上用太阳落山的方式控制学生制作时间。

　　3. 自制教具

　　教材中双锥体模型支架的角度是固定的,教师根据学生的特点,对支架进行了

改进，并引导学生探讨不同展开角度对双锥体运行的影响。

4. 关注生活细节

在材料的选择上，教师有意识地指导学生关注生活，注意节约、节能，还要求学生爱护工具，开展合作教学等。

四、如何恰如其分地划分课时

劳技课，顾名思义是技术型的制作课，主要靠手工，有简单工具辅助，有作品完成，耗费的时间较多，常常在一节课上完不成教学任务。我校曾采取两节课连上的方法，两周一次，便于学生完成一件作品。

但本次比赛时间为一节课，为了展示一个较为完整的结构，有的教师不得已压缩了制作的时间。如何整体把握，合理分割两课时的内容，强化教学内容与整册教材之间的联系，使得教学目标得以实现，成为一个需要探索的新问题。

好的课不是解决了多少问题，而是引发了多少智慧，衷心希望我们的教师能不断地开启学生的智慧，让学生都喜欢劳技课。

2007 年 11 月于华东师大一附中实验小学（原飞虹路小学）

为学生绘制一张完善的"健身图"
——虹口区第六中心小学"每天一小时校园体育活动"

学生"每天一小时校园体育活动"实施已有一段时间，作为上海市体育传统学校，虹口区第六中心小学（简称六中心小学）因地制宜，从时间、空间、内容上进行了具体、周密的设计，保证学生每天一小时的运动。

一、学校简介

六中心小学前身为广灵路小学，有着 60 多年的办学历史。学校现占地 8 478 m^2，建筑面积 4 747 m^2。目前有 19 个教学班，660 余名学生，65 名教职工，其中，体育专职教师 5 名。

六中心小学是上海市体育传统学校，尤以少儿足球训练闻名全市，范志毅、朱琪等一批足球人才就是从六中心小学起步的。

　　学校从 20 世纪 90 年代起就开展了主体性德育的研究,注重以学生发展为本,在教育过程中引导学生主动参与教育教学及实践活动,提升学生个体的自我教育能力,满足学生的选择性发展需求,让学生在参与活动的过程中发现自我、发展自我、教育自我、实现自我。近年来,随着时代的变迁,经济的发展,民主与平等意识日益强烈,人的多元化发展趋势已不可避免,这也使得小学生的教育发展呈现出新的特点。根据学校所处发展阶段的特征,以及学生发展的特点,我们认为,在学校教育过程中,师生关系是"双主体"的关系,既要强调学生是受教育的主体,又要强调教师是引导学生发展(教育)的主体,因此,我们提出以"自主快乐同成长"为主旋律的"双主体互动教育"。基于我们对"双主体互动教育"思想的理解,我们确立的培养目标是:为了让学生成为"道德自律、学习自主、健体自觉、交往自如"的人而教育。

　　为落实"健体自觉"目标,学校开展了"每天一小时校园体育活动"。

二、主要经验和做法

(一) 落实情况

1. 课堂教学,"脑体兼动"

"二期课改"教材《体育与健身》突出"以动为主",力求实现由传统的"身体运动"向"脑体兼动"方向转变,倡导接受式学习与体验式学习结合,练、想、说交织又和谐的学习过程。

　　为达到这一目标,学校体育教研组抓实教师的教学基本功,设计多种课型,采用多样方法、手段实施教学,从而获取课堂教学的效益,促进学生的发展。如我们用沙包和飞盘组合改造成"草地沙狐球",让学生在运动中依靠集体的智慧,合作争取成功。

2. 阳光活动,提高兴趣

2011 年初,我校开始尝试探索课间体育活动的新形式,每天上午挤出半小时的时间,开展"沐浴阳光,强健体魄"行动。学校以人为本,采取冬令时(每年 11 月至次年 4 月的 9:45～10:15)、夏令时(每年 5 月至 10 月的 8:25～8:55)两个不同的活动时段开展活动,避开极寒以及酷热。

　　为提高学生的健身兴趣,学校把每天的活动内容固定,周一是以班级为单位的团队体育活动;周二则根据每个年级不同体育锻炼达标要求,进行分项训练;周三是全校耐力跑;周四为体育游戏;周五则开展律动足球活动。

体育游戏深受学生的欢迎,因为这些体育游戏来源于师生。为了拓展、丰富游戏资源,体育室在全校组织发动了"我最喜欢的体育游戏"征集活动,师生积极响应,并充分发挥自身的主体作用。有的通过书刊、网络查找相关资料,有的调研征询爸爸妈妈小时候做过的体育游戏,有的自己动脑筋设计游戏……这样多元化的收集获得了近百个游戏项目。在此基础上体育室老师做了两次分类:一次分类是为了保证晴、雨天学生都能得到锻炼,根据游戏的内容和对场地的要求,分为室内和室外两大类;二次分类是根据各年龄段学生的身心特点以及各年级体育项目的训练要求,将室内、室外两大类再按年级分成五小类。这样,就为不同年级学生提供了室内、室外两套游戏菜单。表1、表2是为学生晴天和雨天锻炼活动分别提供的 A、B 两套菜单的部分内容。

表 1 套餐 A(适用于晴天室外)

年级	活 动 内 容	备注
一年级	踩高跷、拍毽子、转呼啦圈、荡踢纽扣串……	活动内容的选择,班级之间采取轮换制,也可以自行寻找或自行创设其他游戏
二年级	滚铁环、跳橡皮筋、跳短绳、抽陀螺……	
三年级	造房子、赶小猪、袋鼠跳、羊角球……	
四年级	武术操、丢沙包、跳长绳……	
五年级	小足球、打野鸭、过网球、小篮球……	
团体游戏活动参考:①投击活动目标 ②快传快递 ③袋鼠跳 ④两人三足跑 ⑤夹球跑 ⑥滚铁环接力 ⑦摇小船 ⑧老鹰捉小鸡 ⑨抓龙尾 ⑩切西瓜 ⑪贴膏药 ⑫套呼啦圈比快 ⑬造房子 ⑭赶小猪 ⑮听号赛跑 ⑯猫抓老鼠 ⑰蜈蚣赛跑 ⑱丢手帕 ⑲变形虫	团体游戏提供给各年级各班,可根据学生年龄特点以及兴趣进行选择,也可以自行寻找或自行创设游戏

表 2 套餐 B(适用于雨天室内)

年级	活 动 内 容	备注
一年级	小鸡出壳、做哑剧、传秘密口令、叫号接龙……	活动内容的选择,班级之间采取轮换制,也可以自行寻找或自行创设其他游戏
二年级	快乐转转转、小小建筑师、蹦蹦球、小猫钓鱼……	
三年级	沙漠风暴、打保龄球、翘板按键、叠报纸……	
四年级	吹球大赛、圈圈乐、百步穿杨、小球闪金光……	
五年级	梦幻银河、灌篮高手、奥运比拼、胯下头上背向传球……	

（续表）

年级	活动内容	备注
	团体游戏活动参考：①Yes 或 No　②踩气球　③贴鼻子　④快乐传真　⑤解手链　⑥官兵捉贼　⑦偷天陷阱　⑧五毛和一块　⑨开火车　⑩顶气球　⑪凤凰飞　⑫交换名字　⑬盲人走路　⑭合力吹气球　⑮画篮球场地　⑯萝卜蹲游戏　⑰衔纸杯传水　⑱风吹—小风吹—台风吹　⑲抢椅子	团体游戏提供给各年级各班，可根据学生年龄特点以及兴趣进行选择，也可以自行寻找或自行创设游戏

　　表1、表2中的团体游戏也来自师生身边，为提高活动的有效性，我们采取了"本班演练—班班互动—全体联动"的运动模式，即在体育教师组织下，提供游戏的班级先在全校师生面前表演，然后其他年级或班级模仿练习，有问题当场互动（请教或咨询），最后大家进行联动，相互观摩或竞技。在团体游戏中，大家心往一处想，劲往一处使，相互默契配合，这不仅锻炼了体能，也培养了学生团队合作的精神。在团体游戏进行过程中，我们还建立了"观察员制度"，从师生两方面进行检查管理，对表现突出的个人以及班级进行表扬和奖励，特别出色的还将带到学校六一儿童节或体育节进行展示。以上举措极大地调动了师生活动的积极性，促进了团体游戏活动的有效开展。

　　学生全体参与的，以"有趣、适合、安全、灵活"为原则的半小时阳光活动，拓展了活动的形式，增进了同学间的友谊。同时，由班级及学生个人自主选择的锻炼项目，更受到学生广泛欢迎。这些活动与课堂教学互为补充，使学生在知识和技能、体能、自我健身能力方面得益。现在，我校学生进行体质健康标准测试合格率达96％，良好率达54％，优秀率达29％，在全区名列前茅。

　　3. 运动团队，彰显精神

　　为满足部分学生的体育发展需要，学校组建了足球、棒（垒）球、中国象棋、田径等多支运动队。每天放学后，各支运动队都会在教练的带领下，风雨无阻地训练。目前，我校注册的足球、垒球、中国象棋运动员共计57人。学校运动队每天的训练，从本质上说是不怕困难、顽强拼搏精神的培育。学校大力弘扬这种精神，并在快乐活动日、迎新活动中组织展开班级间、教师家长间的各项比赛活动，润物无声地传递着这种精神。

　　（二）保障措施

　　1. 领导重视，纳入课程

　　根据上海市十二年一贯普通中小学课程体系的设置和课改要求，学校将体育活动纳入校本课程资源建设,并将它作为学校构建的育人"四自模式"(一种精神:积极向上的精神;两个品格:对人诚信、对事认真;三类习惯:良好的行为习惯、自主的学习习惯、每天的体育运动习惯;四"自"新人:道德自律、学习自主、健体自觉、交往自如)的一个重要内容。

2. 制度管理,评价激励

学校建立了"校长室领导—体育室具体负责—全体师生参与"的校园体育活动管理模式,具体从师生两方面进行管理和奖励:教师方面,建立了教工参加校园体育活动制度,每天由专人负责记录,进行考勤,并与绩效工资挂钩;学生方面,发挥学生自主管理作用,每天由学生当"小观察员"负责观察记录活动情况,对活动情况提出意见和建议,大队部和体育室对表现突出的学生个人以及班级进行表扬和奖励。

三、主要成绩

我校的体育活动遵循学生的身心发展规律,满足了学生内心的需要,符合教育的内在规律,取得了一定的成绩,主要表现在以下几方面。

1. 自觉锻炼的意识和习惯逐步形成

我校试行的"阳光体育"课程设计,使每个学生都享受到了丰富的课程资源,并形成了自己的兴趣点,特别是每天半小时的"阳光活动"时间成了师生最快乐、最喜欢、最期待的时光。我校的体育活动,各班师生可以自主选择,也可以根据本班实际和学生个性自行设计,给予了师生选择与创造的极大空间,有助于发挥师生主体性。在自主选择设计的过程中,师生锻炼的自觉意识和行为习惯正在逐步形成。

2. 荣誉激励前行

阳光体育活动既是师生群众性运动,又培养了一批有体育特长的学生,他们代表学校在市区体育竞技中获得了一项项荣誉。近年来,区"迎奥运阳光体育运动"和区"阳光体育开放活动",在我校成功举办,市、区领导亲自来助威,区内各中小学体育特色代表队在这里尽情享受运动的快乐,体验成功,增强自信。

3. 特色亮点正在闪现

荣誉积聚力量,也筑起了学校的体育特色。学校在成为足球特色校后,又成为区中国象棋传统学校。由体育组教师具体负责、全员参与的师生每天半小时阳光体育运动,正成为学校发展的新亮点。对此,电视台还专门采访了校长、体育组长和部分学生,并作了报道。

四、影响与困惑

（1）由于缺少室内体育馆，我们的阳光体育活动，遇到雨天或雾霾天气，只能改为室内活动，有一定的局限性。

（2）体育教师工作量很大，除了每周 18 节体育课外，还需每天指导广播操，课后还有运动队的训练，学习、休息、调整时间有限。

五、思考与对策

（1）加强教师的专业校本培训，培训对象不仅包括体育老师，还有班主任、科任教师，以提高全校教师体育运动水平。

（2）根据各学段学生的特点，进一步作具体的探究，制订相应的运动项目，体现出活动内容的梯度和连续性，从而完善"阳光体育活动"的校本课程资源体系。

（3）努力寻求支撑，和上海市体育运动学校结成联盟，将学校的足球、象棋等特色项目做大做强。

"健康第一""一切为了学生"，我校将不断总结经验，调整活动方案，开展好以"健康、运动、阳光、未来"为宗旨的"每天一小时校园体育活动"，激发学生运动兴趣，培养学生的锻炼习惯，锤炼学生勇敢顽强、坚韧不拔的意志品格，促进学生在身体、心理和社会适应能力等方面的健康和谐发展。

2013 年 3 月于虹口区第六中心小学

促进教学过程中师生有效互动的策略探索

为了有效提高课堂教学效率、促进学生个性发展，强化课堂教学的师生互动成为一个研究热点。在课堂教学过程中，师生之间多向、积极、有效的互动，能够显著提升课堂教学质量，促进学生健康成长。

一、师生互动教学的理论探索

课堂教学过程是师生共同参与的认知活动，其教学互动方式多样，主要是师生互动、生生互动。每一堂课的教学互动本来就是由任课老师因教学需要而倡导和引发的，教师与学生之间围绕教学要求进行相互交流、合作应是有效课堂教学的常态。

现代课堂教学为什么要互动？首先是教学的需要、课改的必然。整个课堂教学过程是师生共同的活动，教师是主导，学生是主体，师生之间不互动怎么能实现流畅教学呢？必须做到"尊师爱生，教学相长"，让学生动起来，也就是充分发挥学生眼耳鼻舌身的综合功能，才有教与学的生气和活力，才能带来温馨、情趣、有效的课堂教学，才能让学生有成长的获得感和幸福感。

其次，师生在同一个平台上的互动，体现了教学平等、教学相长。著名教育哲学家马丁·布伯（Martin Buber）认为，教育过程中师生双方是主体之间的"我—你"（I and you）关系，而不是简单的"我—它"（I and it）或"主体—客体"关系。有了师生平等的意识，就为因材施教、个性化教学打开了"阿里巴巴"的大门，可以开发得到隐藏在学生身上的无穷的精神宝藏。

最后，现代教学理论中有一种"表现性学习"流派，强调"学以致表（表现）"，鼓励学生在课堂教学中"我行""我能行"，把自己的才能尽可能表示、表现出来，借以锻炼能力，提升综合素养。马斯洛曾借用《圣经》里一个名叫约拿的人物提出了"约拿情结"，来描述那些渴望成功，又因某些内在心理因素害怕成功的人。这也从反面证明"表现性学习"的必要。优质的教学互动和鼓励学生在课堂上表现，显然可以化解"约拿情结"。

教育部颁发的《基础教育课程改革纲要（试行）》指出："教师在教学过程中应与学生积极互动、共同发展，要处理好传授知识与培养能力的关系，注重培养学生的独立性和自主性，引导学生质疑、探究，在实践中学习，促进学生在教师指导下主动地、富有个性地学习。"教育部的这个文件直接提到了师生"积极互动、共同发展"，可谓切中有效课堂教学与学生素养发展之间的相关性问题。

二、建立促进课堂教学积极互动的观念

为了在课堂教学中体现以人为本，活跃互动，促进学生发展，从宏观上来说，应当树立以下的教学观念。

（一）改变课堂教学偏重知识传授的观念

偏重于知识传授的教学是教授式,教学教师主要用嘴,学生主要用耳。这种方法淡化了学生各感觉器官的功能,忽略了动手、交往、运用,即使是用脑也不是很多,在方法上更为单一,因而已经被实践和科学研究证明效率低下。采取有利于互动的教学模式,需要优化教学设计,强调学生动手动嘴动脑,多感觉器官参与学习,多师生互动和同伴交往。教学的场景多了,形式丰富了,教学互动才可能更为生动、活泼、多样,才能带动学生主动学习,才能强化学生学习能力的培养,实现知识与能力的内化。

（二）树立"一个也不能少"的观念

尽管在学习中,学生的接受理解能力是有层次性和方向性差异的,但是,在多元智能的版图上,学生未来发展是各有千秋的,不能因此让任何一个学生在课堂上坐"冷板凳",这就要求教师在教学中要树立"一个也不能少"的观念,体现教育的公正公平,以及对"每一个学生终身发展"负责的精神。"一个也不能少",就是要让课堂教学互动的对象从部分优秀学生拓展到全体学生。只有全体学生参与了,课堂教学才更为公平、民主和更加开放,教与学的场景才更加生动活泼,教育的结果才更加富有成效。

（三）实现教学评价主体和方式的多元化观念

教学评价主体在学生,评价要向学生倾斜,以学生评价为主。教学评价的手段不应只局限于学习成绩的总结性评价,还要综合运用确定学习效果的形成性评价、发展性评价,以及查明学习准备和不利因素的诊断性评价。在引导与鼓励个性化发展的背景下,还要注意学生兴趣所在和发展方向,并注意监控与引导。应当建立观察学生成长发展的评价档案袋,使学生更积极地发挥学习潜力。教学评价改革了,才能调动起学生参与互动的积极性和主动性。

三、形成有序变通和动态生成的教学过程

课堂教学应该是师生交互活动的过程,随着课堂教学的生成性发展,交互活动的不断进行,课堂教学过程必然会不断发生变化,也会有偶发事件和教育意外。

（一）把教学过程变化作为新常态

现代知识观认为,教材、教案等一切文本,甚至知识的本身都是相对的,具有不

确定性,常常没有唯一的答案,师生皆可对之进行不同的诠释与解读,进行不断的界定与再界定,以促进科学的发展,知识的完美。基于此,"仁者见仁,智者见智"的教学场面就会出现,争辩和讨论可能成为常态。真理越辩越明,互动带来积极向上的生气,学生得到"表现性学习"的锻炼是必然的。这样,教师追求的教学过程及其结果,就不是"一次性平衡"或永远的平衡,而是过程性的失衡,以及失衡后的再平衡,这将使教学过程的可控性变化成为新常态。

(二) 注重教学的动态生成性

所谓原生态的教学,其中有一条标准就是所有的结论不应当是预先确定的,而是学生自然、动态地生成的;知识的内化不是灌输的,而是自然、动态的融合。要实现这样的教学过程,就要求教学本身要有动态生成性。所谓"动态生成性"关键在"动"上,包括师生互动。课堂教学设计要为"动"创造条件,这就要在教学途径、方法和手段的取舍上,务求自然、趣味、本真。只有激发了学生的兴趣,唤醒了学生脑海里的智能储存,师生互动的场面才会热起来。说到底,教学过程还其本来面目,应该是多元、变通的,整个过程就是动态生成的,这就带来了改革的要求,尤其是对课堂教学策略的设计和运用提出了新的要求。

(三) 提高教师的教学敏感性

在以色列的教育中,从幼儿园孩子到大学生,都有一个"灵商"的培养要求,教师通过课堂教学的合理组合培养学生产生灵感、敏捷思路、迁移智慧、引发顿悟等。所以犹太人获得诺贝尔奖的科学家的人口比例特别高。教师既是与学生发生互动的一方,又是课堂互动的引导者、调控者。所以,教师要发挥课堂教育机智,注意从教学内容设计到课堂教学过程的把控。教师还要提高自身对教学过程的敏感性,利用课堂中的一切有利因素,创造场景,观察动态,捕捉信息,激励互动,彰显学生在学习过程中的真实表现,达到提高每一堂课的有效性的目的。

四、学习方式和教学手段的多样化

教师要创造教与学的场景,根据教学大纲的要求和教学内容的特点,指导与组织学生合理地选择学习方式,以求调动学生学习的积极性和主动性。

(一) 设计"大问题"和发散性问题,扩大互动空间

所谓"大问题",即结合教学,提出粗线条式的问题。这种问题有一定的包容性

和可选择性,不一定是唯一答案,这可以使学生对解决问题的方案作思路的选择、策略的选择、答案的多元选择,还可以让学生对解决问题的设计做多种假设与猜测,而不是按照既定的程序做一蹴而就的答复和验证。当教师把"大问题"和发散性问题抛给学生时,就如把学生投掷于一个偌大的陌生领域,学生可以放开手脚,大胆思考。这就可以扩大互动的空间,满足互动的需求。

目前课堂教学中普遍存在的是浅层次的互动,我问你答,有标准答案,缺乏深层次的,强化质疑与思考的、"答案不唯一"的双向互动。浅层次的互动仅仅是有了互动,但是互动的效率和效益不高,这对学生的发展,对学生加深对课文内容的理解都是不利的。在课程改革中,教师要多动脑筋,设计带有启发性的、深层次的问题,促进动脑动手和肢体活动,强化邻座同伴交流,以增加互动的广度和深度。

(二) 设计多向合作的学习活动,拓宽互动的途径

在安排互动合作的学习活动时,应根据学生的年龄特点来设计。低年级学生组织能力、自控能力较差,适宜于设计同桌间、前后桌之间的两人合作学习活动。如协作操作,角色游戏,互说思考过程,互查作业,互提问题等。这些活动都有利于学生个体间发生互动,增进彼此间的了解和感情。高年级学生适宜于设计多人小组学习活动,以增大他们的互动领域和空间。

在设计多人合作学习活动时,要注意组员间的差异性。每一个组员在合作学习时,会以不同的角色出现,如组长、设计者、记录员等。应经常让学生变换角色,以得到全面的锻炼。还要注意兼顾组与组之间的互动,教师与小组的互动,小组成员个人之间的互动,以此开发多种互动渠道。

(三) 设计生活化、情境化、信息化的教学环境

在生动多样的教学环境中,学生可交流的话题很多,情感体验丰富,且思路打得开,彼此间容易发生沟通。所以,在课堂上老师除了要准备丰富的材料,设计生动的教学情境外,还应引导学生广泛收集各种信息资料,并让学生经过课前整理和准备,把它带到课堂上来,使课堂上的每个学生都成为信息发布源,活动(方案)设计者,让学生在充满信息交流的环境中接受多方刺激,增加互动内容。

生活化、情境化的话题容易让学生有切身的体验,增添互动交流的信息量和情趣。比如,在教学《端午话粽子》一课时,学生就带来了许多端午民俗的趣闻,钟馗驱妖、艾叶避毒、龙舟比赛、屈原跳江等,饶有趣味,使得学生对互动交流的兴趣倍增。

(四) 改善学习环境,提升学习效果

学习环境影响着学习者的心理,适度改变教室的学习空间布局,常有一点新意,可以为学习带来新鲜感,也可为师生互动提供有利的客观条件。因地制宜地采用秧田型、马蹄型、组块型、伞状型、多元空间型等布局模式,开展生动活泼的教学活动,可以让学生在互动中体验学习的成功与快乐。马蹄型、组块型等课堂学习空间布局有利于师生互动,师生互动空间的增大,能减轻学生的心理压力,使其自信地发言和表现,形成良好的学习氛围,达到良好的教学效果。

课桌椅的摆放可依据教学需要而改变。教师可以根据授课内容和教学任务灵活调整课桌椅的摆放方式。如马蹄形也可以改成半圆形,将学生围在半圆上,教师处在圆心。这样教师与每一位学生都保持了相同的距离,每一位学生都能公平地与教师交流,都能感受到教师的重视与关怀,这样就可以在无形中增强师生间的感情。无论哪一种布局都有它的优缺点,教师可根据教学实际需要适当调整。

(五) 运用现代技术手段找到师生互动的结合点

随着科技的发展,课内课外的硬件设施越来越完备,在课堂教学中,教师要引领学生正确地使用网络,使它们为学习生活服务。教师可以恰当地运用软件引领学生,促进教学,促进师生的共同发展。如在讲授《春天来了》这篇课文时,为了让学生对春天有所认识、感受,教师可以利用多媒体播放一些课文里出现的场景画面,让学生随着音乐画面进入课文的场景中,为互动营造良好氛围。

2014 年 2 月于虹口区第六中心小学

"三管齐下"搞教育

办学校,搞教育,主要要做到"三管齐下":一是加强师资队伍建设;二是注重精细化管理;三是强化办学特色。这"三管"就是等边三角形,是稳定的结构。

一、加强师资队伍建设

"人的因素是决定一切的",班学习主要靠教师,抓好学校管理就要抓好教师队伍

建设,包括学校管理者和第一线的教师。以校长为代表的学校管理层有五堂必修课。

1. 成就自己

以校长为代表的管理层要做三件事:

一是管理现在,要有维持力。维持学校现有管理模式的日常执行,使之运行起来流畅高效,产生良好效益。

二是发现问题,要有颠覆力。既要做好当前工作,又要关注未来发展,尤其要善于发现问题,正视学校潜在的风险,居安思危,不断发展。

三是开创未来,要有创造力。通过持续开展的改革实践,清除发展障碍,设计并实现新的发展目标。

2. 读懂教师

教师成长有五个关键词:天赋、机遇、抱负、修炼、信仰。

天赋是成长的基础。教师天赋不够充分,要成为名师的可能性不大,但是同样能够成为好教师。

机遇是成长的外因、现实条件。机遇的核心是"贵人"——千里马常有,而伯乐不常有。校长要做教师成长中的"伯乐"。

抱负是前进的方向。只有坚定发展目标,坚持不懈地前行,才能成就一番大的事业。

修炼是成长的加油站、助推器,也是个人不断朝着目标,调整路径、修正行为、补充能量的过程。修炼,一要读书,二要践行。

信仰是成长的价值皈依。有信仰就有精神家园,有家园就能安身立命,行当所行,止当所止,全神贯注,方能实现自我。

3. 研究学生

学校教育要给学生带来幸福和自主。

其一,给学生以发展的自主权。学生各有潜能、各有兴趣爱好,都有自己自我实现的需要。学生的未来发展,不是掌握在教师与父母的手中,而是掌握在他们自己的手中。

其二,给学生多一点发展的自由空间。减轻学生过重的课业负担,而又不放任自流,使得学生发展的自主权落到实处。让学生自由地选择发展的空间,由兴趣、爱好走向专注与快乐。

其三,让学生成为更好的自己。强调以学生发展为本,主张尊重学习者的本性与要求,主张学校的职能是"把人充分地培养成为名副其实的人"。

4. 领导教学

美国学者斯佩克将校长角色定位为管理者、教育者和领导者。三种角色身份常有冲突，校长用在管理上的时间多，关注课堂的时间少。其实，学校改革发生在大课堂，教学领导力是校长的核心领导力，也是校长综合素质的体现。

5. 创意管理

魏书生把创意学校管理概括为"两大点"和"一小点"。

两大点：一靠民主，二靠科学。

一小点：指"注意力体操"，就是"身体松""心灵静""呼吸匀""心情乐"。

二、注重精细化管理

一流的办学质量，一定来自一流的管理。一流的管理就是在科学目标引领下的制度的科学、周全和细致入微，执行的认真、周到和一丝不苟。简单地说，就是注重学校精细化管理。

1. 什么是精细化管理

所谓精细化管理，就是落实管理责任，将管理责任具体化、明确化，它要求每一个管理者都要到位、尽职。第一次就把工作做到位，工作要日清日结，每天都要对当天的情况进行检查，发现问题及时纠正，及时处理等。

2. 精细化管理的实施

任何一所学校，在管理的过程中，一定要针对自己的办学实际，针对自己的生源特点，研究自己的管理方法，方能形成自己的管理特色。

1）明确各自责任

原中国国家足球队主教练米卢的帽子上有一行字，"态度决定一切"。加强精细化管理，就是要求大家"在细字上做文章，在实字上下功夫"。每一个教职工都要反思自己以往的工作，统一思想认识，形成精细化管理的舆论氛围。

此外，在民主和讨论的基础上，出台相关的规章制度。既要科学、周到，又要切实可行，落到实处。特别要实行"谁的课堂谁负责""谁的班级谁负责""谁的任务谁负责""谁分管谁负责"的岗位责任制。大到教育教学行为，小到教师的言行举止，都给以明确的规定。只有严以律"师"，才能严以律"生"，只有老师抓紧起来，学生才能紧起来。

2）重视管理过程

曾有一著名学者说过，学习如登山。登山的路径选择，一般有三种。第一种，山上本无所谓路，走的人多了就有了路。路多得是，自己选择一条上去即成。其乐趣在于有许许多多个性化的体验和过程性的享受。第二种，选最好走的路，大家一窝蜂地挤在"预设"的水泥石板路上。这样登山，个性化的体验少了。第三种，最省事省时省力,坐缆车直奔主要景点而去。这样的"登山",不仅没有个性化的体验,连过程性也被省略了。

学校管理也如同登山一样,老是走第三条路,只重视结果肯定是不行的。走第二条路,缺少"过程"中的个性化体验,这样的管理既不利于学校的发展,也不利于管理者个性的张扬。结果是重要的,过程也十分重要,我们应尽可能走第一条路,在"过程管理"中获得独特的体验,对不同的过程进行比较,筛选最优化的管理。

3) 坚持制度管理

完善各项规章制度,提高学校管理水平和办学水平,是学校管理的重要方法和经验。具体包括:加强课程领导力,完善课程与教学管理的一应制度;完善教师督导、综合管理制度,突出反馈环节;强化中层目标管理,建立年度中层述职和群众考评制度;完善考核、职称晋升等制度,努力构建优质高效的竞争激励机制;坚持校务公开制度,完善每年一次的财务内审制度和行风监督制度等。

4) 加强监督力量

制度建立以后,推行制度的过程,就是对教职工的行为进行外部约束、限制的过程。这种外部力量在很大程度上来自学校领导层的意志。单纯的外部约束,只会束缚师生创新的积极性,造成一个消极的结果——为执行制度而执行制度。我们应该逐步把制度文本转化为学校组织成员共同的文化,让师生员工从依赖规章守则转变为能够习惯地、自觉地遵守制度。

三、强化办学特色

强化办学特色,其实是学校的一种行为文化建设,是指人们在生活、工作之中所具有的,有价值的,能促进文明,以及人类社会发展的经验及创造性活动。它是学校办学风格、精神面貌、人际关系的动态表现,也是学校精神、学校价值观的折射。

1. 校长是学校办学特色的确立者

学校特色建设的肇始和发展有一个复杂的过程,要让一种价值观念成为学校的主流意识,校长起着无可替代的重要作用。在学校特色的建设中,校长的气度、魄力和人格起着关键的作用。校长要有独到的办学理念和思路,能够根据校情选择最适合本校发展的文化特色。

2. 优秀教师引领学校特色建设

优秀教师能使学校的价值观人格化,他们是全校师生共同学习的榜样,他们的行为常常被大家仿效。一所学校所有模范人物的集合体构成学校的模范群体,卓越的模范群体必须是完整的学校精神的化身，是学校价值观的综合体现。

教职员工的群体行为决定了学校整体的精神风貌和学校文明的程度，教职员工群体行为的塑造是学校文化建设的重要组成部分。要通过各种激励措施，使教职员工提高知识水平、能力素质、道德修养、心理素质和身体素质，将教职员工个人目标与学校目标结合起来，形成合力。

3. 办学特色是学校行为文化的体征

办学特色，实际上就是学校创立的品牌，因此办学特色是学校行为文化的体现。任何名牌学校都有它的办学特色，有的是学校总体性的办学特色，如学科教学特色、德育特色、管理特色等。有的是项目性的特色，如上海枫泾中学地处金山，有金山农民画这一地方特色文化，于是学校以绘画出名，并以金山农民画为教学内容之一，使学校的艺术教育享誉上海。

上海的特色学校越来越多，按学校分类，有特色小学、特色初中、特色高中；按内容分类，既有指南针计划专项，又有体育、艺术、手工、科技、学科、园艺等单项。创建学校办学特色必须是在优异的基础质量水平之上，加上一项或多项项目性的特色，以成就"锦上添花"之美，让学校成为老百姓家门口的好学校。但如果办学水平不高，教学质量的口碑不佳，这样的办学特色是不足取的。

2015 年 4 月于虹口区第六中心小学

第七章 "指南针"与"新课改"

中华民族历史上赫赫有名的四大发明,其中之一就是指南针。一枚小小的针,是中华文明对世界航海事业发展的重大贡献,也是后来欧洲开辟新航路的重要条件之一。

今天在中小学校开展的"指南针计划——中国古代发明创造的价值挖掘与展示"(以下简称"指南针计划")专项落户上海虹口,虹口区第二中心小学成为国家"指南针计划"试点学校之一。"指南针计划"成为课程与教学改革的新的平台,成为学习与继承中华优秀传统文化的新载体,成为学生个性发展、多元发展的新选择。

传承中华优秀文化,培育学生爱国情怀

虹口区第二中心小学(以下简称二中心小学)以"系民族灵魂,孕文化神韵,办现代教育,丰富师生生命底蕴"作为办学目标,以"固本乐学,立诚明德"作为办学理念,将培育与践行社会主义核心价值观融入中华优秀传统文化的教育活动之中,将传统文化体验活动与常规德育主题活动相交织,将传统文化体验活动与学科教学相整合,坚持理性认知教育与实践体验活动相融合,树魂立根,完善学校在优秀传统文化上的教育,努力培养符合新时代需要的社会主义合格建设者和优秀接班人。

自2009年起,学校开始筹划以中华传统文化"琴、棋、书、画"为主题的系列体验项目,成为上海乃至全国"指南针计划"的第一个实验基地。学校辟有篆刻、拓印、书画、茶艺和古筝五个传统文化体验室,遵循让"博物馆进走廊""图书馆进教室"的理念,坚持环境育人,让每个体验室都洋溢着浓郁的中国风,让校园里能"说话"的地方都来传递传统民族文化的精髓。通过"系民族灵魂,孕文化神韵",努力

"办现代教育"，实现"丰富师生生命底蕴"，夯实学生脚下未来成长成才的"基础砖"的教育使命。

一、培养学生的民族意识与爱国情怀

马克思认为民族是"一个有共同语言、共同地域、共同经济生活以及表现于共同文化上的共同心理素质的稳定的共同体"。中国人民对"中华民族"的认同是建立在中国优秀传统文化的基础上的，因此，让优秀传统文化教育走进小学课堂不仅可以培养民族意识，还可以形成爱国主义情怀。

习近平总书记指出："弘扬爱国主义精神，必须尊重和传承中华民族历史和文化。对祖国悠久历史、深厚文化的理解和接受，是人们爱国主义情感培育和发展的重要条件。"

改革开放以来，中国的经济不断发展，全球化也把世界上的多元文化带到了中国，多元文化的价值取向也随之而来。在多元文化相互激荡的时代，我们应该坚定地保持和弘扬中华民族自身的优秀文化。

比如，每个国家都有属于自己的节日或纪念日，而如今日常生活中洋节的泛滥、本土节日弱化的现象日趋显现。二中心小学加强对民族节庆日的学习，在老师的指导下，学生通过对中国传统节日如春节、元宵节、清明节、端午节、中秋节、重阳节、腊八节等的由来，以及礼节习俗知识的学习，了解中华民族节日传统。特别是在以"靓'豆'萌'宝'闹新春"为主题的开学典礼上，二中心小学师生们身着带喜庆红色元素的新装齐聚校园，画团扇、写春联、看皮影戏、猜灯谜……通过自己动手参与活动来赚取奖券，再到一楼观赏各种有趣的传统艺术项目，去四楼吃各种丰富的传统食物，整个校园洋溢着一派欢腾之象。这不仅有益于中国乡根情怀的形成，还有助于增强学生对中国传统文化的认同感，归属感，树立学生的爱国主义思想和民族意识。

二、构建学生的传统文化知识体系

习近平总书记指出："'求木之长者，必固其根本；欲流之远者，必浚其泉源'。中华优秀传统文化是中华民族的精神命脉，是涵养社会主义核心价值观的重要源泉，也是我们在世界文化激荡中站稳脚跟的坚实根基。"

中华优秀传统文化是中华文明传承几千年的结晶，是中华民族的宝贵财富，它形成了中国优良的文化体系，体现了中华民族的伟大精神。让小学生接受中国传统文化教育不仅可以汲取文化精髓的养分、陶冶情操,还可以树立爱国主义情怀,完成对中国优秀文化历史传承的使命。

中华传统文化博大精深、源远流长,它不仅包括了几千年来名人志士集大成者的深邃思想,还包括了人生百态和各类生活技能。学生通过学习,不仅可以初步接触哲学思想、传统文学、戏曲、建筑、民间艺术、中华武术、中国菜系等知识,还可以体味中国五千年的文化历史与传承。

面对博大精深的中华传统文化,学校选择书画、篆刻、古筝、造纸、拓印、茶艺、围棋等,编撰校本课程资源,排进学生课表。对传统文化的学习与积淀,不仅可以开阔学生视野,提升文化层次,提高思想的广度和深度,完成文化传承的使命,还能加强爱国主义教育,厚植学生爱国情怀。

三、提升和完善学生的道德品格

习近平总书记在海淀区民族小学开展座谈会时强调,一个民族的文明进步,一个国家的发展壮大,需要一代又一代人的努力,需要很多力量来推动,核心价值观是其中最持久最深沉的力量。

中华民族有着五千多年的悠久历史和灿烂文化,而且中华文明从远古一直延续发展到今天。为什么中华民族能够在几千年的历史长河中顽强生存和不断发展呢? 很重要的一个原因,是我们民族有一脉相承的精神追求、精神特质、精神脉络,从而形成了民族的文化自信、文化自觉。

今天我们使用的汉字同甲骨文没有根本区别,老子、孔子、孟子、庄子等先哲的思想也一直延续到现在。这种几千年连贯发展至今的文明,在世界各民族中都是极为罕见的。今天,中华民族要继续前进,就必须根据时代条件,继承和弘扬我们的民族精神、我们民族的优秀文化,特别是包含其中的传统美德。

在我们中华优秀传统文化中有许多关于传统美德的故事,值得学生从中学习借鉴。小学生初涉世事,对于社会事物没有辨别能力。作为启蒙的小学教育应当对学生良好道德品质的形成进行引导。因此,我校举办了主题为"诵千古美文　做中华栋梁"的语文周活动。低年级学生讲"中华民族传统美德小故事",中、高年级同学发挥自己的创意,用巧手绘制精美的书签,制作团扇,手绘小报。学生们在读、画、写中感悟民族优秀传统文化,品味华夏古韵。可见,中国传统文化教育对于学生树立正确的人生观、价值观是非常重要且必要的。

中国传统文化是中国五千年历史的传承,是祖先智慧与力量的结晶,是中华民族的文化遗产,更是中国人民的灵魂。小学生学习中国传统文化不仅可以吸取文化精髓的营养、陶冶情操，而且还可以增强民族自豪感与自信心，树立传承和发扬中华文化的责任意识，促进中华民族的伟大复兴。

2017 年 8 月于虹口区第二中心小学

以国家"指南针计划"为规准的校本课程资源图谱设计和实践

国家"指南针计划"是由中宣部、国家文物局、教育部等多部门联合推出的"青少年体验基地建设研究及示范"项目，始于 2009 年，旨在培养青少年对中国传统文化遗产的传承、研习和体验。虹口区第二中心小学（以下简称二中心小学）是上海市首批试点单位，如何依据"指南针计划"，更多考虑学生的个性需求，突出校本课程资源的"校本"特点，是学校课程与教学改革的着眼点。学校先后开发了以"琴、棋、书、画"为主题的系列体验项目，辟有篆刻、拓印、书画、茶艺和古筝等五个传统体验室，使学生感受浓浓的"中国风"。

一、顶层思考设计，促进培养目标达成

雅斯贝尔斯说："教育只能根据人的天分和可能性来促使人的发展，教育不能改变人生而具有的本质。"学生都是千差万别的，关键是如何发现他们身上某种"沉睡的可能性"，课程设计就是这样一块可能激发学生潜能的试金石。学生的特长很多时候是在对种种课程尝试失败的基础上，被筛选和保留下来的。

传承中华优秀传统文化，建设先进文化的"指南针计划"得到了二中心小学师生、家长的广泛认可。校本课程资源设计以"指南针计划"为规准，以"随风潜入夜，润物细无声"的方式，把优秀传统文化融入学校教育的各方面，让学生在持久的熏陶中，将优秀传统文化融入自己的血液中。

（一）办学理念的重新诠释

二中心小学秉承"一切为了儿童的幸福成长"，坚持环境育人，"系民族灵魂，孕文化神韵"，"丰富师生生命底蕴"，让"博物馆进走廊""图书馆进教室"，让校园里能"说话"，表达民族传统文化的精髓。学校将培育与践行社会主义核心价值观融入中华优秀传统文化的教育活动之中，将传统文化体验活动与德育主题活动相交织，

与学科教学相整合,与认知教育相融合,树魂立根,培养符合新时代需要的社会主义合格建设者和优秀接班人。

同时,学校办学理念凝聚和上升为八字校训:"固本乐学　立诚明德"。"固本乐学":固本,固中华优秀传统文化之本,固现代科学文化知识之本,固学校师生身心健康之本;乐学,"知之者不如好之者,好之者不如乐之者",努力实现每一个学生的快乐学习,幸福成长。"立诚明德",具体分为"爱国、处世、修身"三个层面的贯彻。爱国(人与祖国、社会):对国家的忠诚,对社会的奉献,具有爱国情感,民族自信;处世(人与他人、自然):对他人的诚信,对自然的敬畏,心存善念、理解他人、尊重自然,具有集体主义精神和生态文明意识;修身(人与自身):对自身的诚毅,对人品的追求,秉承正心笃志、崇德弘毅的人格修养和自我教育。最终培养"品行端正、习惯良好、会学习、善合作、能创造的具有中国传统文化根基的现代小公民"。

(二) 课程图谱的设计原则

设计学校课程时,要把办学目标、知识的结构体系、学生成长发展特点与需求、学生学习的规律与特点、社会整体发展的要求结合起来,使之呈现知识本位、成人本位、学校本位的特征。

1. 基于社会主义的核心价值观

学校的课程规划要基于社会主义的核心价值观,既要具有世界视野,又要关照社区的教育期待,珍视学校的历史传统和教育传承,体现地方特色与本土情怀。

2. 基于不同类型的知识

安德森在布鲁姆的目标分类学的基础上,把知识分为四类:事实性知识、概念性知识、程序性知识、反省认知知识。在学校课程设计过程中,不同类型的知识都有可能进入视野。要尽可能让学生接触各种知识类型,引导和帮助学生学会做事、学会创新、学会做人。

3. 基于深度学习的需要

课程设计不仅要考虑知识内容的编排,还要考虑以怎样的形式来呈现,引导学生用什么样的学习方式来参与学习。因此,在架构课程图谱时,要尽量联系学生的真实生活情境,通过问题引入激发学生,安排好知识的学习与当下生活、未来生活的联系,让学生真正理解学习的意义,爱上学习,寻求有意义的学习。

二、完善三类课程,构建校本课程资源框架

我们要在国家课程大纲指导下,把握好国家、地方与学校的三类课程关系,进

行校本化课程开发。我校确立了以"固本""乐学"为课程建设总目标，以"指南针计划"文化传承项目为重点的特色校本课程资源群建设计划：基础型课程基于标准，强化基础；拓展型课程基于体验，丰富经历；探究型课程基于问题，自主实践。如图1所示。

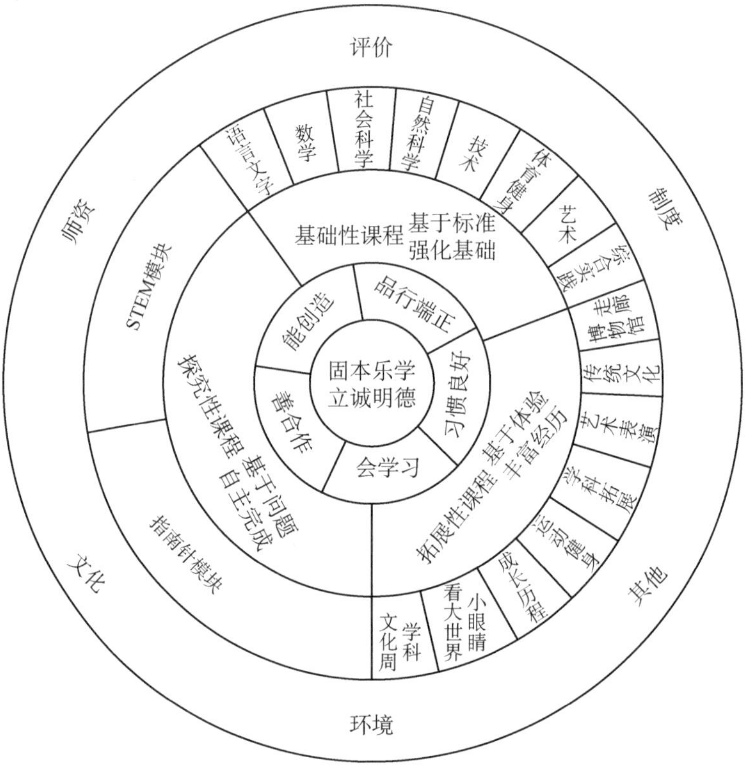

图1 二中心小学课程图谱

（一）走廊博物馆

秉承"博物馆"进走廊、进教室的宗旨，学校设计了"印象廊""智慧廊""礼乐廊"，使学生在潜移默化中感受传统文化。同时，把三条走廊的内容向每个教室延伸、拓展，打造融教室、走廊于一体的校园博物馆，让每一个学生随时随地可接触到中国传统文化，在合作学习中，传承传统文化，凸显学校"廊文化"和"班文化"特色。

学校建设走廊博物馆的方法与步骤如下。

（1）结合各学科内容设计"学习单"。学校建立"走廊博物馆"，建立"廊文化"，并要求学科教师结合走廊内容，挖掘教材元素，设计"学习单"。学生们在课堂上以小组合作的形式,在走廊中探索、学习,既习得相关知识,又内化文化情感。

(2)开发"多媒体平台",由平面到立体。学校三条主题走廊中,均安装了"中文在线"。学校整合博物馆主题内容,进行重新设计与包装,以更中国风的画面,更翔实的内容,更多样的体验,吸引更多学生来学习与体验。在通过互动游戏关卡后,每一位学生都会获得"传统文化小达人"的证书。学生在此过程中,可获得知识,提升自信,激发爱国之情。

(3)走廊博物馆延伸入班级。学校每个班级,可根据所在楼层中主题走廊呈现的内容,继续深挖细究。教室中,专门留出一门墙,供学生展现所学知识,学习体会,交流成果。"廊文化"向"班文化"的延伸,"班文化"与"廊文化"的对接,既是空间的互补,又是内容的提升。

(二)快乐活动日

鼓励教师认领"指南针项目",开发1~2门新校本教材。学校"造纸""印刷""古筝""茶艺""篆刻""版画""围棋""书法""国画"等社团活动有序开展(见表1),让学生们在社团活动中拥抱优秀文化,在社团活动中更深入地去研究、体悟、传承、升华课堂所学。

表1 社团活动情况

类别	目标	社团名称
传统文化类	以红领巾社团形式,为学生创建自主发展的活动天地,结合学校德育特色,使学生在自我体验、自主探究过程中发挥潜能,舒展个性	①古筝;②刻纸;③十字绣;④茶艺;⑤中国结;⑥衍纸;⑦篆刻;⑧走廊博物馆讲解员;⑨珠算;⑩民乐;⑪古诗词;⑫巧手布艺;⑬书法;⑭童心童画;⑮趣味版画
艺术表演类		⑯舞蹈;⑰鼓号;⑱合唱
学科文化类		⑲join us;⑳精彩阅读;㉑吸管魔方;㉒采桑书坊;㉓电脑小报;㉔小小心理咨询师
运动健身类		㉕围棋;㉖武术;㉗击剑;㉘游泳;㉙网球;㉚高尔夫

(三)成长历程

根据校本教材进行传统文化的探究与实践,开展形式多样的活动(见表2),为学生开辟了锻炼能力、施展才艺的广阔空间。

表2 各年级开展活动情况

目标	具体内容	年级	活动形式
针对学生年龄特点进行行规教育，培养学生集体荣誉感、责任意识和自豪感，促使学生逐步形成鲜明个性	1. "我是小学生了"——一年级培养好习惯成果汇报；2. 入"团"仪式	一年级	联合主题队会、半日开放活动、入团知识讲座、入团仪式
	"领巾飞扬"——入队仪式	二年级	少先队知识讲座、队室参观、入队仪式
	"十岁畅想曲"	三年级	联合主题队会
	"手拉手爱心活动"	四年级	小队形式
	"成长足迹"——五年级毕业典礼	五年级	联合主题队会

（四）学科周

学科周主要目标：以学生喜闻乐见的实践活动为载体，增强学生的探究意识和创新意识。培养学生综合应用知识、发现问题和解决问题的能力，促使学生养成良好的团队合作意识。

第一种分类如下。学科文化周：语文周（经典诵读、古诗接龙、谜语王国、成语串烧、写作小达人），数学周（速算小达人、二十四点大赛、生活中的数学），英语周（拼词小达人、Copy不走样、音乐之声、圣诞节）。

第二种分类如下。传统文化周：科技周（废物小制作、感受智能科技），音乐周（古诗词歌唱比赛、快乐童声卡拉OK），美术周（书法达人秀、"相映成趣"师生作品展）。

第三种分类如下。健身周：快乐运动会，大家一起跳集体舞。

（五）"小眼睛看大世界"主题活动

"小眼睛看大世界"主题活动目标：利用博物馆资源，传承传统文化，培养学生的社会实践能力和与人交往的能力，并逐步养成一定的社会责任意识。

内容：①春秋游、观看优秀儿童剧；②系列社会实践活动（见表3）。

表3 系列社会实践活动

年级	第一学期	第二学期
一年级	上海市国歌博物馆	梦清源
二年级	上海市好八连展览馆	上海市武术博物馆

（续表）

年级	第一学期	第二学期
三年级	上海市印刷博物馆	上海市民防科普教育馆
四年级	上海市消防博物馆	上海市中共四大纪念馆
五年级	鲁迅纪念馆	上海博物馆

三、组织校本实施,培育学校教育文化

(一) 提升教师课程意识

20 世纪初,杜威在《儿童与课程》中指出,作为教师,他考虑的是怎样使教材变成经验的一部分……以便使儿童的成长获得适当的指导。杜威认为教师不能是教材的附庸,强调教师的课程主体意识。因此,我校让教师参与课程决策,把课程开发的主动权给予教师,引导教师考虑开发哪些课程,用什么方式来呈现课程才有利于满足学生个性发展的需要。教师在分析问题,解决问题的过程中不断提升课程意识。在"实践—反思—改进—再实践—再反思—再改进"的循环往复中,让学校课程不断发展,学生不断发展,教师也不断发展。

(二) 积极开发特色课程

二中心小学在成为全国第一个"指南针计划"试点学校后,2011 年获第一批"全国中小学中华优秀文化艺术传承学校"称号。我校紧紧围绕"指南针计划""中华优秀传统文化艺术",切实推进素质教育,努力建设具有时代特征、校园特色、学生特点的,凸显"向真、向善、向美、向上"特质的校园文化。学校从浸润童心入手,开展"童心教育",提升核心素养,以中华优秀文化为载体,给孩子们留下优质教育的有益"印痕",积极影响他们的未来成长,起到为他们的成长"保驾护航"的作用。

通过多年实践探索,我校编写了一批校本教材,包括《印迹》《品味》《"筝筝"日上》等,还开发了以"指南针项目"为核心的系列特色校本课程资源群。例如,"开学第一课"系列,有春季开学的"小巴辣子(小孩子)回学堂"和秋季开学的"来来来,来上学"。传统文化系列,有"指尖上的传统技艺""舌尖上的传统美食""弄堂里的传统游戏""庙会中的传统民俗",通过画国画、写春联、识篆字、做团扇等,感受中华传统文化艺术的魅力。"走进博物馆"系列,推出"博物馆课程",由教师、家长、学生共

同设计学习单，以任务驱动形式投身博物馆学习。"快乐活动日"系列，开设了 30 门社团活动。"快乐 30 分"系列，以歌唱形式学习《诗经》，感悟诗歌的魅力。此外，还有珠算、古筝、击剑、网球、高尔夫等各类活动。丰富多彩的活动课程为孩子们的发展打开了另一扇门，也许会在未来影响他们的一生。

（三）建立学校课程制度

在课程制度建设方面，学校有以下举措。第一，变革教导处职能，把它分解为教师发展部、课程开发部、学生发展部，课程开发部定期对学校的课程进行整体的规划与设计，制订学校课程方案。第二，形成一系列选课制度，每学期第一周进行"校本课程资源推介会"，由教师向学生进行校本课程资源的简要介绍，发放"课程选择意向表"，由学生自主选择课程。学校课程开发部根据学生报名情况，确定班额，安排上课。第三，建立教师研修制度，开设"教师社团"，营造浓浓的艺术氛围，潜移默化地提升教师的文化艺术涵养。第四，引入家长参与制度。由教师、家长、学生共同开发博物馆课程，设计学习单，共同完成学习单等。

课程改革最终的目的是获得人的发展，课程制度的形成过程也是一种观念升华的过程，必将促进学校的发展，促进教师的发展。

（四）推行多元评价方式

学校推行"豆宝＋油"校本活动、评价"PLUS"，在课堂教学、课程建设、学生活动、教师发展等方面，细化评价内容，设计具体评价标准，全面评估传统文化渗透内容的达成度。

2018 年 2 月于虹口区第二中心小学

参考文献

[1] 雅斯贝尔斯.什么是教育[M].邹进，译.北京：生活·读书·新知三联书店，1991：64.
[2] 杜威.杜威教育论著选[M].赵祥麟，等译.上海：华东师范大学出版社，1981：57.

让优秀传统文化基因在学生身上"活"起来

有五千年历史传承的中华优秀传统文化，是今天建设先进文化重要的"源头活水"。在虹口区第二中心小学"指南针计划"特色项目创建过程中,我们深深感到,要在学生身上根植优秀文化基因,就必须从中华优秀传统文化中寻找灵感和创意,以"随风潜入夜,润物细无声"的培育方式,让优秀传统文化融入教育的方方面面,让学生在耳濡目染中,将这些优秀文化基因融入自己的血液。

借助中华优秀传统文化校本课程资源体系的构建,我校在教育改革的实践中,树立"系民族灵魂,孕文化神韵"的教育理想,努力"办现代教育",把优秀传统文化贯穿于教育始终,"丰富师生生命底蕴",夯实学生脚下未来成长成才的"基础砖",将中华文化渗透到学生的骨髓里,成为他们的文化 DNA,为他们的成长、成才,夯实基础。具体表现为以下四条措施。

一、切实实施大课堂、大德育、大教学

学校通过"落实课程建设、加强人员培训、完善管理机制、保证经费投入、关注绩效评优"等五大举措,环境营造、课程建设、课堂教学、活动开发、少先队教育等五条渠道,以及"博物馆进走廊""图书馆进教室"两个环境项目,坚持文化育人、课程育人、环境育人,让每一个课堂、每一个体验室、每一条大走廊都洋溢着浓郁的中国风,让校园里能"说话"的地方都来传递中华民族传统文化的精髓。

二、嵌入中华优秀文化的基因成分

中华优秀传统文化中包含的自强不息的精神、厚德载物的精神、天人合一的精神、和而不同的精神等,至今仍然印刻在民族基因图谱之中,历代相传,成为民族的血脉、符号和优秀品格。学校教育就是要让这些优秀传统文化基因在学生身上"活"起来,传承下去。因此,学校努力在课堂内外,通过课堂教学、实践活动、家校合作、走向社区等形式,强化体验教育,激活民族基因,让优秀传统文化转化为学生的思想、意识、习惯,转变为学生的行为和品格。

三、从浸润童心入手的中华优秀文化教育

童心是人在童年阶段自然和本真的素质,充满自然天性,体现了生命发展的规律。"童心教育"也因此常常成为小学教育的主题词。小学开展童心教育就是要注意启蒙教育的特殊性,关注在每一个儿童身上蕴藏着的巨大的教育潜能,牢牢抓住"童心"阶段的可塑性,在成长关键期,"从浸润童心入手",提升他们的核心素养,以

中华优秀文化为载体，给孩子们留下优质教育的有益"印痕"，积极影响他们的未来成长，起到为他们的成长"保驾护航"的作用。

四、切实加强教师队伍建设和骨干教师培养

强化中华优秀传统文化，成功的关键在教师。我校除了面上的教师专题培训和骨干教师培养以及中华文化拓展课程开发以外，还特别注意营造氛围让教师浸润在中华优秀文化之中，实现师生共同成长。"铁笔生花"与"清歌流韵"是教师自发组织的文化沙龙活动。在这个艺术大课堂中，歌声、琴声、茶香，营造了浓浓的传统文化氛围，让全体教师领略了文化艺术的魅力。

2018 年 5 月于虹口区第二中心小学

篆刻艺术走进学生课堂

篆刻是我校"指南针计划"课程规划中的一门校本课程资源。之所以让篆刻艺术走进学生课堂，是因为篆刻是中华民族优秀文化的代表之一。让篆刻课程在虹口区第二中心小学的课堂里扎根，正是为了给学生厚植爱国主义情怀。

一、篆刻艺术是中华民族的文化精粹

在中国，篆刻是一种拥有三千多年历史的古老艺术。上至古代皇帝的玉玺下到平头百姓的印章，都是篆刻的作品，也是社会活动、人际交往的信用凭证。

篆刻艺术，是书法（主要是篆书）和镌刻（包括凿、铸）结合来制作印章的艺术，是汉字特有的艺术形式。篆刻兴起于先秦，盛于汉，衰于晋，败于唐、宋，复兴于明，中兴于清，迄今已有三千七百多年的历史。

篆刻艺术把中国传统书法、国画章法、篆刻刀法这三者完美结合。一方上乘的印章，既有豪壮漂移的书法笔意，又有优美悦目的绘画构图，并且兼有刀法生动的雕刻神韵，可称得上"方寸之间，气象万千"。篆刻从三千多年前的商周时期流传至今，是人类非物质文化遗产中的一颗璀璨明珠。

早在殷商时代，人们就用刀在龟甲上刻"字"，也就是后来人们说的甲骨文。这

些文字刀锋锐利,笔意劲秀,具有较高的"刻字"水平。在春秋战国至秦以前,篆刻印章多称为"玺"。秦始皇统一六国后,规定"玺"为天子所专用,大臣和民间私人用印统称"印"。这就形成了帝王用印称"玺"或"宝",官印称"印",私人用印称"印信"的传统。

篆刻的"篆"字,古时写作"瑑",从玉字旁。凡是在玉石上雕琢凹凸的花纹,都叫做"瑑"。后来竹帛成为通行的书写材料,于是篆字的形符,也由"玉"字旁改为"竹"字头。其实在古代,凡属于雕玉、刻石、镂竹、铭铜的范围,都可称为"篆刻",印章的刻制只是其中的一小部分而已。

秦始皇时期,将全国书体作综合整理,书分八体,印面上的文字叫"摹印篆";王莽定六书时,称为"缪篆",从此便明定篆书为印章印文的使用字体。唐宋之际,由于文人墨客的喜好,虽然改变了印章的体制,但仍以篆书作印。直到明清两代,印人辈出,篆刻便成为以篆书为基础,利用雕刻方法,在印面中表现疏密、离合的艺术形态,篆刻也由广义的雕镂铭刻,转为狭义的治印之学。而此治印之学也有人直接称为"刻印""铁笔""铁书""刻图章"等。

近现代著名的篆刻大师有吴昌硕、齐白石等。

二、篆刻艺术是书法和镌刻的结合

自古以来,文人都认为,篆刻必先篆后刻,甚至有"七分篆三分刻"之说。篆刻本身是一门与书法密切结合的艺术。可以说,篆刻艺术是用刻刀在石头或硬的材质上写书法。篆刻家的作品与刻字铺师傅刻出的领工资用的印章的根本区别,在于前者是"写"出来的,讲究章法篆法,后者是"描"出来的,并不计较章法篆法。不研究篆刻不讲究章法刻出的印必然十分僵板。所以,学习篆刻的同时一定要十分认真地选择篆书碑帖临写,经过一个阶段的训练,才会在篆印时觉得自然、便利,直至手随心到。不少初学者重刻轻写,则往往事倍功半。可见,篆刻与篆书的学习是分不开的,那些急功近利不学书法而直奔篆刻的人是不会有多大成就的。

篆刻以刀法至上,所谓的刀法,就是篆刻创作过程中运刀镌刻的特定方法或程式化技巧。这些方法和技巧又分别指向审美和特定的艺术效果,即为了达成某种审美需要,以某种特定的刀法来完成镌刻。

使用刀法的目的,就是要将印面上不需要的部分去掉。简单来说,就是要刻得准,能够准确地体现印稿的设计内容。具体的刀法和技巧很多,名家各有流派。比如,明代的周应愿总结出来的"七刀法"和清代姚晏的"论刀十九说"。清末民初的吴昌硕到晚年称自己没有具体的刀法,只知道用劲刻的原因,是因为他的审美已经定型,刀法已经纯熟。对初学者来说,学习刀法是需要付出很多心血,花大量的功夫才能有所成的。

在刻印前要不要写印稿呢? 据说,高手是不写印稿的。因为刀法已经纯熟到"刀由心生"的地步,要达到某种艺术效果,该如何去施刀刻石在他心中已经纯熟到不用思考了。但是,初学者都要先在治印的材料上写印稿,对印稿满意了才可以动刀刻印。

三、走进学生课堂的篆刻艺术

虹口区第二中心小学是"全国中小学优秀传统文化艺术传承学校",我们将篆刻艺术引入课堂,是为了让更多的学生走近篆刻,了解篆刻,热爱篆刻,激发他们的民族自豪感与自信心。

1. 立足课堂,拓展教材

作为中国传统的文化艺术,印章有一种古朴和浑厚的情致,更蕴含着中国人特有的审美情趣和丰富的哲理。因此,我们以"篆刻"为主题,以"刻"为主线,在我校美术课堂教学及四年级探究学科教学中,进行了篆刻教学的实践与研究,并开发了篆刻校本教材《印迹》。让教师根据不同的教学条件进行教学设计,给学生的学习提供了可选择的可能。

在课堂教学中,我们主要让学生运用画印的方法来表现文字或图案,使学生逐步形成"任何文字或图案皆可入印"的理念。在此基础上我们开发了一系列的实践课和探究课。例如,"生肖藏书票"是我们在四年级探究第一学期自编的一节篆刻课,主要是让学生了解"藏书票"的历史、特点、用途和收藏等方面的知识,并在此基础上运用纸版画的形式,通过画、刻、印的操作过程来完成一幅自己的"藏书票"。我以当年的生肖为创作题材,要求学生与中国的印章图案相结合进行美术创作。由于学生已经有了"画印"的基础,画出一方生肖图案的印章,对于他们来说不是难事。在这一过程中,学生们不仅体会到了"藏书票"创作带来的喜悦,也加深了对印章的认识。

又如"我们的扇子"是小学美术书画版三年级第二学期的教学内容。教学活动中,我没有采取传统意义上的中国画或儿童画的表现手法,而是运用撕贴和剪贴的方法,以梅花为主题对扇面进行装饰。学生也通过学习了解了扇面中所体现的诗、书、画、印融为一体的艺术表现形式。其中,印章就是以画印的形式体现出来的,我还对印章在使用时的钤印位置进行了分析。这也是篆刻教学在课堂教学中的渗透。

在篆刻课堂教学过程中,我们对学生加强了传统民间文化、历史、艺术等方面的教育。它是美术学科与探究学科课堂教学的补充和延伸,涵盖了图案设计、文字设计、书法、章法、雕刻等知识。在操作上篆刻与版画制作、藏书票制作、浮雕制作、拓片制作相近。刻印要识篆、习篆,这又涉及古汉字及书体演变发展历史的知识。所以篆刻教学要与文学、历史等其他学科相结合。通过篆刻教学,不但可以拓宽学生的人文知识面,而且对其他学科的教学也能起到一定的促进作用。

2. 社团活动,传承技艺

为了搞好校园文化建设,帮助一些有篆刻兴趣或学有余力的学生提高篆刻水平,学校以"汉韵印社"为社团名称,积极开展社团活动,给学生提供展示个性才能的空间,发挥他们的一技之长,并以点带面,逐步形成我校艺术特色教育的氛围。活动中,教师指导学生书写、识别一些简单而常用的篆书,让学生初步理解笔法、刀法、章法,且能按照要求去临刻一些代表性的汉印作品;让学生懂得如何根据文字内容自己查阅篆刻字典,按篆刻创作的方法步骤学会文字的安排布局,描写印稿,刻制印章,刻制边款,创作出属于自己的作品。学生们在学习中进步了,也在学习中成长了。

实践证明,通过治印,我们培养了学生做事有始有终、耐心细致的良好品质。同时,也丰富了学生的课余生活,使他们掌握了一门有用且高雅的技术;提高了学生对民族传统文化艺术的兴趣;培养了他们欣赏美、发现美、创造美的能力。

3. 德育为先,融入"两纲"

"印者,信也"。

篆刻是德育的载体和切入点。它不仅是中国文学发展史的印证,也是中国诚信史的印证。从甲骨文到大篆、小篆、隶书、草书,文字在变化,书写在变化,从铜印、玉印、石印到电脑刻印,印章的材质与形式在变化,它的本质,诚信之本、诚信之义却是千百年来从来没有改变过。诚信,印之本也,也是治印者学习之本。

小小印章中蕴含着做人的准则,做人的信念,做人的良好习惯。我们要从小小印章中,学习它蕴含的做人准则和诚信之本。

2019 年 1 月于虹口区第二中心小学

第八章 教育探索汇成果

自思,离教育学者的路还很远很远,但是作为一名教育工作者,从着手第一个教育研究的课题开始成为教育研究者的初衷就已深埋在心里。牢记初心,不忘使命,希望未来能通过教育研究发展学校,改变自己。

多年的教育实践证明,教育科研能带来四个好处:有利于转变教育思想,确立新的教育理念;有助于解决教育实践中的问题,提高科学育人、科学管理的水平;有助于形成学校的学术文化,提高办学品位;有助于校本培训,提高广大教师的专业水平。

小学语文教学中学生创造能力培养研究

一、问题的提出

1997 年第 11 期《北京文学》在《世纪观察》栏目中发表了三篇署名文章,认为现行的中小学语文教育是"学生的桎梏、语文的扭曲、文学的悲哀","歪点子一意孤行","不止害一人,而是害了一代人"!随后,杂志社又召开"忧思中国语文教育"的研讨会,到会的 20 多位北京市的中小学语文教师、区语文调研员、师范大学教授、教材审查委员无一例外认为目前中小学语文教学已走进死胡同:"事实上,语文在中小学里所占课时最多,教学双方压力最大,问题最多,但效果最差。"他们普遍担心,"语文教育的误区最终有可能使学生所受的其他学科的教育变得苍白,甚至误入歧途"。为此,广大语文教学工作者纷纷投身教改研究,教改的热点越来越多,如"以学生为主体""运用多媒体教学技术""发展学生智力""培养质疑能力""培养创造性思维品质"等。我们感到,语文教改气氛活跃无疑是件好事,但更应该明确,各个课题之间多数是互相联系的，它们之间只是角度不同，层面不同，范围不同，但往往是你中有我，我中有你。随着教改的不断深入，跨世纪的教育改革提出以学生发展为本，全面提高学生素质的教育理念，其中又将创造能力和创新精神的培养放在了突出的位置。本文提出的小学语文教学中学生创造能力培养研究，主要基于以下几方面的认识。

（一）培养学生的创造能力是社会发展对教育的要求

21 世纪必然是知识经济占主导地位。为迎接知识经济的挑战及国际科技与人才的激烈竞争，世界各国纷纷将改革的目光投向教育。江泽民同志在全国科技大会上说："创新是一个民族进步的灵魂，是国家兴旺发达的不竭动力。一个没有创新能力的民族，难以屹立于世界先进民族之林。"这个论断既有历史的深刻性，又有发展的前瞻性。江泽民同志还指出："创新很根本的一条就是要靠教育、靠人才。培养同时代潮流和现代化要求相适应的大批人才，不断开拓新的科学研究领域，是关系我国的发展前景和国际地位的百年大计"，"学校应该是培养和造就高素质的创造性人才的摇篮"。这就给学校教育提出了一个崭新的课题，即学校如何培养和造就高素质的创造性人才。

（二）培养学生的创造能力是实施素质教育的要求

培养学生的创造能力是整个学校教育的重要目标，各学科都承担着不可推卸的责任，而只有在学校教育的各种活动中都注重学生创造能力的培养，形成一种合力，才能全面培养学生的创造能力。

在小学语文教学中培养学生的创造能力，既有这种必要，也有这种可能。语文学科需要学生的创造能力，换句话说，没有学生的创造能力，是学不好语文的。语文学习的内容与方法同创造性有着密切的联系。

在语文教学实施素质教育的过程中，有不少教师已摒弃了"老师讲、学生听"的灌输式模式，取而代之的是鼓励学生积极主动地学习，强调"授之以鱼不如授之以渔"，使学生掌握一定的学习方法，从而能主动、积极、有效地去获取知识。这与传统教学相比，无疑体现了更为先进的观念与手段。但是这种教学观念的缺陷也是显而易见的：首先，它们所追求的最终目的仍然是"知识"，只是从方法上由教师的灌输改为由学生主动去吸取；其次，学习知识就必然会以培养学生的求同思维，追求标准答案为特征；最后，它必然导致重结果而轻过程的倾向。所有这些，应该说，都不利于学生创造能力的培养。

诚如皮亚杰所说，教育的目标应是培养、发展学生的批判性思维，让他们勇于发现问题，验证问题。人们学习的目的不能仅限于掌握前人积累起来的知识，更重要的是善于运用经验来解决新的问题。这些新的问题包括前人没有提出过和已经提出但没有很好解决的问题，要解决这些问题就必须发展人的创造性思维能力，而这正是素质教育的核心。

二、理论思考

（一）基本概念

1. 创造

对于"创造"的解释早在我国古代著作中就有过阐述："创，始造之也。"尽管由于创造活动的普遍性，产生了百家争鸣的论述，但究其实质来说趋向较为一致，普遍认为创造是指人们在各种社会实践中，充分运用自己的聪明才智，发现新事物，研究新问题，解决新矛盾，开拓新道路，产生新思想或物质的成果，以满足人类社会物质生活和精神生活的需要，从而推动社会向前发展的活动过程。其主要特征有三：第一，创造是一种有目的的实践活动；第二，创造是创造者聪明才智高度发挥的行为；第三，创造必须提供富有创新性的成果。创造最根本的特征是一个"新"，而创造之所以具有强大的生命力，关键也在于"新"。然而，创造既不是高不可攀的，也不是神秘莫测的。正如创造教育先驱者陶行知在《创造宣言》中所指出的，"处处是创造之地，天天是创造之时，人人是创造之人"。极为精辟地道出了一个道理，即人们的创造精神和创造活动是无处不有，无时不在，无人不备的。

2. 创造能力

有关创造能力的定义多达百余种。目前较为一致的看法是：创造能力是产生新的前所未有的事物或产品的能力。也就是指产生具有新颖、独特的设想的创造思维能力和制造出新物品、新产品的创造技能。虽然创造力人皆有之，但创造力却有不同层次，其水平也有高低之分。美国心理学家马兹罗曾提出创造力有两种，即人的自我实现创造力和人的特殊才能创造力。自我实现的创造力是对自己来说的，即要努力实现一个从无到有，从未知到已知的过程，努力开发自我潜能，促进自我创造，具有自我价值；特殊才能的创造力是对社会来说的，即要实现社会前所未有的创新，具有社会价值。也因此，后者常被视为科学家、发明家、艺术家等所具有的特殊才能。本课题研究的是前者，即自我实现的创造能力。

（二）理论基础

1. 辩证唯物主义认识论是本研究的哲学基础

创造是人类特有的属性。人是创造的主体。创造既可以是对客体的认识过程，又可以是对客体的改造过程。人通过创造获取的成果可以是精神性的（如新理论、新观点），也可以是物质性的（如新发明、新产品），但无论在哪一类创造成果的形成过程中，都需要人开展思维活动。在思维与行为两者之中，前者起主导作用。人的有目的有意识的实践活动，总是在对客观世界有所认识，特别是在理性认识的基础上进行的。人在实践中的行为，又总要受到思维的指导与支配。因此，创造性思维是创造得以成立的必要条件和关键因素。

思维是高度组织起来的特殊物质——人脑的功能或属性。人脑产生的思维并非都有创造性，而创造性思维作为一种特定的思维，能够产生前所未有的崭新思维成果，甚至进而指导人通过实践获得新的物质成果。如果把一般的思维视为人脑功能的体现，那么，导致创造成果的创造性思维（及其相应行为）就是人脑特定功能的体现。在一般情况下，一切人脑都具备这种功能。这一认识将使我们破除创造神秘论的观点，帮助我们否定创造力是神力或超凡之力的错误认识，体现创造力的普遍性特征。

2. 现代心理学研究成果是本研究的科学基础

创造能力作为一种心理现象，既是心理过程，也是心智过程。心理学家对它从各个不同的角度开展研究。瓦拉斯的"四阶段说"（准备期、酝酿期、豁朗期和验证期）是他研究创造性思维过程的成果，吉尔福特的"三特征说"（流畅、变通和独特）是他研究发散性思维能力的成果。随着研究的不断深入，事实和研究表明：创造能力不但需要想象力和思维力，而且与情感、意志、性格、信念等个性心理品质有关。创造能力是在人的心理活动的最高水平上实现的综合能力。

三、研究方法

（一）研究目标

我们从形成创造能力的多种因素的相互关系和整体效应的角度，试图在小学语文教学中培养学生的创造能力。与创造能力发展有关的因素主要有六种：能力、认知风格、价值、目的、信念和策略。这些因素包含认知因素和非认知因素两个方面。我们认为，单纯从某一方面（如策略）来进行语文创造能力的培养是很难奏效的,而从创造能力的诸因素的相互关系和整体结构来研究,可能取得有益的效果。

(二)研究方法

研究方法,主要采用实践研究法,并辅之文献法及实验研究法。

(三)研究时间

研究时间：1999 年 9 月—2001 年 9 月。

四、研究成果

(一)小学现行 S 版语文教材中创新教育内容的分析

1. 识字教学

学生在识字的时候,对一个字形,不同的学生有不同的记忆法,他们各自运用自己的生活经验、分析能力记住它,即使同一个字,有的学生也能想出几种不同的识记方法。不同的识记方法是学生创造力的表现。如"暮"字,有学生根据形声字的特点,归纳出"莫"字下加"日",表明日落西山;有学生则采用换部首的方法,辨析"幕""墓""暮"的字形特点,从而记住这个字。

2. 阅读教学

1) 改变句型

在 S 版教材中,设计了许多改变句型的练习,让学生把一个句子改换个说法,使其意思不变,感情色彩改变或某一意思得以强调。如陈述句与反问句之间的句式变化、"把""被"字句互换等。

2) 相同段式的教学

S 版教材在编写时,选择了一些典型的同类句式,让教师在讲授时总结出方法、规律,然后让学生运用教师所总结的方法、规律进行举一反三的练习。如《熊猫妈妈听电话》的课文中,熊猫妈妈所听的三次电话,句式相同,教师在教学熊猫妈妈第一次听的电话内容后,放手让学生自己辨析后面两段话,并找出这三段话内容与写法的异同,通过比较提高学生的辨别能力。

3) 图文匹配

有些文字描述非常形象的课文,要求学生对语言文字理解之后,能在脑子里浮现一幅图画,并能根据其空间位置自行设计简图表示出来,使学生的想象力得到训练。如《八只小猫》的课文读了之后，为让学生对"一个摆法是一幕童话"有更深的认识，教师让学生动手摆摆这八只小猫，再编童话故事，从而培养学生的想象力。

4）续编课文

有些课文具有一定的故事情节，教学这类课文，可以让学生展开合理的想象，进行续编。如语文教材第六册"听听读读"中的《萤火虫找朋友》，在课文学完后，教师要求学生根据课文内容，想象萤火虫提着小灯笼找朋友的情景，从而使学生懂得朋友之间要互相帮助的道理。

5）创造性复述

创造性复述，它不是机械地把原文背出来，而是结合自己的实际，用自己的话对原文内容进行改造加工，变成自己特有的思想，它更多地借助于创造思维，创造性地运用各种不同的方式表达自己的思想感情。如对课文《智烧敌舰》进行讲授时，教师训练学生根据课后提示，展开想象，把阿基米德智烧敌舰的过程说清楚，说具体。

6）对课文的内容进行修正

社会在不断进步，教师在教学中应紧紧抓住时代脉搏，赋予课文以新的内涵。如《称象》，自古以来，人们对曹冲的称象办法大加赞赏，但在今天，我们更需培养"不唯上，不唯书，只唯实"的学生。通过启发，有学生想出让士兵代替石头去称大象的重量的办法，既节省时间，又节省人力。又如《捞铁牛》，根据当今环保的要求，铲沙入河的方法已不可取。有学生想出可再准备一条空船，把原先铲入河中的沙子铲到空船上，这样既可循环使用，又保护了环境。

3. 作文教学

阅读是一种创造，写作更是一种创造。一篇作文，不论优劣，从本质上都是学生创造的成果。写作是一种极富个性的创造性活动。即使是描写同一个题材，抒发同一种感情，也会因为每个人的经历、气质、修养乃至审美情趣的不同而千差万别。在作文教学中进行创造能力的培养，就要求学生选材新颖，不步人后尘，有独特的见解，有独创性。教师鼓励学生根据自己的感受大胆地写，解放了学生的思想，开阔了学生的思路。

(二) 小学语文创造能力培养分年级目标

1. 低年级语文创造能力培养目标

低年级语文创造能力培养目标：有好奇心，喜爱观察周围的事物，并能发表自己的看法；喜爱听故事，喜爱讲故事，讲时有动作、表情，能有一定的想象；喜爱读儿童读物,并能与同学交流;能运用习得的方法学习字词。

2. 中年级语文创造能力培养目标

中年级语文创造能力培养目标:喜爱观察身边现象,表现出一定的探求兴趣,有一定的求异思维意识,爱寻根究底,愿意把观察中形成的想法告诉他人;喜爱阅读各种课外书,有较浓厚的阅读兴趣,喜爱发表自己的看法;喜爱参加语文课外活动和文艺活动;喜爱有根有据地辩论问题;能总结出理解词、句、段意思的方法,对课文等学习内容爱问"为什么",并能主动搜集材料与同学讨论答案。

3. 高年级语文创造能力培养目标

高年级语文创造能力培养目标:能够根据事物特点加以观察,尝试采用比较、分析、综合、概括、想象等方法获得不同的结果;喜爱阅读课外书籍,阅读时能勤动笔作圈点,能写简要的读书笔记,能较客观地发表感想见解;对作文有兴趣,常常有积极的表达(口头和书面)欲望,能从不同角度审题、选材、组材、布局;养成勤学、善疑、乐思的良好学习习惯,能总结自己学习语文的经验教训,乐意倾听,能汲取同学的语文学习经验,改进自己的语文学习方法,显示语文学习的创造性。

(三)课堂教学中学生创造能力的培养

人的创造力的核心是创造性思维,所以培养创造能力的根本就是要提高创造性思维能力。我们在教学中除了努力发掘课文中的创造因素以外,还根据不同年级学生的年龄特点,有意识地从以下几方面对学生进行培养。

1. 引导学生大胆质疑

"学贵有疑,小疑则小进,大疑则大进。"学生学习的过程就是不断地提出问题和解决问题的过程。激励学生勤思、多想、善于质疑是发展学生创造性思维能力的一把金钥匙。爱因斯坦说:"提出一个问题,往往比解决一个问题更重要。"因此,在教学中我们十分重视对学生生疑、质疑、释疑能力的培养,但是由于学生之间存在着差异,在质疑问难时,他们往往不能提在点子上、关键处。作为教师应该以鼓励为主,消除学生的畏惧心理,激发他们质疑问难的热情,同时,作为教师也应教给学生质疑思路,培养质疑能力。我在教学中要求学生思考问题时,采用边思考,边圈划的方法,把自己在学习课文时发现的疑难问题记录下来。然后让学生大胆提问,我再对学生的提问进行筛选,选出最有价值的问题,最后,让学生自己探究问题的答案,以形成独立思考的习惯。如在教《晏子使楚》时,初读课文后,学生提出了许多问题,我帮助他们归纳、综合、删选,有的问题即时解决,有的问题让学生仔细阅读课文后自行解决,最后选定两个问题重点讨论:①晏子和楚王的交锋谁胜谁负?为什么? ②从中可看出晏子是怎样一个人? 学生小组讨论,通过找关键词句自己求得了问题的答案。当然,"疑"是分层次的:有最基本的字词理解,有较高层次的语言、结构表达,更有高层次的情感体验、主旨把握等。我们还将在此方面作进一步研究。

2. 鼓励学生发表不同意见和独创性见解

阅读教学是培养学生创造性思维的主要途径,创造性思维包括发散性思维和集中性思维,任何一个创造活动的全过程都是以集中—发散—集中—再发散—再集中这样循环往复,不断提高的方式进行的。由此可见,在教学中培养学生的发散性思维尤为重要。发散性思维是一种开阔思路,寻求多种答案或者沿着各种不同的方向去思考,以产生新的解决问题的途径和方法的思维活动。

在教学中,我们根据教材的内容,提出扩散性的问题。扩散性问题的特点是它不追求唯一的正确解答,而是使学生产生或提出尽可能多、尽可能新、尽可能独创的想法、见解,以培养学生思维的敏捷性、灵活性、深刻性和独创性。如我在讲授《空城计》一文时,始终围绕"诸葛亮是怎样一个人"这一主要问题展开教学,这样设计目的有三。

其一,语文课就是要解放人,解放人的心灵和才智,让学生的想象力、表现力和创造力尽情地释放出来。五年级的学生,完全有自主发展的能力,我让他们各抒己见,只要注意把握文章的精神就行。这样就充分调动了学生的记忆、思维、想象,使学生在读的过程中,潜移默化地得到提升。

其二,承认学生的个性差异。一部优秀的文艺作品,其内涵是多层次的,甚至是无法言传的,并且常读常新。我对这篇课文的理解与学生对这篇课文的理解肯定会有所不同。我只能让学生理解那些他们能够理解的,或者说,允许学生有所懂,有所不懂,针对学生的实际水平,因材施教,促进每一个学生得到应有的发展,而不是要求学生每个字,每个词,每句话都弄明白,否则,不仅违背了阅读文学作品的初衷,也否认了学生存在个性差异这一客观事实。

其三,俗话说:读书百遍,其义自见;读书千遍,其能自备。我把大量分析课文的时间还给学生,让他们通过朗读理解文章的思想内容,领会作者的深刻感情,领略语言的艺术魅力,让他们通过朗读看出课文的含蓄之处,在经过思考以后,得出新的见解,发现字面上没有的东西,这便是创造。在教学过程中,学生大胆思考,甚至把前后课文加以联系,分别找出诸葛亮的语言"他(司马懿)料定我平生谨慎,决不冒险,见了如此模样,便怀疑会有埋伏,所以很快退走"和司马懿的语言"诸葛亮平生谨慎,从不冒险。如今打开城门,必有埋伏。我如果进兵,就要中他的计策"来进行对比,说明诸葛亮使用空城计不是冒险,而是知己知彼,反其道而行之,从而看出他的足智多谋。

3. 组织学生进行研究性学习

研究性学习是对传统的接受式学习的一种改革，因为学生的学习过程是学习主体对学习客体主动探索、不断创新，从而不断发现客体新质，不断改进已有认识和经验，建构自己认知结构的过程，而不是通过静听、静观接受现成知识结论的过程。教师要帮助学生改变在原有的教育、教学条件下所形成的那种偏重记忆和理解、立足于接受教师知识传输的学习方式，形成一种主动探求知识，并重视解决实际问题的积极的学习方式，这是一种有利于终身学习、发展学习的方式。

在教学中，我们强调让学生合作学习，主动发现和解决学习问题。如在讲解《盐的世界》一文时，我先让学生收集盐湖的资料，然后在课堂上根据学生所收集的资料内容对其进行分组，由每组承担一个研究内容，再让学生归纳、整理收集的资料，小组讨论，最后得出结论，进行宣讲。如此一来，本来对学生来说很陌生的内容，一下子变得生动、形象起来。通过让学生主动地探索、发现和体验，教导他们收集、分析和判断信息，从而增强他们的思考力和创造力。

2000 年 12 月于华东师大一附中实验小学(原飞虹路小学)

参考文献

[1] 钟启泉. 现代课程论[M]. 上海：上海教育出版社,1989.

[2] 林崇德,辛涛. 智力的培养[M]. 杭州：浙江人民出版社,1996.

[3] 朱作仁. 语文教学心理学[M]. 哈尔滨：黑龙江人民出版社,1984.

[4] 香厂路小学整体实验课题组. 小学生创造才能培养的整体实验研究[J]. 心理发展与教育,1991(1).

[5] 宋玉琴. 在语文教学中培养创造形思维能力[J]. 上海教学研究,1998(7 - 8).

[6] 金孔福. 构建创造性语文教学模式的尝试[J]. 小学语文教师,1999(1 - 2).

[7] 俞瑞康. 小学创新教育[M]. 上海：上海科学普及出版社,2002.

小学探究型课程设计与实施的研究

一、课题的提出

上海市第二期课程教材改革遵照《中共中央国务院关于深化教育改革全面推

进素质教育的决定》的要求,以德育为核心,以培养学生的创新精神和实践能力为重点,"调整和改革课程体系、结构、内容,建立新的基础教育课程体系",在课程结构上,提出了由基础型、拓展型、研究型三类功能性课程组成的课程结构,九年义务教育阶段开设探究型课程。我校作为市级"二期课改"试验单位,在 1999 年底接受了小学探究型课程的试点任务。

(一) 探究型课程的性质

探究和研究,就字面释义而言并无悬殊的差异,行政部门若作年段性划分,可能分为高中段研究型课程,义务教育段探究型课程。在提到研究型课程时,就知道这是高中课程,不然,亦知是初中、小学课程。但是,我们对于探究型课程的课程性质,尚知之甚少。虽然我们知道,探究型课程是一门以提高研究能力和创新能力,培养创新精神和创新意识为主要目的的课程,但是,对于这门课程的地位和类型,课程计划、大纲和教科书的编写,教学的具体实施,教学的评估等,都处在初始阶段,还需要进行深入的研究。

(二) 作为校本课程资源的小学探究型课程的地位和作用

到目前为止,小学探究型课程仍然是一门校本课程资源,即学校课程。小学探究型课程再发展,其校本属性也很难改变。以本校为例,我校是上海市科技特色学校,也是上海"一期课改"的试验学校。将本校办学特色与"二期课改"的探究型课程的开发结合起来,是课改本身的一种全新尝试,但是,科技特色与"二期课改"如何融合,探究型课程与小学阶段的其他课程的关系如何结合等,这就需要从本校的条件和特色出发,进行校本课程资源的再创造。作为校本课程资源的探究型课程的开发,是一项有较大操作难度的学校工程,同时,也是一项十分紧迫而现实的任务。

(三) 建设探究型课程学习的支持系统

探究型课程的教学设施,不仅涉及学校教育体系的变革,还涉及客观社会的认可与支持;不仅需要转变相关教育主体的教育意识,还需要更多的实践操作与人力、物力的支持。就学校内部来说,在探究型课程学习的支持系统中,最重要的支撑在于三点。

(1) 教育理念的转变。变知识本位为学生发展本位;变应试本位为素质本位;变"学会"为"会学"。

(2) 行政领导的支持。学校领导对开设探究型课程有"革命"性认识,真正从培养学生创新精神与实践能力的高度,亲力亲为,参与尝试变革。

（3）师资队伍建设。探究型课程教学的师资队伍建设是支持系统中的重中之重。有优秀的教师才会有优秀的课程,且作为校本的探究性课程正要依靠优秀的教师去编写、设计和实施,教师要身兼课程设计与教学两职。这也是本课程的真正困难所在。

问题的提出,给本课程的研究带来挑战和困难;而问题的解决,恰恰给学校带来发展,最终是学生的发展带来机遇和希望,这就是本课程全部价值所在。

二、研究概述

（一）研究目标

1. 显性目标

改变传统的单一的接受式学习方法,创造开放的问题情境,指导学生以积极主动的学习者的态度参与探究活动,使其初步掌握观察、调查、实验、设计调研方案、分析解读数据等研究方法;初步具有判断、推理和对知识运用的能力;成为善于学习、善于推理、善于创造,会解决实际问题的人。

2. 隐性目标

实施创新教育,旨在开发每个人的创新潜能,培养其创新人格、创新意识、创新精神和创新能力,发现和开拓个人生命的价值。

（二）研究内容

1. 探究型课程设计与实施方案

1）课程目标

低年段:学会观察;喜欢观察日常生活中的事物、现象;知道观察的顺序、观察的方法;能收集相关信息,并做简单记录。

中年段:学会提问;能简单分析处理收集到的信息;了解进行探究的主要过程与基本手段。

高年段:善于发现问题,能制订简单的研究计划并付诸实施;会利用有关工具来搜集、分析和解读数据;能提出答案、解释和预测,能把研究结果告之于人。

2）课程内容的规划和安排

课程内容包括:①调查;②观察;③实验;④测量;⑤查阅;⑥制作等。

3）课程实施过程中的原则

课程实施中的原则包括：①研究性原则；②主体性原则；③循序性原则；④开放性原则；⑤合作性原则等。

4）探究类型

探究性学习是一种积极、有效的教与学的策略与手段。其中尤以两种类型最为普遍，即"以问题为中心的学习"和"以项目为中心的学习"。

（1）以问题为中心的学习，各年级课程情况如表1所示。

表1 分年级以问题为中心的学习课程

项目	一年级	二年级	三年级	四年级	五年级
调查	—	—	电脑病毒的危害	噪声污染的危害	空气污染的来源有哪些
观察	小乌龟喜欢吃什么	蝉什么时候开始鸣叫	小金鱼不喂食能存活吗	蚯蚓切成两段后还能活吗	雷雨后为什么空气格外新鲜
查阅	星星为什么会眨眼睛	冬天树为什么会掉叶子	废电池的危害	臭氧层有什么作用	地震的产生有没有规律
测量	—	—	什么季节的雨水特别多	阳光投影长度的测量	气压的高低与天气的关系
制作	陀螺为什么会变色	不倒翁不倒的奥秘	纸质模型滑翔机	溜溜球轻重与旋转的时间有没有关系	电动赛车模型的装配
实验	什么样的竹蜻蜓飞得高	磁铁能吸哪些物体	电脑病毒的传播和防治	净水真的很干净吗	洗衣粉对水质的影响

随着研究的深入，我们感到探究型课程的实施应与学科教学进行整合，把探究性学习方式引入学科教学，这样探究型课程才更具生命力。基于以上想法，我校组织教师从现行教材中挑选部分内容，与探究型课程有机结合，并用了一学期时间进行实践，形成了问题式课题。教师完成的课题有："动物自我保护的方法""自制乐器""我们的新操场""一滴水的探究""不乱花钱""汉字的变化""由'商场一角'引出的_____"等。

如"商场一角"是语文教材四年级第一学期第五单元写作内容，当老师布置作业，让学生双休日跟家长去商场实地感受一番时，学生提了一大堆问题：可以去超市吗？可以去花鸟市场吗？可以去专卖店吗？由此，教师决定就"商场"进行探究。老师们期望通过探究活动，使学生了解上海的繁荣，了解目前上海的一些零售格局,如商业街、商业中心、大卖场、超市、便利店、电子商务等;同时与作文教学相结合,要求学生能以日记、书信、调查报告、记叙文等文体,连贯、通顺地记录自己的活动过程及感受。

短短两周的探究活动结束了,但对参与的学生来说,收获颇多。从学生的调查报告、日记、感谢信、访谈记录中,能充分感受到学生对探究作文课的喜爱,学生不再为作文的内容苦恼,不再对作文感到枯燥。在活动中,学生共完成问卷 647 份,收集资料 10 份,走访超市 16 家,访谈家长 36 人次,拍摄录影带 1 卷,完成作文 42 篇、调查报告 4 篇。

在实践中我们发现,问题式探究缺乏系统性,比较单一、短促,不利于学生之间的合作,因此,我们产生了进行具有项目雏形的跨学科研究的念头。为了使每一个学生都能参与,我们在师生结合的基础上提出了项目,力求贴近社会生活实践,内容涉及交通、环保、饮食、住房等,一至五年级学生都可以在原有基础上深入开展探究学习。

(2) 以项目为中心的学习,各年级课程情况如表 2 所示。

表 2　分年级以项目为中心的学习课程

项目主题	一年级	二年级	三年级	四年级	五年级
环保	上海空气情况的调查	上海苏州河水质变化的调查	汽车尾气对环境污染的研究	绿地建设与环境保护的关系研究	上海光污染情况的调查及对策研究
交通	上海道路建设的情况调查	上海车辆情况调查	上海私人车辆的发展比较	上海桥梁的变化研究	上海公共交通历史变革研究
饮食	上海人早餐情况调查	上海人日常饮食种类的调查	上海餐饮业的发展研究	上海快餐业的发展研究	上海饮食习惯的研究
住房	上海民居的现状调查	上海民居室内装潢十年变迁的调查	上海宾馆建设二十年变迁的调查	上海民居房屋结构及辅助设施的研究	中外民居的结构比较研究

2. 探究型课程研究的基本模式

1) 指导学生选题

(1) 帮助学生寻找课题。小学生开展课题研究,受其年龄、知识水平的限制,有一定的难度,特别对专业术语,学生不理解。因此,在教学中,要避免出现专用名称,对学生提出的要求尽可能通俗易懂。开展探究型课程,首先要确立课题,而课题最佳的来源途径是学生在学习生活和社会生活中，自己发现并提出的问题。经了解，孩子们非常喜欢《十万个为什么》这本书，可见他们的好奇心和求知欲是非常强烈的，由此我们想到，能否建立一个"我们的十万"题库呢？因此，开学第一堂课，教师就让孩子们用"头脑风暴法"展开讨论。孩子们畅所欲言，提出了许多问题，如："橡皮为什么能擦铅笔字？""为什么手机没有线却可以通话？""人为什么会变老？""头发会长，为什么眉毛长到一定程度就不会再长了呢？""鸵鸟有翅膀，为什么不会飞？""为什么蛇没有脚，却能走路？"……在这么多问题中，教师再根据学生的兴趣爱好、知识水平、生活实际，从中选择一部分作为研究方向。

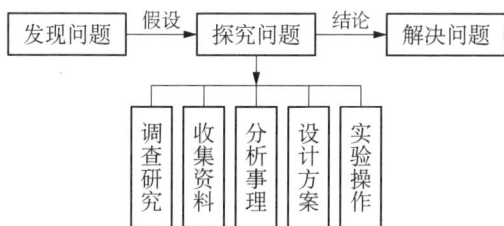

图1　研究结构

（2）帮助学生确立课题。在操作过程中，我们发现学生探究的热情很高，但同一个班级内课题种类太多，不利于教师的指导与学生的交流。因此，我们选择先确立一个研究方向，然后由孩子们根据自己想探究的问题确立小课题。如三（1）班学生对水产生了兴趣，提出了各种各样的问题，有"水是如何产生的？""水有哪些颜色？""为什么湖水是绿色的而海水是蓝色的？""人到底喝什么水好？""自来水里有哪些细菌？""什么水能使鸡蛋浮起来？""水在什么情况下容易蒸发？""哪些地方有水？""水加不同的物质会有什么不同的反应？""为什么水龙头能让水听话地流出、关闭？"……很显然，这些问题并不都能成为有探究价值的课题，于是，教师组织学生进行筛选："水有哪些颜色"和"为什么湖水是绿色的而海水是蓝色的"这两个问题可以合并成一个课题；"自来水中有哪些细菌"，这个问题研究起来比较复杂，三年级学生还没有达到这个知识水平；研究"水加不同的物质会有什么不同的反应"时，做实验会有一定的危险性；"为什么水龙头能让水听话地流出、关闭"这个问题和水的关系不大。经过师生共同筛选整理，最后，这几个问题上升为课题："水是如何产生的？""水有哪些颜色？""人到底喝什么水好？""什么水能使鸡蛋浮起来？""水在什么情况下容易蒸发？""哪些地方有水？"课题落实后，同学们自由组合，5～6人成立一个小组，开始探究活动。在此过程中，学生们又遇到了各种各样的困难，有的发现资料找不到；有的发现题目范围太大，无法操作。最后在教师的启发下，大家决定修正课题，有的缩小课题的范围，有的降低课题的难度，还有的小组调换了课题，如"水是如何产生的"改为"雨水是怎样形成的"，"水有哪些颜色"改为"黄河的水为什么是黄色的"，"人到底喝什么水好"改为"饮用水的市场调查"。

学生的思维是跳跃性的，他们提出的问题少了成人大脑中常有的"框框"，闪出了创新的火花。但也不可否认，由于学生阅历、知识面的局限性，部分问题有重复，部分问题有无法实施的缺点。这时，教师就要发挥好作用，通过组织学生讨论、辨析，根据问题的可行性、实效性，将学生提出的20多个问题，提炼为6个比较适合探究的课题，分别由各小组分头进行探究。

2）指导学生制订课题实施计划

首先，要根据课题的特点，制订实施计划。计划对于有步骤地开展探究活动是十分重要的，教师应当给学生必要的指导。如教师出示计划表的范例，帮助学生制订落实计划（见表3）。

表3　课题研究计划表范例

小队名称		探究课题	
活动时间安排		活动地点	
活动准备			
活动人员安排			
备注			

其次，要组织学生对初步拟订的计划进行讨论，提出建议和意见。讨论就是一种参与，能够最大限度地调动学生参加探究性学习的积极性和主动性，确保尽可能多的学生学会学习，学会探究，得到发展。

最后，计划的制订不是一成不变的，在探究活动实施的过程中，学生一定会发现许多环节会偏离计划，这就需要指导他们适时调整原先的计划。如在进行"土壤中是否有水"的课题的探究时，学生们发现需要增加一些实验材料，此时就需要修改计划。

3）指导学生收集资料

收集资料是小学生进行探究性学习的主要方法。教师要指导学生掌握这种方法，自己首先要能熟练操作。因此，我们要求教师自己先去实践，去上海图书馆查找资料，去上海书城买书，学会网络信息的搜寻及下载方法。然后运用几节课的时间，明确布置收集资料的要求，并且给予学生方法的指导。

（1）帮助学生了解资料形式。丁老师在上探究课《汉字的创造》前，让学生收集和汉字有关的资料。学生实践，教师引路。她自己先上网查阅了资料，又从图书馆找到了《汉字的故事》《儿童趣味识字画册——汉字的变化》等书籍，并到音乐书店买了 VCD《36 个象形字》等，从而使学生明确资料的形式有文字资料、图像资料、音像资料等。

（2）帮助学生了解资料收集的途径。丁老师在教学时把自己收集到的资料与学生共享，并为学生提供了几条收集资料的途径。几天后，学生们找来了不少资料，有从网上下载的有关甲骨文的资料，有从图书馆找到的《我国神话传说——仓颉造字》《千字文阅读训练——汉语可以治病》，还有从近期报刊上找到的《唐汉挑战郭沫若》《日本人写汉字》《逾半日本大学生想学汉语》《世界通用语中文最合适》《给汉字"洗脸"》等。由此使学生知道可通过查询、视听、采访、观察等方式收集资料。

（3）帮助学生掌握储存资料的方法。对于查找到的资料，我们要求学生用档案袋归类、保存。

4）指导学生进行调查

对小学生而言，探究型课程进行的调查研究主要集中于社会类调查，让学生有目的、有计划地去了解一些实际情况，发现存在的问题，提出自己的建议，从而丰富他们的社会经验。我们以"泰山旅游人群特征调查"为例，进行阐述。

（1）确定调查对象。2002 年暑假，上海市虹口区飞虹路小学与山东兖州实验小学的学生联手做课题，到五岳之首的"泰山"，历史文化名城曲阜进行考察活动。在去山东之前，我们做了大量的前期准备工作，学生提出了自己最感兴趣的问题：作为世界文化遗产，泰山在人们心中的地位如何？由此我们确定了以泰山旅游人群作为调查的对象。

（2）设计调查问卷。问卷调查要取得成功，问卷的设计尤其重要。教师告诉学生调查所得的数据要为结题报告提供有力的证据，要根据文章需要的数据来设计问卷。学生展开讨论，有同学提出可以设计："泰山最吸引您的是_____"，"泰山管理有待改进的是_____"。这些都能紧扣主题，教师予以了充分肯定。同时，也提示学生是否可以调查一下被调查者的年龄、职业、学历、收入等情况，这样，可以了解不同的人是怎样看待泰山的。

（3）整理调查材料。返回上海后，学生对问卷进行了整理、归类，并作了统计。如年龄，游客中，10 岁以下的占 5.6%，11～20 岁的占 22.1%，21～30 岁的占 30.5%，31～40 岁的占 26.5%，41～50 岁的占 8.3%，51～60 岁的占 1.4%，60 岁以上的占 5.6%。各个年龄段的人都有，以中、青年居多，也有老年人和儿童，可见，各个年龄层的人都喜欢泰山。根据统计数据，学生还绘制了统计图表。

5）指导学生撰写结题报告

小学生撰写结题报告可以培养归纳、总结、叙述的能力。要求简明、通俗、具体、扼要。一般来说报告应具备以下内容：做了什么事情（研究的题目）；是谁做的（课题组负责人和组员）；为什么要做（课题的目的、意义、来源及背景）；怎样做的（课题研究过程）；做得怎样（课题研究结果）；收获或体会（有哪些尚待解决的问题，有什么感受）；参考了什么书（参考文献）。

3. 探究型课程实施的策略研究

1）探究型课程的实施程序、方式和评价

不同课程有共同的教学规律，有不同的教学策略。人文学科和自然学科教学的实施就迥然不同。前者讲究意境、内涵，后者强调法则和实证。探究型课程则又不同，它的课程内容的选择是明确的；它的课程属性是跨学科的；它的教学目标既包括"培养学生的创新精神和实践能力"，又包括"由学生设定研究目标，形成一个指向不同个体的目标群"。因此，探究型课程形成了和其他课程大相径庭的学习程序、学习途径和评价方式。

（1）探究性学习的实施程序。一门独立的课程，其成熟的标志是形成教学实施的程序，虽然这种程序并非模式化的，但是约定俗成的。探究性学习是一种问题解决的模式，对其课程的理解，也可称阶段，虽然有各种说法，但依据本校实施经验，大体上分为：问题情境阶段—实践体验阶段—交流和表达阶段。即使再细化为 4 个阶段或 5 个阶段，但上述"3 个阶段论"无疑是最简明扼要的表达。

（2）探究性学习的组织形式。对探究性学习的组织形式可以有多维度的思考：从课程特点来划分；从学习者主体来划分；从实施方式来划分。限于小学探究型课程的局限，本文主要从学习者主体来划分。小学的探究型课程，其组织形式一般分为：个人独立研究，小组合作研究，全班集体研究。在小学低年级阶段，个人独立研究比较难以开展，在高年级阶段可以"开放式长作业"形式，让每个学生自定具体题目，各自开展相对独立的研究，用几个星期、几个月，乃至更长时间完成专题研究性学习。小组合作研究是本校经常采用的组织形式。一般由 2～6 名学生组成课题组，在教师指导下，课题组成员有分有合，各展所长，协作互补。全班集体研究在小学阶段有相当难度，一来小学阶段课题（项目）规模不大，二来由于学生能力和水平的制约，开展不多，但是，本校学生登泰山做调查研究则是一次成功的尝试。

（3）对探究型课程的评价。首先，探究型课程的评价重过程、重应用、重体验、重全员参与，体现形成性评价的特点。其次，探究性学习评价是多元的，评价者可以是教师，可以是学生，可以是家长，也可以是社区公众。最后，探究性学习评价内容是丰富的，涉及研究者参与学习活动的态度，研究者在探究中的体验、学习，研究的方法与技能,创新精神和实践能力等。

2)探究性学习的师资保证

教师是确保探究性学习顺利开展的重要因素。要使教师适应探究性学习的挑战,应当着手做以下的努力。

(1)拓宽教师的知识面。探究性学习的目的是培养学生的综合能力与实践能力。当前多数教师的知识结构单一,其思维模式没有达到综合化与实践化的要求。因此,要努力拓宽教师的知识面。

(2)促使教师的教学模式从逻辑理性转向实践理性。这既要求教师改变传统的知识授受模式,形成以实践促认知的新思维,又要求教师走出学校,参与社会实践,获得参与社会的体验,建构自己初步实践理性的知识结构。

(3)增强教师群体的合作意识,达成不同学科教师之间的合作与互助。我校在探究型课程的实践中,通过大力推动教师的培训学习,强化"二期课改"的学科合作,增强学校和社区之间的联系等办法来提升师资水平。

3)凸显学生在探究性学习中的主体地位

探究型课程以学生的"自由选题、自主探究和自由创造"为宗旨,教师的权威建立在教师借助学生的积极参与以促进其充分发展的能力之上。学生在研究和探索中始终处于主体地位,他们的直觉思维和创造思维能力得到充分的培养,当探究成功后,教师的充分肯定和尊重又进一步增强了他们的自信心,从而激励他们进行新的探索和创造。

人本主义心理学认为,要使个人的创造力得到充分的发挥和发展,必须使他达到心理安全和心理自由。我校的探究性学习很好地做到了这一点。一是它为学生提供了更多的活动以及表现和发展的机会,如学生可以按照自己的兴趣爱好自由选择课题,自愿组成探究小组,自己选择活动方式,自己寻求支持。二是探究性学习崇尚个人的差别和独创见解,要求教师尊重每一个学生对探究内容与方式的选择。三是为学生创造了一个无拘无束的氛围,让学生可以发挥自由奔放和新颖的想象,使学生的创造潜能得以充分释放。

三、研究方法

1. 文献研究法

探究型课程的内容选择要求具有问题性、开放性、综合性、社会性、实践性,与我校多年来开展的科技教育有一定联系。我校在对学生进行科技教育的过程中积累了大量的资料,这些资料对我们的课题研究是十分宝贵的,我们可以从中研究小学生设计和实施探究活动的特点、规律等。

2. 行动研究法

"二期课改"是一件切实的工作。如何引导小学生开展问题探究,这既需要理论的说明,又需要实践的论证。这需要我们在实践中不断地探索。

3. 个案研究法

在我们的学生与教师中,必然会出现一些典型的情况。如有的教师特别能引导学生发现问题,有的学生善于设计创新方案,而有的学生却束手无策等。对这些问题,我们可以而且应该进行跟踪调查,做个案研究。

四、研究过程

1. 研究时间

2000 年 2 月至 2003 年 6 月。

2. 研究步骤

第一阶段:研究方案设计准备阶段(2000 年 2 月至 2000 年 8 月)

主要工作:

(1) 收集有关探究理论、探究活动等方面的资料,组织学习和研究。

(2) 学习上海市"二期课改"方案,领会课改精神和具体设想。

(3) 根据课改精神、探究理论与本校特色,设计实施方案,并制订相关的实施策略。

第二阶段:研究方案组织实施阶段(2000 年 9 月至 2002 年 8 月)

主要工作:

(1) 分年段,按规划实施方案。

(2) 边行动、边研究、边思考、边总结,根据具体情况进行调整与修改,然后继续实施。

(3) 进行个案调查研究。

第三阶段:总结整理阶段(2002 年 9 月至 2003 年 6 月)

对方案研究实施情况进行总结,撰写研究报告,编写小学生探究活动案例,整理其他成果。

五、理论和实践的探索

(一) 探究型课程的基本目标

上海的"二期课改",提出了由基础型、拓展型、研究型三类功能性课程组合的新课程结构。拓展型课程是对基础型课程的扩散,在三类课程中有"中庸"的特点。研究型课程和基础型课程相比,虽然二者的总目标是一致的,都指向德、智、体、美、劳及综合素质的提高,但在落实培养目标时,侧重点有所不同:基础型课程侧重于科学文化知识的掌握和基本认知能力的培养;而研究型课程则强调情意素质的发展。探究型课程隶属于研究型课程,亦具有此种特点。

(1)能力目标。探究型课程要使学生具有认识世界、探究问题的能力,实际上是雏形的科学研究基本能力。这种能力包括:对重要的科学事实、概念、原理的理解能力;把相关的科学知识运用于社会生活的能力;进行科学探究的能力;能理解科学技术特点,并据此作出判断的能力;能正确理解科学、技术、社会三者关系的能力等。探究型课程中的能力主要包括以下 3 个方面:①研究能力和创新能力。探究型课程的实施常常需要学生围绕某一问题,广泛收集资料,分析资料,提出假设,验证假设,积极发表个人见解。在这一过程中,学生的研究能力和创新能力得到提高。②独立思考能力和操作能力。探究型课程的实施往往需要围绕某一课题,采用自主研究模式,即在教师指导下,学生自主确定课题,独立开展研究,最后提交研究报告等。这有助于学生独立思考能力和操作能力的培养。③人际交往能力和组织能力。探究型问题的解决尽管以自主研究为主,事实上离不开合作与交流。知识型学科的学习是个体式的自主,探究性学习是集体(小组)式的自主,长此以往,有助于学生人际交往能力和组织能力的提高。

(2)情意目标,即情商(EQ)的要求。主要包括:关心社会发展和科技进步、关心外部生存环境、关心可持续发展的社会责任感;合作与协调;尊重、理解与容忍;勇于探索、不断进取的人格力量和价值取向;尊重事实,坚持真理的科学精神;对固有观念的质疑和批判;对未知事物的好奇心理、浓厚兴趣和求知欲望;知难而进的意志品质和坚强毅力,等等。

(3)知识目标。任何学习都是以知识为基础的。与学科课程学习侧重于吸收间接知识、系统知识不同,探究型课程学习更侧重于直接经验的掌握,提倡在综合应用和问题研究中拓展知识视野,形成更广泛的学习兴趣,并为创新打下基础。

(二)两种探究类型

在本课题的实践中,我们已基本了解到两种类型的探究学习方式,即"以问题为中心的学习"和"以项目为中心的学习"。

以问题为中心的学习是一种关注经验的学习,是为解决问题组织的。以问题为中心的学习能提供真实的体验,这些体验不但有助于各门学科知识的综合化,而且能够培养学生学习的主动性,构建知识框架,并能使学生自然地把习得知识与现实生活相联系。问题情境是课程的组织核心。当学生身处不同角度看待事物时，问题情境能够吸引并维持学生的兴趣，使他们积极寻找解决问题的方法。教师是学生解决问题时的参谋，也是学生解决问题过程中的指导者。

以项目为中心的学习是探究型课程的另一种类型。它不是单一的问题，而是系统的问题；它不光是一种生活经验，更多的是跨学科的组合；它不是几节课就能解决的，而是要延续几周，甚至更长时间才能得出结论。首先，这种学习给学生提供了更为自主的空间，同时对学生的探究能力、意志和毅力水平提出了更高的要求。其次，它提供了一个跨学科学习的机会，让学生们有机会在一个真实的项目研究过程中运用和整合不同学科领域的内容。再次，它建立了与课堂以外生活的联系，使研究更有实在的体验。同时，让学生学到了必要的技能，如与他人协作，缜密的决策，创新精神与解决问题的能力。最后，它赋予了教师指导者、促进者、共同学习者等各种身份，不但密切了师生关系，而且也密切了教师与同事、教师与社会的关系。

"以问题为中心的学习"和"以项目为中心的学习"，虽然实施方法不同，但在目标上是一致的，因此，两者可结合使用，相辅相成，甚至可以将"项目"分解为一个个具体的"问题"，实现"你中有我""我中有你"的交叉。

（三）探究型课程中的问题设计

"以问题为中心的学习"和"以项目为中心的学习"，不管是"问题"还是"项目"，都是以问题为基础的。项目是多个问题的交叉和融合。

在任何形式的学习活动中，问题都是学习的中心。在传统的学科教学中，教师常常既是问题的提出者，又是问题反馈的接受者。在探究型课程的学习中，教师的问题更具有反思性和开放性，更注重问题的形式。对小学生来说，其问题类型可分为：推论性问题、解释性问题、迁移性问题，以及假设性问题。

（1）推论性问题。要求学生依据已有知识（信息）寻求新的信息。譬如，学生学照相，老师拿出一张人物风景照让学生回答以下问题：照片是什么时候、在什么地方拍的？拍摄时，摄影者的位置在哪儿？光源在哪儿？照片上人物的心情怎样？

（2）解释性问题。要求学生理解信息或观点所表示的意义。譬如，做"鸡蛋在盐水里浮起来"的实验，鸡蛋在清水里沉下去后，不断地在清水中溶解盐，然后鸡蛋浮了起来。只有当水比鸡蛋重的时候，鸡蛋才会浮起来。水为什么比鸡蛋重了呢？由学生作出解释。

（3）迁移性问题。如果说，推论性问题和解释性问题是让学生们进行深入的思考，那么迁移性问题则是激发学生拓宽思维广度，并把先前学得的知识机智地运用到新的情景中去。学校有个课题"探究布料的质地"。首先,教师做了个小实验。当着学生的面烧了一块小小的羊皮和一片小小的塑料纸。学生们发现,烧羊皮时发出了臭味,烧塑料纸的时候,塑料纸粘在了一起。然后,教师拿出了几块小布料,分别是毛料布、纯棉布、化纤布,也烧了起来。结果,一块布烧成了白灰,一块布一烧就粘在了一起,一块布烧的时候有臭味。此时,提出如何区分三种布料的问题,学生有了前面烧羊皮和塑料纸的体验,很容易就可以回答出来了。

（4）假设性问题。有经验的教师多不满足了揭示现成的结论,而是努力去开拓学生的预见性思维,积极预见随后可能的结果。诸葛亮唱空城计,如果你（学生）是司马懿,会怎样用兵呢？学生们都纷纷假设可能的结果。

（四）问题探究的阶段

探究性学习的过程就是问题探究的过程,问题探究有一定的阶段规律。

（1）建立问题阶段。在基于问题的学习单元的开始阶段,学生们就要识别需要调查或探究的问题,建立假设,以利于更全面地认识,在这一问题中究竟是什么在起作用。

（2）探究和调查阶段。在这个阶段,学生们通过收集信息资料和从教师那里得到的帮助,加深对问题所涉及的知识和概念的认识。

（3）形成解决问题的方案。在形成解决方案的阶段,对推理的要求很高。如自然老师上完课后给每个学生发了一只小乌龟,要求大家研究小乌龟的生活习性。小朋友们每天不停地给小乌龟喂食,希望它健健康康地活着,不料,几天后小乌龟绝食了。于是,老师就布置了一个课题,让大家去寻找小乌龟绝食的原因,并提出解决方案。

（4）汇报学习小组的成绩。当学生们完成了自己的解决方案之后,教师应当要求学生完成研究报告（简写）。在这一阶段,师生要重新审视复杂的观点,讨论问题的解决过程,对自我和小组进行评估,并把着重点放在元认知的技能上。

六、效果分析

（一）三个"突破"

1. 突破了课堂教学的封闭性

开展此项研究,要求教师摆脱教材的束缚,灵活运用教材,创造性地使用教材,甚至能根据学生的需要自编教材。同时,也让学生学习活动的空间不再局限于教室,而是到大自然中去、到社会实践中去、到集体活动中去,突破"课堂教学就是教室里上课"的传统观念,使原本有限的课堂教学活动,在深度、广度上得到拓展,从而有更多的时间留给学生去研究、去思考、去创造,有效地培养学生自主学习的能力和团结协作的精神。

2. 突破了师生交流的单向性

此项研究在教师和学生之间建立了一种新的关系,在这种新的关系中教师不再作为知识的权威将预先组织的知识体系传递给学生,而是与学生同处于一个平等的地位进行读书、讨论、研究、争论。角色的转换,使学生从被动走向主动,从机械性学习变为创造性学习,在互相问答,互相讨论的共同活动中,能力得到不断发展。同时,利用小组合作学习和师生交流的机会,实现了资源共享,形成了研究氛围。

3. 突破了教学设计的程序化

本项研究打破了传统课堂教学中把知识"展示""告诉"学生的程式化学习方式,注重引导学生自主学习、独立思考。

(二) 三个"有利于"

1. 有利于培养学生的创造性思维

创造性思维是从问题开始的。从"问题解决"的角度看,创造性思维就是一个发现问题、明确问题、提出假设、验证假设的过程。所以,科学创造、文艺创作以及其他的创造活动,其思维过程都起始于问题。发现问题和提出问题是解决问题的前提,它的重要性如同爱因斯坦所说:"提出一个问题往往比解决一个问题更重要,因为解决问题也许仅是数学上的或实验上的技能而已,而提出新的问题,新的可能性,从新的角度去看旧问题,却需要创造性的想象力,而且标志着科学的真正的进步。"在发现问题的过程中,思维的创造性主要表现在能够同中见异、异中见同和平中见奇,能够从一般人不易觉察的地方看出问题。而要做到这一点,又在于能否对司空见惯的事物提出疑问。如果说发现问题是解决问题的开端,那么质疑又是发现问题的起点。不质疑,便无问题可言。善于质疑的品质和问题意识的建立又与一个人的好奇心和敏锐的洞察力相联系。

2. 有利于培养学生的创造兴趣,强化发现问题的意识

创造性思维的激发需要良好的氛围,适宜的心理环境。因此,必须为学生创造良好的课堂气氛。要善于创设问题的情境,有意识地设疑,让学生处于探索和解决问题的过程之中,激发认知兴趣,鼓励学生勇于发问,大胆质疑。在教学过程中,师生之间和学生之间的讨论与争辩是正常现象,重要的是要求学生自己排疑解难,获

取新的知识,培养思维的探求性;引导学生对发现的问题举一反三,把握规律,培养思维的广阔性。

正如吉尔福特所言,"创造性活动是由儿童生活的社会气氛培养出来的"。探究型课程的教学实践应努力在学生中营造一种"研究""探索""钻研"的氛围,在重视个体状态下的创新精神、实践能力培养的同时,注重群体状态下的个体创造、实践要素的培养,从根本上提高全体学生的素质。

3. 有利于培养学生的科学精神

许多专家认为,学校的教学应该促进、强化和发展儿童的学习、创造和发现的能力,满足儿童把对世界的片段认识升级为新的总体认识的愿望,使孩子们学会一种程序,掌握一种方法,发展一种思维,这对于孩子们来说是非常有用的。

探究型课程的设计和实施尽管以小学生为对象,但它遵循的是科学研究的程序与方法。学生设计的课题和科学研究的课题是不同的。学生并非要通过探究解决理论上的重大问题,以推动社会与科学的进步,而是通过科技探究活动获得一定的科研能力,主要是培养一种意识,一种爱科学、爱创新、爱独立思考、爱探究、爱动手实践的意识和精神。而根据我们的观点,"过程"对小学生科学意识和探究能力的形成的影响力和重要性远远胜过"结果"。

(三) 三个"建立"

1. 建立适应探究型课程的教师队伍

教师是保证探究性学习顺利开展的重要因素,目前存在的问题有:①大部分教师知识结构不够完善,难以应对探究性学习对教师跨学科的综合知识结构的要求。②大部分教师的教学模式还没有从逻辑理性转向实践理性,教学方式与教学思维还停留在单纯的知识授受上,在培养学生知识的综合与应用方面力不从心。③教师群体的合作意识不强,仍停留在工作的个性化和个体化阶段,无法达成专业间的合作与互助。探究性学习需要的是综合知识与综合思维。

针对探究性学习的特点,本校正在建立适应探究型课程教学的教师队伍。现在全校已经有33名教师参加了探究型课程教学,占全校教师人数的79%。学校还建立了"二期课改"领导小组,以加强学科间的协调与融合,打破学科和教师的个体化运作,初步适应了探究性学习的要求。

2. 建立探究型课程的课题(项目)库

近年来,随着"二期课改"的深入,我校的探究型课程课题(项目)库建设也初具规模。现在已经积累各类课题(项目)110个,其中成熟的课题(项目)14个。学校为此投入3万元经费添置了必要的仪器、设备,以确保探究型课程教学的开展。

3. 建立探究型课程的校本教材

教材，是老师上课、学生学习的基本材料。教材是课程的载体。

近年，我校以探究型课程的案例为基础建立了分年级、有侧重的校本教材。

七、对若干问题的思考

（1）师资问题。探究型课程具有很强的综合性和实践性，这就给教师提出了更高的要求，但目前的各类培训，未考虑教师这方面的专业发展。

（2）教材问题。从我校的研究来看，通过前期的积累，已经有一套校本教材，但还是不能满足学生的不同需要。

（3）学生适应问题。由于学生习惯了教师的传授，习惯了跟随教师，甚至习惯了看教师的眼色行事，所以让学生适应新的课程模式需要一个过程。

（4）评价问题。我校将学生开展课题研究的考核与少先队争章活动相结合，取得了一定的效果，然而此项考核还不够细致，还需不断研究。

2003 年 11 月于华东师大一附中实验小学（原飞虹路小学）

参考文献

［1］安桂清. 研究型课程探微［J］. 课程·教材·教法，2000(3).

［2］胡庆芳. 美国研究性学习的理论和实践［J］. 教学与管理，2002(7).

［3］张青雅. 论研究性学习的支持系统［J］. 教育发展研究，2002(5).

［4］张人红. "研究性学习"在美国［J］. 教育发展研究，2001(8).

［5］李讳. 关于研究型课程开发的构想［J］. 中国教育学刊，2001(1).

［6］李召存. 研究性学习初探［J］. 中国教育学刊，2001(1).

［7］胡兴宏. 研究性学习活动实施中的操作问题［J］. 上海教育科研，2001(5).

［8］严方. 着眼于学生学习方式的转变［J］. 全球教育展望，2001(1).

对小学环境科技教育的有效途径、方法的探索

培养学生的创新精神和实践能力，提高学生的综合素质日益受到广泛关注。我校是上海科技特色学校，一直在寻找培养学生科技实践能力的有效途径。近年

来,我校以环境科技教育为突破口,围绕一个核心(提高学生素质),注重两个"全体"(面向全体学生,让全体学生在不同层次上获得成功),突出三个要素(寓能力培养于环境科技教育活动之中,寓科技创造于实践活动之中,寓科技创造教育于整体改革之中),贯彻四个原则(整体构建,分层实施,重点突破,创建特色),追求五个目标(使环境科技教育活动成为快乐的世界、智能的园地、信息的窗口、创造的舞台、成才的摇篮),达到六个快乐(乐在玩耍、乐在自主、乐在探索、乐在动手、乐在表现、乐在成功),把科技教育融入学校的整体工作中,全方位、多角度地宣传科普知识,培养科学素养,树立科学精神。

一、营造浓郁科技氛围

(一) 环境布置,体现特色

我校一直以"科技教育成特色,素质教育争一流"作为办学目标,开展各项科技活动。为使学生感受到浓郁的科技氛围,让学生一踏进校园,就置身于浓厚的科技教育氛围中,感受科技教育的熏陶,我们做了以下工作。

在领操台的背景墙上,用玻璃马赛克拼制了一幅科技抽象画,画面的主题为一只硕大的恐龙,似乎在述说着由于环境变化导致恐龙灭绝的故事,提醒人们注意保护环境。在领操台左侧,竖起了两架三米多高的火箭模型,当时正值"神舟五号"载人火箭安全返回之际,我们组织了隆重的落成仪式,鼓励学生向宇航员叔叔学习,从小树立远大理想,为祖国的航天事业作出贡献。科技橱窗会随着学校每学期的活动主题进行内容调换,有环境保护漫画、有学生用废弃物制作的作品展示、有获奖学生介绍等。

在学生们每天上课的教室里,我们布置了有班级特色的科技角,如动植物的养殖、学生作品的陈列等,为全校师生营造了"爱科学、学科学、用科学"的良好氛围,无声地告诉学生科技并不神秘,科技就在身边。

(二) 添置设备,鼓励创新

随着科技活动的广泛开展,以往的教学设备已不能满足师生活动的需要。为此,学校重新投入资金,更新设备、完善设施。劳技教室里添置了许多工具橱。在几十个小抽屉里分门别类地摆放着学生制作的工具,抽屉上还贴着标签,便于学生寻找。这些人性化的设计大大提高了课堂效率,也养成了学生良好的操作习惯。教室里还增加了展示架,展示着学校科技教学的成果。

为了改变以往纯手工制作费时费力的情况,学校添置了许多设备,把一些加工机械纳入了课堂。如砂皮机,在学生运用木块开展制作时,能够把木块打磨到精准尺寸,使作品更加精致、美观。钻台,改变了学生用锥子钻孔费时费力的状况,让他们能轻轻松松完成打孔这道工序。线锯机,大大方便学生的切割制作。除此之外,还有雕磨机、小车床、空压机等。这些加工机械大大简化了学生的制作程序,为手工制作提供了便利。

学生在制作中品味劳动的艰辛,体验创造的乐趣,学习必要的技巧,促进自我的发展。设备的更新,设施的完善为学生搭建了一个放飞梦想的舞台。放学后,总有学生来到劳技教室,在这里忙忙碌碌。展示架上,创新作品层出不穷。比赛场上,手工作品令人耳目一新。

(三) 科技晨会,协同教育

为了加强宣传的力度,我校利用闭路电视系统,结合开展的环保课题,开设了科技晨会课,向全校学生介绍环保科学小知识,倡导不随意丢弃物品,用废弃物开展小制作活动,此创意受到全校学生的积极响应。在科技辅导员的指导下,学生们用废弃物制作成了"会拜年的小狗""星星储物罐"等。科技晨会课的开设,不仅让学生及时了解了科技信息、掌握了一些制作方法和技巧,还体会到了废弃物的再生价值,以及环保的重要性。

我们要通过科技晨会课告诉学生,只要善于观察,肯动脑、肯动手,就可以拥有自己的小发明小制作。我们还经常邀请科技小能手、科技爱好者向全校师生介绍自己的作品,以及创造发明的真切体会。在师生互动中,学校里科技的氛围愈加浓厚。

(四) 学科活动,整合资源

科技探究活动,不仅让学生开阔了眼界,增长了科技知识,还让学生产生了一种"我要写"的欲望。我们利用这一契机,结合学校原有的语文学科活动——"月季花"作文竞赛,组织开展了"探索科技 畅想未来"征文活动。

为了鼓励大家,我们改革了参赛、评选的方式:在教导处门口设置投稿箱,由全体教师、学生共同作评委选出优秀作品。学生的自主性增加了,兴趣更浓了,科技探究征文活动让学生们发现,原来语文学习也是有滋有味的。学生的写作兴趣增加了,水平也有了显著提高,收获越来越多。王家慧同学的《热气球飞起来了》、巢易成同学的《假如我是发明家》等文章还先后发表在《新闻晚报》《作文大王》等报刊上。

二、结合实际编写教材

(一) 健全组织,落实到位

为了确保学校环境科技教育的有序运转,我校建立了由校长负责、副校长分管、科技总辅导牵头、专家指导、科技老师具体操作、班主任协助参与的科技教育网络。同时,我校健全了环境科技教育教学常规制度,包括环境科技教育活动的教材管理、环境科技教育活动的课时管理、环境科技教育活动奖励制度、环境科技教育活动的资料管理等,确保了科技活动的时间落实、地点落实、内容落实、学生落实、经费落实。

(二) 调整师资,形成合力

一支过硬的科技师资队伍,直接关系到科技教育的质量。为此,我校建设了以下几支队伍。一是专职活动课辅导教师队伍。这支队伍由五位自然常识课教师组成,研究不同年级的科技训练体系,自编教材,同时承担着全校活动课的整体设计和对教师的全面指导工作。二是兼职的活动课辅导教师队伍。这支队伍主要由班主任和部分课任教师组成,采取老带新、走出去、滚雪球的办法,使青年教师逐渐熟悉制作技艺、教学过程等。每两周开展一次教研活动,集体研讨,集体备课,互相交流,互相听课,提高科技活动课的质量。三是校外辅导员队伍。这支队伍由家长、退休技工等组成,担任各项技能活动课的指导任务,如创新船模的制作、机器人项目的开展等,使我校科技教育的内容更丰富。四是科技顾问团,由科技工作者、少科站老师组成。他们定期来我校指导科技工作,把握科技教育发展的方向。

(三) 依托课改,编写教材

1. 环境科技教育内容的开发

我校开展的"环境科技教育"研究重点落实在环境保护教育上。让我们的孩子从小树立环境意识,懂得保护环境,并且形成运用科技手段解决环境保护中所出现的问题的科学意识,这对于人生和成长都是至关重要的。我们期望通过环境保护教育,使学生在实践过程中能形成初步的问题解决能力,培养科学的精神。

表1　环境科技教育分年级教学安排

总目标		了解人类社会面临的环境问题,由此产生危机感和紧迫感。培养学生从小爱护环境、珍惜资源的意识,树立保护环境人人有责的思想。初步掌握循环利用等节约资源的方法和基本的操作技能,尝试将环保知识应用于日常生活中				
年级		一年级	二年级	三年级	四年级	五年级
第一学期	大气	生命之母在哭泣	灰尘家族	爸爸的咳嗽	交警的苦恼	地球变暖了
	水	水:生命的摇篮	水姑娘的舞蹈	自来水的来龙去脉	湖泊的呼唤	水,留给后代的厚礼
	噪声	令人讨厌的噪声	身边的噪声	现代城市新杀手	噪声的治理	寻找美妙的声音
	城市	兴旺的城市家族	城市需要和风细雨	悲惨世界:城市问题	城市处处美	城市的未来
	居室	我爱我家	居室小气候	窗户:居室的眼睛	绿色走进我的家	我该怎样生活?
	垃圾	垃圾从何来	垃圾中的宝贝	危险的垃圾	"自由国家"的悲剧	美丽的家园
	绿化	绿色在消失	自然界中的氧工厂	拯救森林	沙尘暴的启示	城市绿色行动
	植物	形形色色的植物	大自然的拓荒者	抗灾防害的战士	地球清洁工	天然宝库
第二学期	海洋	海底宝库	谁是大洋杀手	蔚蓝色漫游	海洋不再蔚蓝	蓝色希望工程
	自然	五彩缤纷的自然保护区	自然乐园	植物荟萃	动物天堂	觉醒的人类
	野生动物	动物和它们的摇篮	和鸟类交朋友	举足轻重的朋友	野生动物的悲哀	让生命生生不息
	土壤	土壤里有什么	土壤:动植物的家	土壤得病了	整治土壤	保护土壤,保护环境
	农业	食品王国的"国王"	农业的挑战	绿色革命	生态农业好处多	清洁美丽新农村
	战争	毁在几十秒间	射向大自然的毒箭	海湾战争的启示	环境战种种	人类拒绝战争
	古代环保	大禹治水	捍卫森林	绿色的梦	古人的贡献	黄河的见证
	行动	我为环保出份力交流会	我和环保交朋友故事会	环保信息发布会	环保知识竞赛	环保从我做起探究成果展示

2. 环境科技教育活动的设计

1）社团活动

社团活动是一种以学生兴趣为主，自愿参加，活动形式较为宽松自由的校内课外科技教育形式。其教育目标是通过生动活泼的环境科技教育活动，培养学生的科学态度、科学习惯；培养学生动手制作的能力和窍门，扩大学生的科技知识面；培养学生勇于探索、勇于创造、勇于实践的精神。

环境科技社团活动是一种专题性的教育形式，在内容安排上，一般以专题为中心选取相关内容。专题内容有"变废为宝"、"蔬果盆景"、"创新三模"（船模、车模、箭模）、创造发明、机器人制作等。为使社团活动更具时代特征，我校还将现代环保、航天科技等引入社团活动。如"创新三模"，许多原理在数学、常识课中都已学过，制作"三模"就是运用这些知识的过程。为了加深学生对自然与人类的认识，在制作中引入了节约能源的概念，跳出了传统的制作框架。活动中，学生不仅要掌握许多科学知识和技能，更重要的是必须形成用科学价值观看待自然和社会，用科学态度和方法保护自然环境，促进社会发展的意识。

2）科技节活动

上海每年5月举办科技周活动，我校也积极响应。为使每个孩子都能一展所长，我们不仅开展了常规的科普"五个一"活动，即看一部科普影片、完成一个小制作、设计一份科技创意、画一幅科技幻想图、讲一个科学家的小故事，同时还举办了专题科技节大型活动，如"科技奥运会""空气运动会""科技大世界""新、奇、乐园地"等。

2001年，我校开展了"欢乐创意总动员"科技周活动，学校大队部不仅组织了"紧急碰撞""搭桥承载""科学论坛"等13项中队创意活动，还组织同学们自己设计了"飞向宇宙""桌面保龄球"等3个课间创意游戏。学生们的参与热情空前高涨，作品制作水平也在不断提高。如科技创意小报比赛，有的作品已升级到用电脑排版制作。这得益于我校长期以来对学生的电脑培训与部分家长的大力配合。又如绿色环保车设计赛，学生们各出高招，风力车、电力车、磁力车，还有太阳能车，应有尽有。在最后举行的"欢乐创意总动员"竞赛中，全校学生分成三个方队，进行了"发型创意大比拼""Yes or No 看谁行""车模操纵大比拼"等三个板块的创意活动，把整个活动推向高潮。

2005年，我校开展"未来畅想曲"科技周展示活动。首先，有获奖的头脑 OM 竞赛小品表演，有激烈的科技辩论会，有航天搭载活动，还有欢快的现场问答等。然后，在各班的教室里又集中向大家展示了探究型小课题的研究过程及结果。通过这次活动，全校师生爱科学、学科学的热情空前高涨，同时经过老师辅导产生了

4篇科学小论文，以及10个科学小课题。这对培养学生的创造能力以及独立发现问题、解决问题的能力起到了很大的作用。

3）校社联动

环境科技教育要进一步发展就必须走社会化道路。这些年，我们在校内开展环境科技教育的同时，把争取社会各界力量的支持和帮助，作为搞好环境科技教育的重要一环来抓。依托街道对社会各单位进行宣传、发动和协调，调动大家参与科技教育的积极性，充分发挥社区教育大网络的功能、基地的功能。

"搭建创新舞台 共铸民族未来"系列活动之一，启明星广场"社区科技派对"活动是由上海青年文化活动中心、《动手做》报社、虹口区新港街道党工委、团区委少工部主办，上海少科院、《动手做》报编辑部和我校共同承办的一次大型社区活动。以"寓学于用中探索创新，社校联动中快乐体验，手拉手互动中树立科学精神，学科学家典范中弘扬民族精神"为活动主题。发挥社会科技教育资源的合力，通过活动载体来改变青少年学生学科学的方法。把"科技创造绿色生活"主题教育贯穿于社区科技派对活动中，鼓励青少年学习科学家求实态度，突出过程研究，运用已有的知识技能去探索新知，能动地获得创新的本领，让他们在轻松有趣的氛围中获得体验，建构知识，掌握创新技能。使青少年学生在与科技专家及老科技工作者手拉手互动中弘扬科学精神和民族精神，实现科学教育与人文教育的整合。

本次活动共分两个阶段，首先中科院小卫星工程设计院张祥根、船舶科技家虞彤云、运十飞机设计制造者之一高国志、全国青少年模型竞赛总裁判长张国钧等为学生们做了精彩的"火箭升空""直升机模型升空"等的表演，随后，在校园内开展了各项科技活动。丰富多彩的内容激发起青少年和部分市民的热情，将活动推向了高潮。走道上，学生制作的电动车吸引了众多的目光；小操场上，来自社区的同学们正饶有兴致地参加环保体育游戏；一次性纸杯制作的小鱼引来了众多的垂钓者；可乐罐制成的保龄球大奖赛让大家跃跃欲试；找个伙伴就可以用环保拉力器或者环保三毛球比试比试。看着同学们那高兴劲儿，一些社区居民也跃跃欲试。教学楼的泥塑吧、蔬果盆景吧、电子吧、建筑模型吧、环保玩具吧、近视治疗吧让大家流连忘返。在蔬果盆景吧里，同学们正耐心、仔细地把苹果、橘子、土豆、茄子变成一件件精美的工艺品。

通过引进"协调机制"，我们首次尝试开展了"社区—学校—少科院"互动推进式的科技活动，动员社会力量支持和参与，构成了社区、学校与少科院的互动，辅导员与青少年的互动，市民与青少年的互动，青少年与青少年的互动。这种动态的"协同机制"，充分反映出以"青少年为本、发展为重"的教改理念，展示出城市精神的共塑过程，体现了青少年科技教育正在"与时俱进、创新发展"的面貌。广大青少年和部分市民在科技实践中表现出极大的热情和兴趣,并能在活动中发现自我,体现自我价值,这拓宽了科技教育的路子,丰富了科技教育的内涵,使社会化科技教育迈上了一个新台阶。

4）竞赛活动

对学生进行环境科技教育的又一途径是组织和参加各级各类的竞赛活动。目的是进一步激发广大学生学科学、爱科学、用科学的积极性,推动学校科技活动的开展,促进科学技术在学校中的普及和提高。同时,通过竞赛培养学生的科研能力,发展他们的智力,使学生的个性和特长得到开发,为他们脱颖而出提供机遇,创造条件。

竞赛的内容有综合性和单科性之分。综合性竞赛包括科技作品、科技方案设计、科学小论文、科学小发明评比等;单科性竞赛包括航模、车模、船模、生物等方面的比赛。竞赛内容随着当前环境科技活动内容的发展趋势而变化,这既有利于学校环境科技教育活动的开展,又有利于科技苗子的早期发现和培养。如在"夏普杯"上海市青少年"新能源应用"动手做系列大赛中,我校四年级的李凯元同学设计的遥控太阳能风帆动力车获得创意模型制作小学组一等奖,同年,他还获得了上海市科技启明星铜奖。

3. 环境科技教育教学的研究

在实施环境科技教育时,我校以学生为中心,注重让学生在"实践中学习",让学生通过活动和探究获得知识,掌握科学的方法,形成对自然的科学态度和兴趣。

1）"普及—分流—提高"模式

根据环境科技教育的教育性、兴趣性、自主性、实践性的特点,我校对各年级的课堂组织形式进行了研究,制定了"普及—分流—提高"环境科技教育模式。

一、二年级以班为单位开展"普及"型的科技课,由班主任担任辅导教师,活动的内容有树叶贴画,水果娃娃,瓶盖制作,折纸撕纸等。以"变废为宝"为主,由浅入深地进行教学。到了中年级,学生开始"分流",根据校舍条件,我们把学生分流成五个兴趣班:电脑班、数学班、"三模"班、工艺制作班、科技小发明班。这样,学生的兴趣爱好在分流的过程中得到了进一步提高。在高年级,我们实行以提高为主的活动课模式,开设了14个环境科技类兴趣组。在这些兴趣组中,指导老师用生动活泼、多姿多彩的教学活动系统地教会学生各种技能,让学生在活动中得到锻炼和成长。通过"普及—分流—提高"的科技课结构模式,使学生在小学阶段即可循序渐进地学会科技技能,并可根据他们的特点定向培养。这种模式变"要我学"为"我要学",既可让学生动脑、动口、动手,又给了他们很大的自由度,全面提高了学生主动参与的积极性。

2)"引趣、实践、迁移、小结"模式

我校在对学生进行环境科技教育的过程中发现,对于小学生来说,学习关键是要激发兴趣、培养能力、发展个性。我们在教学中倡导"引趣、实践、迁移、小结"模式,把激发学生的兴趣作为上好课的首要条件。

第一步"引趣",一般5分钟,力求形式活泼,方法多样,过程合理,能充分调动学生的思维和操作的积极性。如《小盒子的秘密》一课,教师为使学生掌握优选法,在上课伊始,给出一段线路图,让学生做检测员,找出线路故障。学生们兴趣盎然。"引趣"部分设计新颖,就会引起学生极大的兴趣和注意。第二步实践,学生亲自实践,独立获取本领是教学的中心环节。以《简易动力汽车》一课为例,学生在自己装配了简易动力汽车后,又提出了装配"开关式"动力车,"顺倒式"动力车的愿望。第三步迁移,"迁移"是培养学生能力,发展学生个性,提高学生素质的根本。如《坏阳伞的利用》一课,学生对坏阳伞改造,制作出了"伞骨衣架""升缩式拖把""升缩式丫杈""折叠式太阳灶"等近10件作品。第四步小结,小结是发展学生思维能力,提高学生鉴别能力,激发学生学习热情的重要途径。通过小结使学生学会辨别某种设想的独创性和不足,认识自己的创造能力,从而激发其更大的学习热情。

3)小课题研究模式

我校的环境科技活动还借鉴了科学研究的方法与程序,即指导学生开展小课题研究。主要包括以下几个阶段。

(1)提出问题阶段。学生课题的提出或设计可能有三种途径:①教师确定一个问题,或教师提出多个问题,由学生选择;②师生合作并在讨论中达成共识,形成课题或问题;③由学生自己就日常生活和学习提出问题。这三种途径中,最佳途径是由学生自己提出问题。如在进行航模、船模、车模的制作时,有学生发现胶黏剂是不可缺少的材料,但同时又发现,不同质地的材料(纸质、木质、塑料、有机玻璃、普通玻璃等)要用不同的胶黏剂才能黏得牢固,而且不能互相混淆使用,这是为什么呢? 这引发了学生的好奇心,在教师的指导下,他们以此作为研究的课题。

(2)探究过程。探究过程包括研究问题阶段(运用调查研究、收集资料、分析事理等方法),设计方案阶段(解决问题的设想),验证设想阶段(实验操作、观察变化等)。如我校四(2)班学生参加校航模比赛,在制作手掷式航模飞机的过程中产生了疑问:如何使手掷式航模飞得更远? 模型飞机的飞行距离,在空中停留时间的长短是由什么决定的? 这是偶然因素还是与航模的制作有关? 面对一连串问题,学生在老师的组织与技术指导下开始了研究——"是什么因素影响了手掷式航模的飞行距离和飞行轨迹"。在这个过程中,教师不再作为知识的权威将预先组织的知识体系传递给学生,而是与学生共同开展探究。学生不再作为知识的接受者,被动地听从教师的指令,而是带着各自的兴趣、需要和观点直接与客观世界进行对话。他们在教师的指导下去图书馆查阅各类资料,阅读了《飞机为什么会飞》《小学生十万个为什么》《航模的制作和飞行》《模型飞机的飞行原理》等,之后对实验结果进行假设,尝试实验,认真记录下每次飞行的数据,并计算出平均值,再经过比较、分析,得出结论。

由于探究型课程没有唯一、预定的正确答案,学生不再有害怕辜负别人期望的心理,他们自主学习、独立思考,并能根据各自的发展水平"各取所需",这就调动起了他们最强大的内在学习动力,使他们真正为了学习的乐趣而学习。同时探究型课程并不要求学生通过探究解决理论上的重大问题,而是让他们通过探究活动获得一定的科研能力,培养一种爱科学、爱创新、爱独立思考、爱探究、爱动手实践的意识和精神。小学生的探究活动,过程比成果更重要,所以学生能够大胆假设,积极探索,表现出较强的自主性和独立性。

(3)研究总结阶段。此阶段主要是对方案实施的结果进行分析总结,从中引出一定的结论。是成功还是不成功,什么原因,据此写出研究报告。如学生在做胶黏剂的研究时,按照科学研究的方法,先提出关键性问题,收集与问题有关的资料;再建立一个假设;然后设计实验来验证这个假设;最后通过实验得出结论。在组长的带领下,学生们撰写了《温度的高低与白胶干燥速度关系的研究》《504胶两罐添加的比例与干燥速度关系的研究》《胶黏剂的种类及用途》等研究报告,详细记录了他们的研究过程和结果。

4. 环境科技教育评价的建立

评价在教育和教学过程中具有无可替代的重要作用。作为最后一个环节,小学环境科技教育要以评价来反映教育的实效,并以评价来反映学生在环境科技教育中的学习状况,包括教师的教育教学能力和实际教学效果。

三、社区联动拓展渠道

在长期的办学过程中,我校努力构建学校、家庭、社会一体化的教育网络,狠抓教育教学改革,不断提高教学效率,全面落实促进学生学习、引导学生成功的教育要求;狠抓家长学校、家长委员会等机构建设与管理,加强学校与家庭的联系;以各项活动为抓手,把学生参与社会实践纳入课程,组织教师参加社会实践活动,服务社会。

(一) 成立科普教育基地

为了提升学生的科学素养，使我校的环境科技教育再上一个台阶，我们积极拓宽学校办学渠道，寻求外援。

2004年12月22日，我们与上海市老科学技术工作者协会(简称市老科协)联手合作，在我校正式成立科普教育基地。双方本着共同合作、互惠互利的原则，达成协议：老科协帮助我校开展科普教育工作，进行各种科学技术普及教育和智力开发工作；每年为我校开设至少一次专题讲座，并提供相关科普资料；根据我校需要提供相关的技术材料(如模型等)，并进行现场操作指导和师资培训，指导我校学生参加各级各类竞赛活动。

目前已有多位老科协专家来我校开展科技讲座，如李厚江老师的《生活中的环境保护》，虞彤云老师的《弘扬郑和精神　发展航海海洋和造船事业》，吴克平老师的《保护环境，人人有责》等。这些生动的讲座，弥补了课堂教育的不足，丰富了学生的知识，激发了学生探索科学的热情。虞彤云老师还每周到我校进行一次船模制作辅导。

(二) 发挥家长委员会作用

学校有责任指导家庭教育，让学生的家庭成为一所"微型学校"。美国一位心理学家曾经说过："帮助儿童的最佳途径是帮助父母。"受应试教育的影响，许多家长只关注孩子语、数、外的成绩，认为开展科技活动会影响孩子的学习，这成为学校开展科技教育的最大阻力。我们通过家长学校举办讲座，对广大家长进行广泛、深入、持久的宣传动员，以来自家委会成员的现身说法，吸引家长积极参与到学校的科技活动中来。在参加"我的世博号"船模比赛前，许多家长积极参与到我们的活动中来，有的出谋划策，有的和孩子一起开展制作，比赛当天，赛场上活跃着家长们的身影，有的为参赛队员拍照，有的给参赛选手鼓励打气……家长的投入，无疑是对我们工作的最大支持，在家长、学生们的积极参与下，船模比赛获得了圆满成功。

(三) 挖掘教育园区资源

我校地处瑞虹教育园区。园区内的华东师范大学第一附属中学是首批上海市实验性示范性高级中学。学校有头脑奥林匹克、车模、计算机等特色项目，多次获全国性比赛的集体和个人冠军。仅头脑奥林匹克队自2001年以来就获得全国冠军8次，并3次赴德国和美国参加世界头脑奥林匹克决赛，取得优异成绩。从2006

年起,我校和华东师范大学第一附属中学联合开展科技活动。每周二下午放学后,高中学生来我校和小学生们一同开展头脑奥林匹克活动。有时是探究怎样用橡皮泥和牙签搭高承重,有时则是由一个问题开展发散性讨论。学长们良好的科学素养,激发了我校学生探索科技的兴趣。

四、环境科技教育成果丰硕

近年来,我校学生积极参与环境科技教育活动,取得了累累硕果。

(一) 国际比赛

"美丽的大自然,荷兰乳牛的家"荷兰乳牛杯少年制作大赛上,我校 9 名学生获得欢乐奖,3 名学生分别获得最佳制作奖、最高效果奖和最佳创意奖;"畅想世博"2006 上海市国际少儿科学创意大赛上,季汶祺、姚皓宇、许仲嘉 3 名同学设计的"我的世博号"船模获载人船项目一等奖;杜洪衡、李凯元、蔡莹颖、孙学诚等同学分别获得电动自航船项目、遥控船项目、脚踏船项目一、二等奖。

(二) 市级比赛

"金茂大厦"杯制作比赛中,我校拿走了唯一的特等奖以及多个一、二、三等奖。上海市中小学生"品客筒"手工创作大赛中,7 名学生获二等奖,14 名学生获三等奖;《当代学生》编辑部主办的"找问题,赢酷奖"活动中,我校 2 名学生获得敏锐眼光奖,2 名学生获得探究价值奖;"游金茂、比才艺"大赛上我校 2 名学生获特等奖,4 名学生获优胜奖;上海市青少年车辆模型竞赛电动水陆两栖龙舟车普级比赛中,我校获一等奖。方绮雯同学在《芝麻开门》杂志社举办的"百变文具大赛"中荣获三等奖;蔡莹颖同学荣获 2005 年上海民族民间艺术博览会民间艺术小能人奖;董文佳、蒋涛涛、王伟龙、李凯元等同学获得"纪念郑和下西洋 600 周年"上海市青少年船模自航直线竞速赛小学组一、二、三等奖;李凯元同学撰写的论文获得 2005 年首届中国少年科学院科技创新论坛学生论文一等奖。我校船模小组在 2005 年第二届上海市青少年"未来之星"杯船模赛上获奖 6 人次;2006 年第三届上海市青少年"未来之星"杯船模赛上,获奖 10 人次,并荣获团体优秀奖。许仲嘉同学荣获 2006 年上海市英特尔创新大赛三等奖;李欢欢同学在 2006 年举行的上海市青少年"西南位育杯"机器人知识与实践比赛知识竞赛中荣获小学组二等奖,石慧同学、李凯元同学分别荣获小学组三等奖。

（三）区级比赛

在上海市虹口区青少年车辆模型竞赛龙舟车项目中，我校获得第二名；柳鑫、顾笑寒两位同学获虹口区小学"节约用电 从我做起"征文比赛优胜奖。

我校以环境科技教育作为突破口，把科技教育融入学校的整体工作中。我们在全方位、多角度地开展环境科技教育的过程中，注重学生参与活动的过程，注重学生科学精神的培养，科学意识与态度的确立，引导学生爱科学、学科学、用科学，为树立学生科学的思想、观念，形成科学的行为习惯奠定了基础。

2007 年 4 月于华东师大一附中实验小学（原飞虹路小学）

校本课程资源"趣乐园"的探索和实践

2011 年上海市教委提出在小学推行"快乐活动日"，为学校课程资源的开发及创新指明了方向。"快乐活动日"主要以活动的形式展开，关注学生已有的经验、兴趣和特长，倡导自主探究、实践体验、合作交流的学习方式，以"为了每一个学生的终身发展"为终极目标。

一、课程理念

为了贯彻"快乐活动日"的指导思想，在"手牵手 心连心 自主快乐同成长"的办学理念引领下，我校提出了"双主体互动教育"，即"一种精神、两个品格、三类习惯、四'自'新人"教育理念。

自 2008 年始，我校自主建设了"蔬香乐园"创新实验基地，以推进我校的课程建设，也为校本课程资源"趣乐园"建设打下了基础。

我校在"蔬香乐园"实验基地的基础之上，紧紧围绕"双主体互动教育"的理念，提出了以传授有价值的知识和培育核心能力为使命的"温馨趣乐园，自主同成长"的"趣乐园"校本课程资源体系建设要求。"趣乐园"课程以"快乐活动日"为依托，融德育、艺术、科技、体育为一体，让学生获得亲身参与实践的积极体验与丰富经验，加深对自然、社会和自身内在联系的整体认识，培养他们对自然的关爱和对社会、对自身的责任，形成从自己的生活中主动发现问题并独立解决问题的态度和能力,发展他们的实践能力和对知识的综合运用及创新能力,养成合作、分享、积极进取等良好的个性品质。我们要"让快乐活动日"成为学生的最佳展示平台,将学校创建成师生放飞心灵、快乐成长的情趣乐园。

二、课程目标

结合我校"双主体互动教育"的理念,考虑到"快乐活动日"的特殊性,"趣乐园"课程的目标确定为"认识、欣赏、体验、创造"。其中"认识、欣赏、体验"是基础性发展目标,是学生必须达到的发展水平;"创造"体现了更高水平的学习要求,目的是鼓励每一个学生在自己感兴趣和擅长的领域发挥才能,实现个性化成长。

(一) 认识

(1) 自我了解。要求学生充分了解自己的身体、能力、兴趣、需求与个性,初步具有认识自我的能力,逐步掌握基本的生活技能。

(2) 发掘潜能。通过自我了解,积极开发自己的潜能,形成正确的价值观和良好的品德。

(3) 自我表达。能有效地利用各种符号和工具,表达个人的思想和观念,初步具有表现自我的特质。

(二) 欣赏

(1) 尊重。学生能够平等的对待他人,尊重生命,积极主动地关怀社会、环境与自然,初步养成认识和关心社会的意识。

(2) 沟通与分享。善于与他人沟通,并能与他人分享不同的见解或信息。

(3) 团队合作。具有民主素养,能包容不同意见,能融入团队、遵守团体规范并积极与他人合作。

(三) 体验

(1) 观察、体验。学生能够感受、想象、鉴赏美的事物,通过观察、体验,亲近自然、热爱自然。

(2) 主动探索和研究。能激发学生好奇心及观察力,触动他们主动探索与自然、环境有关的内容,并积极运用于生活中。

(四) 创造

(1) 规划、组织与实践。具备规划、组织活动的能力，且能在日常生活中实践。

(2) 独立思考与解决问题。养成独立思考的习惯以及自主学习的能力，并能有效地解决问题和冲突。

(3) 生成与创造。通过规划与组织活动，解决问题，培养表现与创造的能力以及积极创新的精神。

三、课程结构与内容

"趣乐园"课程以"快乐活动日"为主要依托，以课程为根本立足点，全面考虑学生的年龄特征和初始状态，关注学生体验、感悟和实践的过程。课程内容有真实的生活经历，能拓展学生的学习需求和学习机会，改变学生的学习方式，并将学习的主动权还给学生，引导学生走出书本，走向社会，直接参与真实的生活，学到"活"的知识，为今后更深入的学习打下基础。课程的设计体现了丰富性、延展性、潜在性、实践性、创新性等特点，课程极具情趣化和生活化。

"趣乐园"课程分为三大板块（见图 1），分别是智趣园、乐趣园、情趣园。学生在学习课程内容的同时也能汲取智慧、感受快乐、陶冶情操。在乐趣园和情趣园板块中，课程之间不是相互分割的，而是每学期设定一个主题，根据主题需要由不同的教师开设不同的课程，以接力课堂的形式展开。同时我们根据需要还会组织学生"走出去"，把传统的课堂学习，转变为课内外相结合的综合的学习，从而拓宽学习时空，增加学生的直接经验。

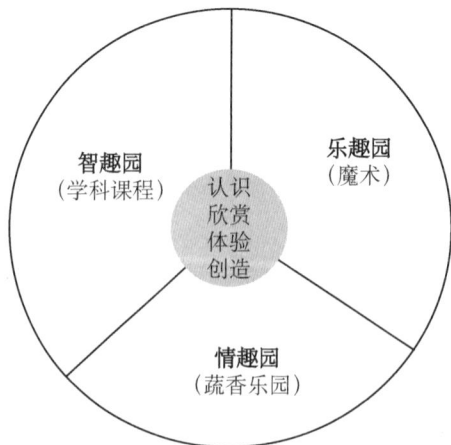

图 1 "趣乐园"课程框架

(1) 智趣园。智趣园面向的是全校所有学生，主要是学科课程以及与之相关的活动，让学生在获得智慧的同时感受乐趣。如七巧板学科节系列活动，包括"读经典书，做有根人"活动、"阅读经典"语文节、"快乐 1+1"数学节、"我运动我快乐"体育节、"HAPPY ENGLISH"英语节、"小花蕾 do re mi"艺术节、"科技之星"科技节等。这些科技节活动让学生学会了表达、沟通和分享，锻炼了学生运用所学知识的能力,充分发挥了学生的想象力和创造力。同时我们还组织学生参观昆虫博物馆、上海儿童博物馆等场馆,加深学生的体验。

(2)乐趣园。乐趣园主要开展了魔术课程,面向的是三年级学生。因为中年级学生相对于高年级学生,有更强烈的好奇心,又比低年级学生在动手力、模仿力和理解力上更强,更容易学会简单的表演技能、操作技巧及道具制作。魔术系列的教学活动,可以为孩子们提供一个愉快、健康、活泼的成长环境,丰富学校趣乐园快乐活动的内容。同时,孩子们在学魔术的过程中,能逐步养成仔细观察、大胆想象、合理分析、巧手制作等综合探究能力,并能潜移默化,在今后学习活动中得到运用体现,从而使身心得到全面协调发展。

魔术课程不仅仅是教授学生几个简单的魔术,而是与科技、表演、音乐、数学、双语、手工制作等课程相整合,以接力课堂的形式展开,充分体现了跨学科的效应(见图2)。每学期确定一个主题,开设与主题内容相关的科技、手工制作、表演、音乐等课程,教授学生相关的知识。例如,科技、数学课程可以教授学生魔术的原理,手工制作可以让学生学会制作道具,表演课程可以让学生学习舞台表演知识,为最后的魔术表演做准备;音乐课程可以让学生学习如何给魔术表演搭配背景音乐。

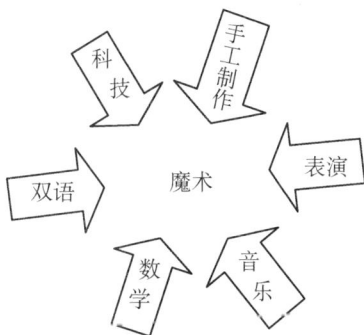

图2 魔术课程的跨学科效应

(3)情趣园。情趣园以"蔬香乐园"活动为主。"蔬香乐园"是我校从2008年开始,在"手牵手 心连心 自主快乐同成长"的办学理念引领下,引导学生在校园内自主建立、管理、经营的水培、土培种植实验基地。随着时代的发展,无土植物已经进入我们的生活。现代农业种植方式因为无土栽培技术的介入而起了根本变化,很多地区都有像"孙桥现代农业园区"一样的学习资源,这为开展水培蔬菜活动创设了实践和理论的基础。

我校"蔬香乐园"课程面向一至五年级对植物种植感兴趣的同学开设。根据学生的年龄特点和认知基础,一、二年级以简单水培为主,三、四、五年级以水培蔬菜实践为主,四、五年级同时开展土培活动。我们以校园绿色环境和蔬菜种植探究为课程主要内容,以接力课堂的形式,因地制宜,充分运用校园内的暖棚、露天种植基地、实验室等场所及设备,有针对性地整合校内外各种资源,注重学生动手实践,让他们掌握基本的种植技能,培养他们的科学素养、环保意识和一定的创新能力。

"蔬香乐园"在种植课的基础上,还开展了一系列与之相关的其他课程,学生通

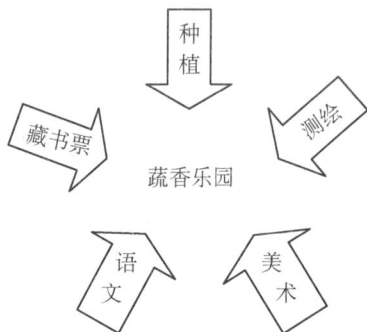

图3 "蔬香乐园"的跨学科效应

过亲身实践,把学到的书本知识应用于实际生活中。如测绘与设计,这门课程面向本校四、五年级部分同学,由学习建筑专业的家长教授学生学习绘图知识。简单的平面图形包含了美学的教育,激发了学生参与家庭、学校生活设计与创新的意识。此外,"蔬香乐园"里的蔬菜、花卉为不同课程提供了授课素材(见图3):美术课的植物、花卉素材;藏书票课程亲手制作花卉的实践;语文作文课的观察、描写对象。除此之外,学校还组织学生到大宁灵石公园、节能减排科技展示馆、上海民防博物馆等场馆参观体验,让学生亲近自然、热爱自然,学会想象、欣赏美,形成自觉保护自然环境的习惯。

四、课程实施

(一)课程安排

为了能正常有序地开展好"快乐活动日"活动,学校在2011年5月,以阅读中外经典、书法水墨画、小制作、声乐鼓号、沪语童谣、桌游、象棋、足球、垒球、种植实验等为主要内容,以教师走班制形式,开展了校内试运行活动。通过试运转,我们及时发现问题,探索出了实施方法,为后面正式实施奠定了基础。

在试运行的基础上,2011年暑期,学校从活动师资安排、活动内容等方面一一落实,将"快乐活动日"的"趣乐园"课程正式排入课表(见表1)。

表1 "趣乐园"课程安排

日程	时间	具体课程	活动形式
常规日	13:00—14:25	乐趣园课程、情趣园课程	实行"双走制",即一、二年级实行教师"走班制";三至五年级实行学生"走班制",由学生自主选择活动内容
	14:25—16:00	智趣园课程	学生自主选择参与活动
特殊日	12:40—15:15	乐趣园课程、情趣园课程	外出实践考察

（二）课程实施形式

"趣乐园"课程内容的选择必须考虑各年龄段学生的身心发展基础,因此学校采用教师"走班制"和学生"走班制"的"双走制"形式。这样一方面便于教师发挥自己的专业特长,积极参与课程的开发与实施,另一方面有利于学生自主选择,以利于他们在快乐体验中激发兴趣、发展个性。这也充分体现了学校关注差异的分层教学。

（三）课程实施模式

"为了每一个学生的终身发展"意味着把学生作为主体的人看待,同时这与"教师的专业成长"是相辅相成的:既强调学生是受教育的主体,又强调教师是引导学生发展的主体。"趣乐园"就是为学生"量体裁衣"架构的适合学生发展的课程。它以"自主快乐同成长"为主旋律,关注师生共同发展,采用"双主体互动"的教学模式,即课前参与—课中探究—课后延伸(见图4)。学校安排中高年级学生轮流担任"观察员",让他们在参与活动评价和课程建设过程中发挥"主体作用",以调动他们的积极性。

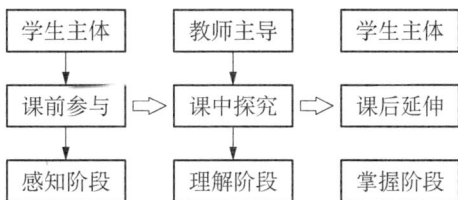

图4　"趣乐园"课程实施模式

五、课程管理

（一）成立领导小组

由校长室、教导处、德育室共同策划和管理,每学期初进行活动的策划,具体落实活动主题、活动时间、活动地点。

（二）检查和反馈

由教导处负责落实各年级"快乐活动日"具体的活动地点、活动内容、指导教师等实施项目，及时进行情况的检查和反馈，并纳入教师绩效考核管理工作之中。

（三）确定无作业日

确定"快乐活动日"当日（周五）为每周的"无作业日"，切实落实减负。

（四）及时总结经验

对课程开发和实施中形成的经验进行总结。为了让每一位学生在学校组织的各类活动中体验到快乐成长的愉悦感，提高学生积极参与活动的兴趣，学校领导班子及具体落实各项目活动的老师要及时进行反馈小结，做好"快乐活动日"的协调与梳理，提升亮点，突出个性，并及时做好资料积累，以便能为今后"快乐活动日"的安排作经验积累。

（五）后勤保障

总务处及后勤相关人员保障相关的活动设施、设备、器材等；体育室安排具体的活动器材。

（六）活动经费的预算和落实

根据学校的各项工作，落实活动经费，做好经费的预算，在财力上保障活动的正常开展。

六、课程评价

（一）评价原则

学校遵循过程性、多元性、参与性的评价原则，对活动的动机、效果、过程以及与学习密切相关的非智力因素进行评价，以达到激励的目的。

1. 过程性原则

过程性原则要求评价贯穿课程的整个过程，在活动的各个阶段均要对学生进行评价。这既是对过程的评价，也是在过程中的评价。

评价应关注学生的参与度、活动过程等直接的学习生活经验，关注学生在认知、思维、情感、态度、方法等方面的体验。

2. 多元性原则

多元性原则指的是评价方法、评价手段和评价主体的多元化，即采用多种评价方法,包括定性评价与定量评价相结合,智力因素评价与非智力因素评价相结合,自评,互评,教师评定等。

3. 参与性原则

学生自主、快乐地成长是"趣乐园"课程评价的出发点和归宿,也是评价其课程质量的主要标准。学生在活动中的表现是评价学生发展状况与水平的最直接依据。只要学生参与了课程,对活动内容形成了一定的认识,获得了实践的体验和经验,就应该对学生的学习效果给予肯定,并作激励性的评价,调动学生以更高的热情继续愉悦地参与活动。

(二) 评价方法

1. 小小观察员制

活动过程中,中高年级的学生轮流担任活动的观察员,手持专门的记录评价表,佩戴"趣乐园快乐活动日小小观察员"胸牌,深入各个活动场所,仔细观察。他们不仅认真跟随所在活动组学习记录,还以观察员的身份观察体验,对活动情况作客观的记录和评价,并为完善活动提供意见或建议。

2. 荣誉激励制

学生每学段结束后需通过考级赛,进行星级等级评价。具体做法:以自评方式记录自己的心得体会,以组员互评方式记录学员合作意识及探究能力,以投票评选的方式选出"最佳搭档",颁发证书。学员最高荣誉为"五星级××师",入选者可在校电视台固定时段进行展示表演,或到学校周围街道、敬老院、幼儿园进行展示等。

3. 多元调研制

学校定期以问卷调查、访谈等形式向学生、家长进行调研,了解、反馈"趣乐园"课程的实施情况,对数据材料进行比对分析,根据实际情况对活动进行针对性的调整和完善。在调研过程中,学校、教师、学生以及家长会共同参与课程评价。通过评价,让学生明确自己在本课程的学习活动过程中,已经取得的成绩和存在的问题,了解自己的优势和不足,为课程的改进提供依据。

2014 年 2 月于虹口区第六中心小学

在师生互动中实现共同发展

——虹口区第六中心小学"双主体互动教育"的实践探索

20 世纪 80 年代，随着人们对"应试教育"的反省，学术界开始探讨主体性的问题。"它的兴起有着教育内外的现实原因和理论依据。尤其是改革开放以来，有关教育本质、教育功能、教育与人的关系的讨论以及由此带来的教育观念的不断更新，更是在一定程度上为主体性教育理论的研究作了丰厚的铺垫。"（吴航，2000）王道俊和郭文安两位学者，提出了"让学生真正成为教育主体"的命题。他们不仅对学生主体的内涵进行了分析，还对学生主体性的表现和现实条件进行了系统的阐述（王道俊、郭文安，1989）

作为校长，在多年的小学办学实践中，我越来越觉得人的主体性的张扬是十分重要的。素质教育本身是一种主体性的教育思想。学校教育如何注重人的主体性？尤其是小学教育如何为人的主体性发展打好基础？一直是我在实践中思考的主要问题。

一、"双主体互动教育"思想的由来与确立

一种思想的由来与确立总有其渊源，在"师生互动中实现共同发展"，即"双主体互动教育"思想的由来与逐步的确立，是随着我对教育本质的不断深刻理解与办学实践的不断深入而形成的。

（一）"双主体互动教育"思想的由来

1. 对当下小学教育的反思

小学是人生的重要奠基阶段，小学教育与学前教育相衔接，是人的启蒙教育阶段。小学教育的对象一般为 6～12 岁的儿童，这个阶段可以说正是儿童主体意识开始逐步形成时期，也是最需要教育工作者在呵护的前提下，逐步以正确的价值观引领的时期。然而，社会的过度功利追求，导致了"幼儿教育小学化""小学教育中学化""中学教育大学化"，孩子们从小就失去了人发展过程中十分珍贵的"童年"；应试导向的社会、学校评价体系，让孩子幼小的心灵过早地受到伤害；过重的课业负担，让学生在机械的训练中逐步成为学习的奴隶……

面对这种"学生苦学，教师苦教"的现象，我们深知有社会的原因，也有中国传

统文化的原因。然而,作为有良知的教育工作者,尤其作为学校的领导,是随波逐流,还是在学校内倡导一种主流的、真正为了孩子健康成长的教育思想? 无疑,选择一种思想,选择一种有利于学生健康成长的思想是我必须要做的一件大事。

2. 主体性教育思想的发展

30 多年的探索、研究和实验,主体性教育思想逐渐被社会各界广泛接受、理解。在多年的办学实践中,我深刻地认识到,学校教育应该让学生与教师的主体性得到充分发展。

开始之初,主体性教育更多的是强调学生也是教育主体之一,是旨在促进学生自主性、主动性和创造性充分发展的教育。这可能与以往的教育过多地重视教师的主体或者主导作用有着密切关系。因此,在起初的教育活动中,我们强调通过多种渠道和手段,充分调动学生的主体意识、主体能力和主体人格,让他们真正具有自我教育、自我管理、自我完善的能力,真正成为学习、活动、生活的主体,进而为成为社会的主体夯实基础。

随着教育改革的不断推进,大家也逐步清醒地认识到,主体性教育中的"主体"不能单一地表述为学生,而应该注重师生关系及其双向互动。教育活动就其本质来说,是教师主体与学生主体间的互动,强调学生的主体地位是以教师的主导作用为前提而实现的。教育效果如何,取决于"双主体"间互动的有效性和最优化。

3. 当前对主体性教育的新要求

"十一五"期间,上海基础教育在"先一步,高一层"的指导思想下,坚持以学生发展为本的理念,以内涵发展为主线,深化课程和教学改革,推进教育内涵建设,加强学生创新精神和实践能力培养,全面推进素质教育。上海基础教育已经站在了一个历史的高点,正处于重大战略突破的关键时期和攻坚阶段。

"十二五"期间,上海确立了"为了每一个学生的终身发展"的核心理念,市教委副主任尹后庆在全市校长培训中提出上海基础教育正面临的"五个转型":第一,在教育价值上,突破对功利价值的过度追求,更加关注教育对"人"本身价值的尊重与回归。第二,在教育质量观上,突破以学科知识传授为主的单一质量追求,更加关注以人的全面而多样发展为特征的全面质量观。第三,在培养模式上,由原先高度统一的标准化培养模式,转向以注重需求为导向的个性化、多样化的培养模式。第四,在教师专业成长上,在强调掌握学科知识和教学技能的同时,更加注重教育境界和专业能力的提升。第五,在教育管理方式上,从单纯依靠行政手段,转向更加注重思想领导和专业引领。这是对主体性教育思想的新发展。

"为了每一个学生的终身发展",意味着把学生作为主体的人看待。学生的主体性主要表现在以下三个方面：①学生是自身个体权利的主体。学生首先是人，他们有独立的社会地位，享受社会给予的合法权益。学校生活历程是人自幼到老整个生命历程的一个部分，必须把儿童当作权利主体，尊重并保护他们的合法权益。②学生是自身身心主动和谐发展的主体。学生的身心发展有其自有的顺序性、阶段性和差异性。一切教育教学活动必须遵循学生身心发展的规律，并促进学生身心健康发展。③学生是将社会认识内化为个体认识的主体。教学活动从根本上说，是将社会认识转化为个体认识的过程，没有这种转化，就谈不上学生的发展，人类社会的文明将难以传承与发展。

"为了每一个学生的终身发展"，与"教师的专业成长"是相辅相成的。有好的教师，才有好的教育。这就要求学校要从如何让教育过程更丰富、师生关系更和谐、学习需求更充分的角度做深入探索，促使学校教育真正回归对人的发展的重新考量和深度审视，促使学校转变，从关注教师的"教"回归到关注学生的"学"，做到以学论教，教学相长。在教育活动中，教师主体性与学生主体性是同时存在，相互依附，共处于一个统一体中，因此，以师生互动为特征的教育活动，不仅是理想，更应该成为现实，不仅是必要的，更是本质的。

（二）"双主体互动教育"思想的逐步确立与发展

办学思想能否在实践中起到指导作用，必须要有实践的基础。"在师生互动中实现共同发展"的思想，就是在与虹口区第六中心小学的办学实践结合的基础上逐步形成具有学校特色的"双主体互动教育"体系的。

确立"双主体互动教育"的过程，是回顾分析学校发展的过程，也是寻求学校发展的内在规律的过程。这个思想的确立大体经过了这样几个阶段。

1. 从学校德育最优化整合到主体性德育

我校在 20 世纪 90 年代以德育最优化整合为特征推进学校德育，于 1997 年提出了"德育最优化方法与理论的探索"，被批准为上海市教育科研规划项目。经过长期实践，在学校的层面上初步解决了如何在德育的管理、内容、方法和途径等方面进行整合的问题，明显提升了德育的实效性。

随着学校科研的深入以及对主体性思想的深入了解，为了使学校德育工作不断发展，在德育最优化整合研究取得初步成果后，学校提出了主体性德育的命题，研究在教育生态系统中如何进一步关注德育的主体，主要解决教育者从外部实施德育整合时，探索受教育者内部的主体激活，解决主体和环境的互动及融合。该实践研究从班级德育入手，关注班级的个性化发展，把班级还给学生，让学生真正成为班级的主人，使班级成为学生成长的乐园。

2. 从主体性德育到主体性教育的实践

学校德育融于学校整体教育之中,具有灵魂的引导作用。而教育的职能就是要开发学生这个主体所蕴藏的内在潜力,使学生主动性、自觉性、创造性的主体精神得到弘扬,让学生的知性得以发展,德性得以提升,从而迁移影响到个性的健康发展。学校教育的最终目的,是让学生从受教走向自教,从他律变成自律,使学生学会适应社会,懂得如何去驾驭自己,发现自己,成为符合社会需要的主人。为此,学校进入了主体性教育研究阶段。"主体性教育"就是注重以学生发展为本,在教育过程中引导学生主动参与教育教学及实践活动,提升学生个体的自我教育能力,满足学生的选择性发展需求,促进学生的全面发展,让学生在参与活动的过程中发现自我、发展自我、教育自我、实现自我。

学校经过五年的实践与研究,提出了具有校本特点的"主体性教育四自模式",包括一个基础:以"主体意识——人文精神"为基础;两个要素:独立人格、自主能力;三个关键:需要、体验、践行;四个途径:自律、自学、自强、自励。并出版了《主体性:教育永恒的命题——学校主体性教育实践与理论研究》一书来总结与阐述学校主体性教育操作体系,较好地推进了学校素质教育的实践。

3. 对主体教育实践的反思——"双主体互动教育"的确立

虽然经过长达五年的主体性教育研究,但是,从对事物的认识与实践的过程来说,对主体性教育的实践性操作,仍处在起步阶段。第一,学校虽然在课题研究中,总结了学生"主体性教育四自模式",但是针对课程与教学领域学生与教师"主体性"作用及其潜能发挥的研究还不足。教育原则、原理的破解,往往取决于能否把教育实践操作中的小事艺术地做好,往往是细节决定成败。对于当时的"主体性教育四自模式",尽管提法本身没有错,但是,太抽象,难操作。如何从小学校情以及实际需要出发,适应学生,把"四自"要求化解为学生可以接受,也是能够接受的要求呢?

第二,在学校教育过程中,师生关系是"双主体"的关系,既要强调学生是受教育的主体,又要强调教师是引导学生发展(教育)的主体,因此,我们也越来越认识到:如果没有教师主体引领作用的发挥,学生的主体性是难以得到张扬的。教师也应该成为教育教学的主体。正是在这个教育思想的指导下,我校提出了以"自主快乐同成长"为主旋律,关注师生共同发展的理念。

通过不断的反思,我们认识到:要把握教育细节,从小事做起,重新诠释"四自"内涵,使其更具体,更具操作性,从而使"四自模式"真正地得到切实而有效的落实。

在"在师生互动中实现共同发展"的思想指导下,我们对原有的"四自模式"进行了新的解读,将其重新理解为"一种精神,两个品格,三类习惯,四'自'新人"。一种精神：积极向上的精神；两个品格：对人诚信、对事认真；三类习惯：良好的行为习惯、自主的学习习惯、每天的体育运动习惯；四"自"新人：道德自律、学习自主、健体自觉、交往自如。这样的理解与描述，其对象性与逻辑性更强，也更易于让师生理解与接受。

二、"双主体互动教育"体系的构建及主要原则

思想是重要的，然而没有形成体系，没有执行，也就不会化为现实。基于对原有"四自模式"的新理解，我们把"双主体互动教育"理解为：学校教育是师生借助课程载体互动的过程，教师与学生都是教育的主体，学生是学的主体，教师是教的主体，并且在教育交往中依赖主体间的互动，相互影响，相互促进，教学相长，从而实现共同成长。

(一)"双主体互动教育"体系的构建

1. 把握新时代我校小学生发展的新特点，科学确定学生培养目标

随着时代的变迁，经济的发展，社会生活的多样化，社会意识的多元化，人的多样化发展趋势已经不可避免，这也使得小学生发展必定会呈现新的特点。研究并充分认识小学生的发展特点，尤其是成长需求，对于其主体意识的发挥至关重要。同时，研究小学生各个阶段的身心特点，对于"双主体互动教育"的体系建设有着重要意义。

根据学校所处发展阶段，结合我校学生发展的特点，基于对"双主体互动教育"思想的理解，我们确立了以下培养目标：为使学生成为"道德自律、学习自主、健体自觉、交往自如"的人而教育。

小学教育是学生成人的基础性教育。虽然小学教育更多的是为使学生成为"道德自律、学习自主、健体自觉、交往自如"的人而奠基，但是从"双主体互动教育"的本义出发，我们必须以更长远的眼光来做好当下的奠基工作。

2. 根据培养目标，构建具有童趣的学校课程体系

在体系建构过程中，办学目标与培养目标是学校课程体系建设的导向。办学目标决定了我们要把学校办成怎样的学校，而培养目标决定了我们要把学生培养成怎样的学生。根据上述培养目标，我们坚持在学校课程建设中为学生的未来人生提升而提供发展动力和保障。

课程是学生在校生活的总和。它是学校有目的、有计划、有组织地提供师生互动式学习，旨在使学生产生一定变化的知识、能力与经验的结合。对于小学教育而

言,就是要在多元化、有童趣的学生生活中,培养学生广泛的兴趣爱好,进而强化其学习动机,形成良好的学习、生活、行为习惯,使每个学生拥有生动活泼的童年。

为此,在国家课程大纲的指导下,我们较好地把握了国家课程、地方课程与学校课程三者的关系,在国家课程、地方课程二次校本化开发的基础上,确定了我校课程建设的目标:初步架构起适应小学生身心的、以"生动·活泼·有趣"为特点的虹口区第六中心小学课程体系。

3. 以课堂为主渠道,加强师生双主体课堂教学策略研究

课堂是素质教育的主渠道,研究如何融合教师与学生各自的主体地位与作用,形成课堂教学合力,一直是我们关注的重点。

课堂教学是在教师组织、指导下,指向多元目标的,学生自己的,生动活泼的学习过程。要使这个过程生动活泼,需要研究如何恰如其分地体现教师的"组织、指导"作用。"组织"指的是教师借助课堂这样一个场所和平台使学生明确学习的要求,安排学生的活动,组织学生的学习,激发学习的热情等;而"指导"则是指教师在学生学习的起始阶段做方向性引领和提示,给学习中的学生提供必要的帮助和指点。在组织、指导的过程中,教师的主体作用得以激发,其专业成长之路也将越走越宽。要使这个过程生动活泼,还需研究如何激发学生的主体意识,变被动学习为主动探究。课堂是学生自己的场所,课堂教学是学生自己的"学习活动",要使学生保持不竭的学习动力,必定要唤醒学生的主体意识。

为了更好地从孩子兴趣出发,还孩子天性,开展孩子们喜闻乐见的教育活动,我们重视班集体的建设,重视发挥少先队组织的作用,促成学生课堂学习主体性的完善;重视网络虚拟载体建设,有效延伸教育时间与空间;以社会为课堂,以社区为阵地,引导孩子接触社会,接触大自然,接触现代科学技术。

(二) 推进"双主体互动教育"的基本原则

"双主体互动教育"是一个系统工程,在实践过程中应该坚持如下的基本原则。

1. 主体性原则

主体性原则,就是在推进教育过程中,始终要尊重人的主体地位,做到目中有人,心中有爱。尊重学生对于自己的活动具有支配和控制的权利和能力;保护学生独立的思考意识;教育学生对教育活动可以进行自我支配、自我调节和控制,充分发挥自身的潜能,主动地认识、学习和接受教育影响,积极向老师质疑;鼓励学生在教育活动中举一反三,灵活运用知识,发挥丰富的想象力,敢于发表与别人不同的见解,善于运用所学的知识解决和分析日常生活和社会生活中遇到的各种问题,相互研讨。最终达到预期的教育目标。同时,也尊重教师的主体地位,尊重他们的独

立思考以及创造性的发挥。

2. 互动性原则

师生"双主体"是相互依存、相互利用、相互配合、互为条件的。教师充分发挥主导性、能动性，对学生主体的主体性、能动性的激发具有积极、良好的影响；学生发挥了主体性、能动性，如注意力集中、思维活跃、兴趣高昂，则会对教师主体的积极性、能动性产生良好的反弹作用。为此，学校教育要创造条件，尽可能让师生有互动的机会与平台，让他们在互动中创造、生成与共同发展。

3. 主导性原则

小学生是成长中的生命个体，他们还是孩子，需要尊重与保护他们的天性。但是，学校教育毕竟是有目的的教育活动，因此，在"双主体互动教育"中，既要体现教师的主导作用，又要充分发挥学生的主体性特点，教师的主导性是教育活动的基础和前提，也是教育的内在要求。教师要在尊重学生的基础上，注重核心价值观的引领，促进学生健康快乐地成长。

4. 民主性原则

"双主体互动教育"需要一个相互信任、尊重、平等、民主的教育氛围，为此，从学校管理层面而言，要完善各种制度建设，发扬民主精神，让师生成为学校、学习的主人。在课堂教学中，也要注重营造民主、开放、探究、合作的氛围，为师生积极而富有意义的互动创设各种条件，从而利于学生的思考、质疑，促进其个性形成，达到"乐学""自学"的境界；促进教师在与学生的互动中，形成自己的教学风格，达到"乐教""完善教"的境界。

三、"双主体互动教育"的实践探索

（一）为学生"量身裁衣"，架构适合学生的课程

学校以开放的大教育观为指导，按照课程改革的要求，把国家课程校本化。使学校在"一种精神，两个品格"方面有大计划、大活动、大要求，同时，为每一个学生"量体裁衣"，通过教师的引导，在"三类习惯，四'自'新人"上，因材施教，确定方向，不求全面，但求逐步进入良性发展的轨道，具有实效性。

1. 加强基础型课程建设，为"四自"新人奠基

课堂教学过程是师生在特定阶段共度的人生体验过程。对学生而言，除了要实现基本知识和能力发展外，还要注意情绪状态和情感体验；对教师而言，不仅仅是完成课程大纲的要求，以及上级交付的教学任务，还有自身发展和价值体现。由

于教师尤其是小学教师在教育教学工作上所投入的时间、和学生相处的时间,可能比学生和家人相处的时间更长,所以,教师在教育教学中的状态也是生命质量的一种体现。如何让学生充分参与教学活动,如何创造充满生命力的课堂,如何使课堂实现知识传递、情感交流、思维碰撞和情绪体验,进而培养学生的主体意识、主体能力和主体人格,成为主体性教学研究的核心问题。基于这样的教学理念,我校设计了"双主体互动"的教学模式,即课前参与—课中探究—课后延伸(见图1)。

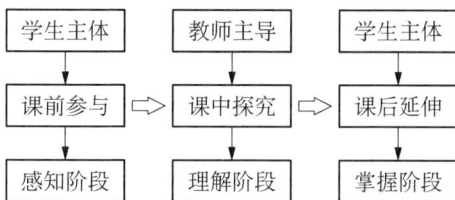

图1　我校的"双主体互动"教学模式

对图1的教学模式具体说明如下。

(1)"课前参与":指学生在课前自主学习教材,初步了解所学知识,提出质疑;或通过书籍、网络、咨询、请教等方式收集有关资料;或在生活和社会的大课堂中寻找有关信息;或按照教师布置的思考题,做好准备;或动手制作相应教具,准备课上运用。"课前参与"不仅为课中讨论奠定了基础,使学生带着自己的感悟、自己的认识、自己的问题等走进课堂,还为学生学习收集、组织、分析、加工、运用信息等,提供了机会,有利于培养令其终身受益的学习习惯和能力。

(2)"课中探究":指在课堂教学中,教师不是单纯为了完成教材的要求,更不是为了完成设计的"教案",一步一步地牵着学生去学习,而是以教材的内容与要求或教师设计的问题为"诱饵",通过探究的方式,引发知识"再发现"的过程。教学中采用小组讨论和全班讨论的形式,引导学生分析、比较、归纳、表达;学会交流、合作、汲取、宽容;学会倾听、思考、质疑、辩论。从而在知识内涵上深化教师的分析讲解,强化学生的自主探究。这样有利于学生自己去感悟、发现,有利于学生主动建构。这种课中的讨论可以让学生更多地相互交流,共同切磋;相互协作、共同参与;相互帮助,共同分享;相互欣赏,共同体验;使学生在学习中学会合作,在合作中学会学习,进而使今天在校的学习和明天走向社会的生活、工作方式相联系起来,为学生的明天打好基础。

(3)"课后延伸":指在课内学习的基础上,通过科学合理地布置作业,使学生知识得以进一步巩固和拓展,能力得以进一步发挥。我们由此提出作业应有"层次性、开放性、实践性、创新性"的要求,结合课内教学让学生进一步通过查资料、上网等形式拓展所学内容。这种"课后延伸"式的作业,通常是一些思考性的作业,不硬性规定统一格式,不要求统一完成,这进一步培养了学生学习的自主性。

根据以上主体性教学模式的整体设计,我们的课堂教学主要以"探究"为主线。在"课中探究"中,设置了"设—问—探—评—练"五个环节,如图2所示。

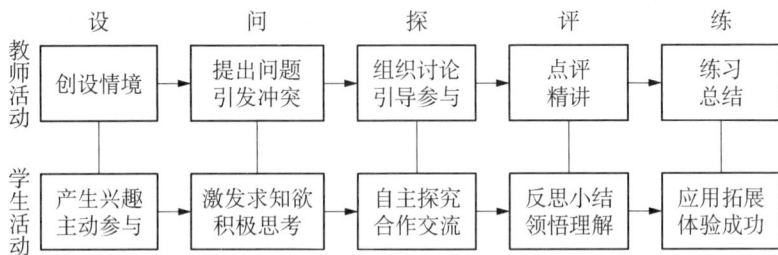

图2 "课中探究"的具体环节

在实际教学过程中,可能需要探究的问题不是一个而是多个,多个探究的问题之间是层层递进、螺旋上升的关系,因此,五环节模式也需要进行一些变式调整。比如,创设一个情境后,教师提出问题,学生进行合作探究,再产生新的问题,再探究,然后教师点评,最后练习、总结。教师可根据具体的课题进行相应的调整。

这种主体间互动的教学模式,实施的关键是如何激发与调动学生的积极性。引导学生自动参与、调动学生学习的积极性需要营造一种民主、宽松、充满爱意的课堂氛围。教学过程是一个师生之间、生生之间互动、合作的过程,如果教学过程缺少有效的互动与合作,教学效果肯定会大打折扣。可以说,课堂互动与合作是教学过程本身的需求。另外,合作学习对于学生良好性格的形成、团队与集体观念的建立、合作意识与能力的培养等都具有重要意义。因此教学过程中必须创设和谐情境,鼓励师生合作。

贯彻这一策略需要注意以下几点。

(1) 创设民主的教学氛围。教师要调整心态,用欣赏和发展的眼光看待每一个学生,让学生从教师的眼神、语言、行为上感受到老师的爱,使学生在老师的欣赏和鼓励中增强信心,获得进步与成功的体验。教师在课堂教学活动中要实施"无错原则",对学生学习中出现的问题给予宽容,让学生有安全感,特别是对于学困生,要给予特别的关注,使其爱上课堂学习。

(2) 创设良好的环境。首先,改变传统的课桌摆放形式。比如,有的教室采取T字形课桌摆放形式,不但扩大了学生在教室内的活动空间,而且缩短了学生之间的距离,增强了学生之间相互交往的机会,有利于小组内成员的合作学习。其次,优化小组成员的构成。小组成员的组成需要考虑情感相悦性、能力互补性,同时还要考虑各小组能力的均衡性。

2. 做活拓展、探究类课程建设,为师生互动创造广阔空间

学校通过会议、征询表、媒体等多种形式向家长、社区以及相关机构作广泛宣传,得到了积极响应和支持,学校、家庭、社会三位一体,共同努力,开发并架构了"趣乐园"课程框架,具体分四大板块(见表1)。

表1　拓展、探究类课程的四大板块

类别	具 体 内 容	备注
兴趣乐园	1. 教师开发的兴趣拓展内容 艺术类:丑小鸭剧社、合唱、铿锵鼓乐书法、散步的线条、情趣水墨画、纸艺万花筒、百变彩泥 语言文字类:阿拉全是上海人、小主持 体育类:中国象棋、垒球、小足球、篮球、桌游 科技类:种植、模型世界 综合类:魔术、十字绣、DIY蛋糕、数字七巧板、一针一线翻花样、走进藏书票、救护包扎 2. 请家长和其他专业人员进校作各类讲座、报告	以学校教师开发的兴趣拓展内容为主,家长及其他专业人员的讲座、报告为辅
实践乐园	分年级开展实践活动(具体见表2)	引领学生走向社会、走近大自然,在实践活动中开阔视野、培养能力,提高认识社会、适应社会的能力
主题乐园	1. 班队会活动、节庆教育、仪式活动等(具体见表3、表4) 2. 学科节活动(具体见表5)	
特色乐园	棋牌类:中国象棋、桥牌 球类:足球、垒球、篮球 艺术类:金号银鼓	有兴趣特长的学生自主选择,进行提高性学习活动

表2　"实践乐园"学生社会实践活动安排

年级	学期	社会实践名称	社会实践的内容
一年级	第一学期	我是绿色小苗苗	加入儿童团
	第二学期	昆虫开心团	参观昆虫博物馆
二年级	第一学期	知识大门我来开	参观上海儿童博物馆
	第二学期	向队旗敬礼	加入少先队

（续表）

年级	学期	社会实践名称	社会实践的内容
三年级	第一学期	净水天使	参观曲阳污水处理厂
	第二学期	美丽之旅	参观美术馆
四年级	第一学期	快乐大搜索	考察大宁灵石公园
	第二学期	节能之行	参观节能减排科技展示馆
五年级	第一学期	快乐营地	两日营活动
	第二学期	走进民防	参观上海民防博物馆

表3 "主题乐园"学生节庆教育内容安排

节日名称	教育内容活动内容	时间
春节	感受中国年	二月份
三八妇女节	感恩母亲	三月份
清明节	缅怀先烈,祭奠祖先	四月份
端午节	纪念屈原	五月份
六一儿童节	儿童时代真快乐	六月份
中秋节	思念亲人,盼望团圆	十月份
国庆节	感受祖国巨变	十月份
重阳节	尊老敬老	十一月份

表4 "主题乐园"学生仪式活动内容安排

名称	年级	时间
入团教育	一年级	十月份
入队教育	二年级	六月份
十岁生日	三年级	三月份
毕业典礼	五年级	六月份

表5 "主题乐园"学生学科节活动安排

名　称	时间
数学节:快乐"1＋1"	三月份
体育节:我运动我快乐	四月份
艺术节:小花蕾 do re mi	六月份

（续表）

名　　称	时间
语文节：读经典书，做有根人	九月份
科技节：模型智多星	十一月份
英语节："HAPPY ENGLISH"	十二月份

学校以上述"四园"为依托，努力为师生的互动提供条件。

（二）激发教师的主体意识，保障"双主体互动教育"深入推进

有好的教师，才有好的教育。同样，有了有主体意识的教师，才能更好地培养学生的主体意识。为此，我们通过富有学校特色的校本教研方式，促进教师主体意识的觉醒。

1."3＋1"合作教研模式

对大多数一线教师来说，最现实的事业成长就是成为一个会上课、上好课的好教师。教师会上课、上好课，需要钻研教材、探索教法、摸索学法、学会反思，进而在课堂上反复探究。在"在团队合作教研中发展教师主体性，促进有效教学的实践研究"的课题研究中，我校以教师为主体，以课堂教学为主渠道，通过团队合作教研，开展教材分析、课堂研究及课后反思，不断提高教师课堂教学能力，促进教师在研磨中发展。

在具体执行过程中把握教学五个环节，抓住课前、课中、课后，创新教学过程管理，务求精细与有效。在课前备课时，要求撰写"教材解读"和教学设计，力求教材的校本化实施。由执教教师对教材进行解读，教研组内其他教师发表意见或建议。在听课过程中，听课教师要填写《课堂教学提问教学资源分配表》及《课堂问题生成表》。期望执教者对照这两张表格，检测课堂教学预期效果，反思课堂教学行为。课后，听课教师采取"3＋1"方式撰写课后评价，即提出三点值得借鉴的地方，一点不足之处。最后，执教教师写出教学反思，并供教研组内切磋、交流。上述教学过程管理的措施，既强化了教师的主体意识，也体现了团体伙伴合作共进的要求。

在"3＋1"合作教研模式中，强调过程化评价，这样可以给教师以反思与改进。与终极性评价相比，过程性评价有很多优点，主要是通过评价能够给予发展者鼓励、反思与改进。第一是鼓励。人都期盼鼓励，尤其是有上进心的人。恰当地给予鼓励，能够给教师增加发展的信心与勇气，添加动力。第二是反思。评价也创造了实践者反思的空间，通过认真反思，可以找到薄弱环节或存在的问题，以利未来的发展。第三是发展。反思就是为了有效地改进教育教学，以寻得学校与教师更大

的发展,最终造福于学生的发展。

2. 分级教研制

学校逐步建立与完善了二级校本教研制,强化教学的精细管理与相应的研究。在教学质量提高与教师教学研究之间,形成良性互动,促进教师专业发展。二级校本教研制分小组教研和大组教研两种活动。小组教研活动在小处——关注教学的精细化。大组教研活动在大处——关注校外的最新发展,掌握先进的教育教学理论与技术。小组教研活动以校内的学科教学为对象,以课例研讨、观课评课、课后反思为主,可随时随地开展备课、教学研讨、案例分析、问题探讨解决等活动;大组教研活动以观摩分析为主,观摩市区优秀课堂教学录像,把握当前课堂教学的新要求。两级教研交替轮换,可谓大处着眼,小处着手。

例如,英语组戴老师在教牛津英语 3A M4U3 的 *Plants* 时,特意设计了一个 Do a survey(调查)活动,请学生针对老师给出的特殊变异的根和茎(potato, garlic, carrot,taro)用句型"Is this a root? /Is this a stalk?"向好朋友求解,并在表格中做好相应的记录。其间,她为了防止部分学生一时无法理解,还特意请了一位学生上来同老师一起做了示范。谁知,事与愿违,除了小部分学生真正领会了活动意图外,大部分学生表现得不知所措。无奈之下,戴老师只得将这项任务顺延,改为学生的家庭作业。她把问题带到了英语教研组中,向大家请教,大家马上你一言,我一语热烈地讨论开了:"是不是他们胆子太小,不敢问问题呢?""不可能,Do a survey 的活动我们英语课堂上经常开展,学生并不感到陌生!""可能现在的学生对'植物僵尸'的兴趣要超过'植物'了吧?""也不会啊,先前环节学生们都学得津津有味,投入得很啊!怎么会一下子没了兴趣呢? 变化也太快了吧!""是不是你输入的知识超出了他们理解的范围? 他们的科学常识课上有没有学习过相关内容? 他们到底理解不理解'变异的根和茎'的含义?"一语惊醒梦中人! 是啊! 原来戴老师在设计活动的时候只顾及加大输入量,却没有考虑过这些输入的知识是不是在三年级学生的接受范围之内,忽略了"学情"而设计出的活动又怎么能受到学生们的欢迎呢? 那效果自然就可想而知了。大家终于在讨论中找到了真正失败的原因。这种感觉令大家兴奋不已。

随后,戴老师在教其他平行班时,将原先匆匆布置的家庭作业进行了修改:请学生回家通过网络、书籍以及向家长请教等方式搜集有关"变异的根和茎"的图片资料,在第二课时的 Pre-task 环节,将收集的图片进行展示,并用"Is this a root?"或"Is this a stalk?"进行提问,再自行进行回答。由于有了之前的资料,学生了解了相关知识,后来的课堂教学中,活动开展得顺利多了,同学们对此问题回答得十分积极,且正确率很高。事后,戴老师将小组教研中的讨论以及前后上课的得与

失,写成了如下的教学反思:

> 教研组中大家各抒己见,帮我找到了问题的症结。我忽略了最重要的一点,那就是可理解的语言信息这个特点。如果输入的语言信息是学生无法理解的,那么量再多也是无用的。部分学生课堂上表现较好,是因为平时知识面较广,已经掌握了这方面的知识,这种情况下,我输入给他们的语言信息成了可理解的。反之,则是不可理解的。问题出现在我忽视了课前准备这一环节。如果我在课前布置他们寻找一些有关变异根茎的课外知识,就可以有效地帮助他们把输入的语言信息变为可理解的,同时化解课堂上本不该出现的尴尬。

在教研组老师的共同研究下,戴老师豁然开朗,及时调整了教学策略,解决了先前的问题,取得了较好的教学效果,同时也给其他老师以启发。

小组教研活动,不仅推进了小团队研究在我校的开展,还切实地解决了老师们在教学中的困惑,使老师们收益良多。伙伴合作发展是目的,竞争发展是手段。教师需要彼此间的互助互赖,需要同伴合作,需要分享彼此的经验与智慧。大小教研组合作联动,团队成员以欣赏的眼光发现伙伴的优点,以问题的眼光发现伙伴的不足,以研究的眼光与伙伴一起寻找解决问题的方案,一定程度上实现了教学优势的互补、教学资源的共享、教育思想的碰撞。这对提高课堂教学质量起了积极的作用,有利于促进教师主动成为研究者,从而获得更大的发展空间。

3. "连珠成链"个性化教研

教师间存在个体差异,教研组也存在差异。心理学认为:差异是一种资源。在团队中,不同年龄、性格、特长的教师互补,就能产生 $1+1>2$ 的效果。

我校试行个性化教研,鼓励每一个教师结合教师职务培训,提出自己个性化的发展要求。凡有这类要求的教师,在个人申报的基础上,经过审定,合理的,一般都可以得到满足。学校为有个性发展要求的教师创造可能的条件。如为了提升青年教师的业务水平,学校制订了《教育教学基本功训练实施计划》,给青年教师配备了带教老师,开展了教学板书、教学口语、班主任管理实务、教案设计与有效教学、专业技能、教育教学评价等方面的专项训练。学校还建立了"青年教师研讨小组",鼓励、引导青年教师通过调研,自我诊断,确立自己的专业发展目标,制订发展计划。现已有20多位青年教师自发加入了研究小组。这种做法效果显著:在近年的区教学比赛中,我校有9位教师获得了奖项。

在"快乐活动日"的实施过程中,大教研组将各方面有兴趣特长的教师召集起来召开大组教研活动,积极发掘大家的潜能,开发了魔术、中国象棋、趣味水墨画、垒球、模型世界、沪语、儿童音乐欣赏、小足球、版画、种植、小小书法等 20 余个项目,构建了校本特色课程资源。体育组教师每人都有自己的特长,有的擅长足球,有的擅长垒球,还有的擅长中国象棋,他们用自己的特长筑起了学校的体育特色。在成为足球特色校后,我校又成了区中国象棋传统学校。体育组的教师还群策群力,各显神通,用各自的优势组织策划了学校全体师生每天半小时的阳光体育运动,受到了全校师生和家长的欢迎和喜爱。虹口区有线电视台对此还进行了专门的报道。

其他各组室的教师在组长的带领下,不仅注重课堂教学的研究,还将教研延伸至课余,特别是各学科节的活动中,营造了丰富多彩、活泼有趣的校园文化。在这里大家体验到了生活的快乐、学习的乐趣、活动的魅力,感受到了成功的喜悦!

四、"双主体互动教育"的初步效果

虽然"双主体互动教育"的实践时间不是很长,但因为这种实践是建立在学校原有基础上的,是以坚定的"在师生互动中实现共同发展"为信念的,它符合了小学教育的内在规律。因此,还是取得了不小的成绩,主要表现在以下方面。

(一) 学生主体意识逐步形成

1. 在课程的选择中逐步树立了主体意识

我校目前试行的"趣乐园"课程设计,给了学生很大的自主选择性。每学期开学,学校通过录播的形式,把本学期开设的课程告知学生。一、二年级采取教师走班的形式,使每个学生都享受到丰富的课程资源,逐步形成自己的兴趣点。三至五年级学生可根据自己的兴趣特长填报三个志愿。

在课程的实施过程中,我校推行了"小小观察员制"。学校安排中高年级的学生轮流担任活动观察员,每个活动室派 2～3 名小小观察员组成一组,并选出 1 名观察员当组长,负责小组的观察工作。

推行"荣誉激励制"。每学段活动结束后,通过考级赛,进行星级等级评价。学员先自评,接着组员互评。而后根据自评、互评的情况,给每位学员评定星级数,最高为"五星级××师"。

推行"多元调研制"。定期以问卷调查、访谈等形式向学生、家长、老师进行调研,了解、反馈"趣乐园"的实施情况。

2. 在少先队活动中强化主体意识

学校根据学生的年龄特点,开展丰富多彩的少先队活动,在活动过程中充分发挥学生的主动性。如"我的活动我做主",把少先队活动的权力交给学生,让他们自己出主意,自己做准备,自己搞活动,自己来总结,发挥他们的自我创造精神,训练他们的自我创造思维,培养他们的自我创造才干。如根据"开学第一课"这一主题,各班有针对性地进行各种活动设计。这种做法,不仅发挥了学生的主体性,更唤起了大家对学校活动的极大兴趣。

"我的小队我来组"。在开展雏鹰假日小队活动时,我们给予队员充分的自主权,解放他们的思想和手脚,让队员自己组队,起队名,聘请辅导员,开展活动。这种做法,很好地培养了队员的自主创新精神和实践能力。

"我的组织我管理"。校少先队部设有大队长、中队长两级培训制度,在队长学校的培训中,队员们学习队长守则和少先队知识,进行少先队活动交流,对学校工作提出意见与建议等。少先队的一些常规工作,如红领巾值日岗、校卫生检查、校黑板报评比等,在学生的自主管理下都干得很出色,同学们在实践中感受深刻,懂得了道理,学会了"小鬼当家"。

此外,我校还利用校园宣传栏,将学生的少先队活动照片、中队文化建设照片、成长日记等一一展示出来。各中队根据自身特点开展的"小岗位"制度,让队员们自主选择,争当"岗位小主人",如绿化小天使、节能小卫士、地板美容师、学科小助手等。在社区,我们与社区形成合力,开展环保、安全、文明、责任等知识宣传、社区服务自我教育活动,在活动中要求学生当好"主人"角色。

(二) 教师专业素养不断得到提升

1. 有效校本教研,促进了教师专业发展

近年来,在"在团队合作教研中发展教师主体性,促进有效教学的实践研究"课题引领下,学校强化制度管理。例如,实施了分级教研制、"3＋1"模式、"连珠成链"拓展延伸个性教研等。学校注重团队教研,致力于把教师群体构建成一个学习型、研究型的共同体,努力将蕴藏着的巨大团队智慧充分挖掘出来。通过课题研究,一大批教师和学生的素养得到明显提高。这批师生在教育教学实践中成为有效教学研究的有力推动者,从而实现了"课题研究""校本教研""校本培训"的有机整合,全面带动了学校教育教学专业化水平的快速提升。

研究的过程实质就是教师不断反思、不断进步的过程。我校教师在不断学习、探索与反思中逐渐做到了深入文本、以生为本,能营造"实在""和谐",富有"美感"的教学情景。有效的校本教研,极大地促进了教师的专业化成长,从而让我们的老师真正成为新课改的实施者、推动者和创造者。课题组成员根据研究目标,在教学实验中对教学内容进行了有效整合,对教学策略进行了有效选择,开展了子课题研

究、教案反思的循环修改利用，根据所教学生的学情，在原有的可见媒体信息资源基础上"加一点、去一点、改一点"，这样既抓了重点、难点，又有了自己的创新点。教师教起来胸有成竹，学生也学得有的放矢，减少了无效劳动，少走了弯路，提高了教学的实效。

2. 骨干教师风格初成，发挥引领辐射作用

在追求"有特色、有风格、高效率"的课堂教学的同时，部分教师的教学个性也得以体现和张扬，学校出现了一批初具自身教学风格的骨干教师，并且涌现了两名区级骨干教师。她们是教师的"领头羊"，在学校教育教学改革中，发挥着引领辐射作用。

区数学骨干教师、教导主任任雅凤老师带领教师树立了"教要为学服务"的理念，与教师一起备课时不唯书，不盲从，灵活处理教材，整理小学数学教材中的知识点，真正把学习的主动权交给学生。她注重校本教研实践，带头钻研各类题目，采用多种形式锤炼基本功。在区数学教师解题能力比赛中，我校获得了一、二、三等奖的好成绩，在区里名列前茅。近年来，她尽自己所能在全区数学教学中发挥辐射作用，指导教师上研讨课，解决了教学中的不少困惑，得到了教研员和各位教师的好评。

区英语骨干教师戴文琴在对小学低年级学生英语练习现状进行分析的基础上，设计的"优化练习设计——提升小学低年级学生英语学习有效性"被立为2009年上海市青年教师课题。她根据英语学科特点，结合教材现状及低年级学生学习英语的特性，从趣味性、交际性、层次性、科学性四方面认真探究优化练习设计的方法，对学校英语教学产生了很好的示范和指导作用，使老师和学生受益匪浅。她跨校带教，带教的柳营路小学、张桥路小学的英语教师在区开放活动以及区教学比赛中取得了好成绩，受到了所在学校领导的赞誉。

"双主体互动"教育的目的是培养主体性的人，包括人的主体意识、主体能力和主体人格。我校期望通过课程建设、教学研究等途径，逐步形成以"四自模式"为标志性描述的学校育人总体框架，把育人目标落到实处。

2015 年 11 月于虹口区第六中心小学

参考文献

[1] 吴航. 我国主体性教育理论研究的现状及反思[J]. 华中师范大学学报：人文社会科学版，2000(6).

[2] 王道俊，郭文安. 让学生真正成为教育的主体[J]. 教育研究，1989(9)：14 - 17.

[3] 曹宏亮. 主体性，教育永恒的命题——学校主体性教育的实践与理论研究[M]. 上海：学林

出版社,2008.

［4］顾建军.浅析教育的双主体性特征［J］.教育科学,2000(1).

［5］郭英,刘宪俊.我国近年来关于教育主体间性问题的研究述析［J］.教育导刊,2005(8).

［6］胡红杏.主体性教育实践的误区与反思［J］.西北师大学报(社会科学版)2011(6).

［7］李烈."双主体育人"办学理念的缘起与发展［J］.校长阅刊2006(1).

［8］白雪峰,台铃铃.我国主体性教育理论研究现状及其评价［J］.太原大学学报,2011(1).

行为教育要循规蹈矩成方圆

叶圣陶曾强调:"启蒙教育是人格陶冶最重要时期,凡人生之需要之习惯、倾向、态度,多半在这个时期养成,以后只需要继续地培养下去,自然成为社会的优良分子。"现代心理学和教育学的研究也表明,小学阶段是人生奠基的阶段,是良好行为习惯养成的关键时期。

一、目标清晰,明确行规教育要求

依据2004年颁布的《小学生日常行为规范》、2015年修订的《中小学生守则》,以及学校三年发展规划的重点,虹口区第二中心小学定校训为:固本乐学,立诚明德。确立学生的培养目标为:培养品行端正、习惯良好、会学习、善合作、能创造的,具有中国传统文化根基的现代小公民。按照这一目标,我校根据各年龄段学生特点,遵照循序渐进的教育规律,提出了不同层次不同内容的分项目标(见表1)。

表1　行为规范分项目标

分项目标	学习习惯	卫生习惯	文明行为习惯	道德行为习惯
小学低年级(一至二年级)	1. 能自己准备文具、认真完成作业,有自我检查作业的习惯 2. 专心听课、大胆发言、不懂就问	1. 学会正确的坐立行姿势 2. 学会整理书包、整理课桌,能按时作息,穿戴整洁 3. 不随地吐痰、不乱扔果皮纸屑等	1. 会使用文明语言,遇到老师能主动问好 2. 明白上下楼梯要靠右侧通行 3. 学会在课间进行有益的游戏等 4. 愿意参加集体活动 5. 乐于与同学交流沟通	1. 遵守交通规则,不在马路上玩耍、打闹 2. 有爱心,会保护动物

（续表）

分项目标	学习习惯	卫生习惯	文明行为习惯	道德行为习惯
小学中年级（三至四年级）	能有效预习和复习、边观察边思考，大胆质疑、积极发言等，做到主动学习	1. 具有关注校园卫生、家庭卫生和个人卫生的习惯 2. 做力所能及的事	1. 懂得交往和初步规范 2. 明事理、懂礼貌 3. 能够理解别人、尊重别人	1. 学会遵守交通规则 2. 爱护公共财物 3. 纠正任性行为 4. 具有诚信、自觉的品质和强烈的责任感
小学高年级（五年级）	1. 培养健康阅读、文明上网的习惯 2. 能课前预习、课后复习 3. 具备分析、综合、概况能力	1. 能自觉完成学校的值日 2. 维护学校的公共卫生	1. 待人热情有分寸，能给低年级同学做榜样 2. 懂得友谊，能真诚与同学交往 3. 能参加各种集体活动，并在活动中控制自己的不良行为	1. 遵守社会道德规范，并能在校内外各场合要求自己 2. 对成人的言行有批判性 3. 对不良行为能够正确认识，并想办法制止

二、队伍建设，夯实行规教育基础

在对学生实施日常行为规范教育的过程中，教师队伍素质具有决定性作用。为使学校教师牢固树立"人人是行规工作者，处处是行规阵地，事事是行规内容"的思想理念，我校从师德建设、教师日常行为规范入手，在源头上夯实行为规范教育的基础。

（一）制定师德考核条例

通过教代会制定了师德考核条例，强调师德考核实行"一票否决"，每学期结束前，每位教师根据师德考核条例进行自评，然后组内互评，根据考核结果发放学期师德考核奖。

（二）开展师德主题培训

1. 班主任队伍建设

充分利用校内外资源，加强班主任校本培训，重视骨干班主任和新班主任的培养带教工作。每学期以构建班级特色文化建设为主题，开展"班主任论坛"活动，提高班主任理论与实践相结合的能力。

2. 教师阅读提升计划

我校开展师德培训主题有"提升责任意识,凸显师德内涵""品绘本内涵,悟人生哲理""研读弟子规,提升师德修养""廉洁从教,提升师德""碰撞教育智慧,践行教师责任"等。每学期还开展主题性的移动书库交流活动,如以"爱、理解、对话和尊重"为主题,推荐教师阅读《重建师生关系》《一盏一盏的灯》;以"碰撞教育智慧,践行教师责任"为主题,推荐教师阅读《教育智慧从哪里来》等。以这些行动促进教师提高业务素质,享受阅读、享受学习、享受人生。

3. 教师专业素养培训

作为"中国优秀文化传承学校",我校结合特色,在教师中开展了以"体验篆刻文化,培养审美情趣""品味茶道文化,提升礼仪素养""感悟古筝音乐魅力,提高个人审美素养""美,与你我共享"为主题的素养课程培训,并在教师中组织了"'筝筝'日上""'茶'语清新""相'印'成趣""心驰神'网'""至'慧'学堂"社团活动。

4. 提出教师日常行为要求

我校针对教师工作特性,制定《教师文明公约》《办公室文明公约》,从语言、书写、仪表、举止四个方面对教师提出行为要求。

语言:准确、文明、纯洁、有感染力。

书写:黑板板书、作业批改、笔记、备课书写必须工整规范。

仪表:整洁美观、朴实无华、典雅大方。

举止:讲课时的站立姿势、手势表情要适度,对同事、对学生以礼相待,以理服人。

三、策略得当,保障行规教育实施

在行为教育实施过程中,我校按照"由易到难,由低入高"的原则,列出具体的时间和内容,做到横向一体化,纵向序列化,"低起点、小坡度、分阶段、分层次",由大化小、由小化细,使学生养成良好的道德水平和行为习惯,也使得我校行为规范培养更具目的性和科学性。

(一) 分解分项目标,凸显层次性

我校根据年级目标,结合《小学生日常行为规范》的具体内容,制订了实施细则(见表2~表5)。细则的要求凸显可行性、可操作性与循序渐进,既要告诉学生怎么做,还要告诉学生哪些事情不能做,以引导学生遵守社会公德的底线。

表 2　文明行为习惯实施细则

	低年级	中年级	高年级
集会	1. 在班主任组织下，提前10分钟在教室门口集合站两队，纵成行，横成排，然后列队到指定地方参加聚会	1. 在班干部组织下，提前10分钟在教室门口集合站队，列队到指定地方参加聚会	1. 在班干部组织下，提前10分钟在教室门口集合站队，做到快静齐。列队到指定地方参加聚会
	2. 进入会场指定位置坐好，站、坐姿端正，保持会场肃静。唱国歌时声音响亮，升国旗时脱帽、立正、行队礼 3. 仪式结束后听学校安排有秩序退场，要礼让领导、客人 4. 每天必须参加课间操，眼保健操，做操时姿势正确		
课间	1. 一进入校园就自然成队缓步慢行进教室 2. 进出教室要有序，在走廊和上下楼梯时靠右单行走 3. 游戏时注意安全 4. 做有意义的课间活动	1. 一进入校园就自然成队缓步慢行进教室，听见喧哗要制止 2. 进出教室要有序，在走廊和上下楼梯靠右单行按正常速度行走 3. 做有意义的课间活动	1. 进入校园就自然成队，缓步慢行进教室，听见喧哗要制止 2. 进出教室要有序，在走廊和上下楼梯靠右单行按正常速度行走 3. 能引导低年级学生做有意义的课间活动
就餐	1. 铃声响集合排队，体育委员整队后在老师的带领下轻声慢步走进食堂，八人一桌在固定位置坐好，安静等候值日生或老师分饭菜 2. 吃饭时慢慢吃，细细嚼，所有饭菜要吃完 3. 吃完饭后，剩饭剩菜要倒掉，把盆瓢收好放在规定位置		
对待他人	1. 外出或回到家里要向父母打招呼 2. 尊敬老师，见到老师要说："老师，您好！"放学回家要跟老师说再见 3. 同学之间团结友爱，愿意参加集体活动，乐于跟同学交流	1. 听从父母、老师的教导，能主动做力所能及的家务 2. 尊敬老师，主动问好，能主动和老师交流。放学回家要跟老师说再见 3. 与同学交往要真诚，正确评价同学、自己，努力改正自己的缺点	1. 听从父母、老师的教导，能关心父母的健康，对其不正确言行能够真诚指出 2. 尊敬理解老师，与老师交流时要真诚 3. 能正确评价自己，自信而合群，当同学取得成绩时由衷赞美，出现不足时，真诚指出
	4. 进老师办公室要先轻轻敲门，然后喊"报告"，待老师允许后才能用标准的行走姿势进入 5. 与同学相处要友好，同学不小心碰到或打到自己要宽容，同学有困难要主动帮助，与同学一同学习、生活、劳动时要团结合作 6. 与人交往有礼貌，会用礼貌用语，如"您好""请""对不起""没关系""谢谢"等		

表3　学习习惯实施细则

	低年级	中年级	高年级
课前	\multicolumn{3}{} 1. 准备好本学期所需要的笔、本子、橡皮、尺子等文具,并把所有的书本包好封面,所有的用品写好名字 2. 每天检查书包,带好学习用品 3. 课间把下节课学习所需的课本、文具、作业本放在课桌的左上方,上课铃声一响,快速、轻声地跑进教室,安静坐好等待教师上课		
上课	专心听讲,学会观察,能在老师的启发下思考,发言先举手,回答问题时站姿端正,自然大方,声音洪亮,力求正确。遇到不懂的问题主动提出	专心听讲,边观察边思考,学会用自己的话回答问题。同学发言时认真倾听,等别人发言完毕之后再发表自己的见解。能根据学习主题大胆质疑	专心听讲,学会边观察边思考边概括。回答问题时清楚、简练、准确。遇到问题能够自己想办法解决
作业	放学回家就做作业,卷面要整洁,有一定的速度,读书写字做到"三个一"。做完作业在家长指导下检查。每天在家长指导下阅读15分钟	课前能按老师要求预习,做作业前先复习,做完作业要自我检查,能在家长指导下更正。每天阅读30分钟	课前能按老师要求预习,课后有计划复习,做完作业认真检查,及时更正。每天阅读30分钟,能主动做读书笔记

表4　卫生习惯实施细则

	低年级	中年级	高年级
个人卫生	1. 穿戴整洁,手脸干净,经常洗澡,勤剪指甲勤洗头,早晚刷牙,不在地上打滚,饭前便后要洗手 2. 每天整理好书包,整理好课桌,把书包和书桌内的废品及时扔到垃圾桶中 3. 大小便要入池,废物、果皮纸屑要分类丢进垃圾箱,吐痰时要用纸包好丢进垃圾箱		
公共卫生	1. 值日同学打扫时先洒水,再扫地,卫生工具要摆放整齐,垃圾要分类并装袋,按要求扔进一楼大垃圾箱 2. 爱护校园的一草一木,保持教室、校园的整洁,看见垃圾要主动捡起 3. 节约用电,离开教室要关灯、关电扇。如厕节约用水。不玩水		

表5　道德行为实施细则

	低年级	中年级	高年级
爱护公物	爱护公物,不在课桌上,建筑物和文物古迹上涂抹刻画,损坏公物要赔偿		
遵守规则	遵守交通规则,过马路走人行道,做到"一停二看三通过"。不乱穿马路		
诚实守信	1. 讲真话,尤其讲真话对自己不利的时候更要这样做 2. 答应别人的事情要做到,做不到要表示歉意		

（续表）

	低年级	中年级	高年级
遵守秩序	1. 在集体活动中，遵守活动的规范 2. 在公共场合不喧哗，不推挤，不吃零食，乘公共汽车、地铁等要主动买票，主动给老弱病残孕让座		
社区卫生	1. 看见长辈，要问好，晚上九点之后讲话声音要小 2. 玩耍时，讲秩序，不乱穿，不追跑 3. 爱护公物，不攀树，不踩草，见到垃圾忙捡起		

（二）制定各类制度，保障有效性

"没有要求就没有教育"，建立一套完整的行规教育制度是持之以恒抓好行为规范教育的重要保证。表 6 为我校行规教育制度文件与评价。

表 6　行规教育制度文件及评价

校内监测与评价	学校管理	制度	《德育常规管理规定》《教师文明公约》《正、副班主任工作一日常规》《护导工作细则》《任课教师工作职责》《行为偏差学生跟踪制度》《教学巡（抽）查制度》《听课、评课质量指标》《多媒体、实验室管理规定》
		评价	《教职工年度考核及奖惩条例》《听真会——学生座谈会》《班主任工作检查表》《护导记录表》《安全检查表》《教师作业批改检查表》
	学生行规	制度	《二中心礼仪好习惯》《行为规范示范班评选制度》《教室卫生制度》《班级文明公约》《升降旗制度》《队干部选举制度》《少先队会议制度》《中队环境布置检查制度》《小辅导员制度》
		评价	《行为规范检查表》《眼保健操检查记录表》《卫生检查表》《班主题队会反馈表》《社会实践活动记录表》《学习单争章评价表》《小辅导员值勤记录》
校外监测与评价	家长	制度	《家委会制度》《家长学校制度》《家访制度》
		评价	《家长会反馈表》《家访情况反馈表》
	社区	制度	《志愿者服务制度》、不定期与居委会主任座谈
		评价	《暑期志愿者反馈表》
执行保障	流程管理		开学初，学校对教师进行培训；平时，德育领导小组与学生检查员巡视、检查、反馈与评价；期末，进行评选与奖励
	经费保障		设立行规教育专项经费，与期末教师绩效挂钩

(三) 形成实施重点，体现针对性

1. 低年级重点：适应学校常规

低年级，特别是一年级，学生刚入校，不能操之过急。我校根据市教委"学习准备期"的精神，教师、家长形成合力，重点帮助学生适应学校环境，适应学校学习和生活，让他们懂得最基本的一日常规。

我们下发了《新生入学手册》《小学生日常行为规范手册》，召开家长会，将学校一周作息安排和学生在校一天常规作为基础训练内容，利用一个月的时间开设行为规范训练实践活动课程，强化学生的行为。主要采取教师讲解、情境模仿训练、儿歌背诵、日常检查评比等形式强化落实。儿歌浅显易懂，符合低年级学生的年龄特点，适时让他们诵读，让他们在读中学，学中读，可以在不知不觉中规范学生的言行。

2. 中年级重点：树立规则意识

在中年级段，我校重在引导学生树立规则意识，通过学习《中小学生守则》《小学生日常行为规范》进一步明确规则。在教师指导下，学生参与班级公约和个人行为准则公约的制订，开展班会、班级午会、十分钟队会等活动。学校通过同伴讨论、榜样示范、情境体验、活动体验等策略对学生进行教育，培养学生遵纪守法、文明向上意识。通过开展"我为班级形象代言"等活动，从不同侧面展示班级文化建设的风采，从中评选文明学生、优秀礼仪标兵，为学生提供展示自我，发展自我，成就自我的平台。同时开展"五星班级"评选，结合每周学生行为表现，对班级进行量化考核，每月、每学期评选出"五星班级"，并在学校进行表彰。

3. 高年级重点：强调自我管理。

高年级段，学生已经有了独立的行为能力，我们结合学生年龄特点，在行为规范养成教育中将学校教育与学生自我教育相结合，充分调动学生的积极性、主动性，通过创设实践平台，积极鼓励学生参与学校管理，自主开展各类实践活动。在行规检查、活动评价、岗位体验中体现学生的主体性，使学生由他律转向自律。

四、途径有效，促进行规教育达成

(一) 寓行规教育于各科教学中

学科教学，除了有学科本身的知识体系外，亦具有育人功能，尤其在"情感、态度、价值观"培养上，我校结合现有教材，罗列出《品德与社会》《语文》教材中与行为

规范教育直接相关的内容展开教学。同时关注学科隐性的育人要求，如表达、学习习惯等，在学科教学的过程中培养学生良好的行规习惯，促其形成正确的价值取向。此外，我校还开发了校本教材资源"学而知行"，让教师在教育过程中采用故事法、表演法、游戏法、讨论法、模拟法、榜样法、竞赛法等方法进行导行，使学生将文明习惯内化成自觉的行为。

(二) 寓行规教育于各种活动中

我校将行为规范教育与学科活动相结合，每月精心设计学科节活动(见表 7)，丰富学生道德情感体验。作为"全国优秀传统文化传承学校"，我校开展"知书达礼——诵名著、学礼仪"系列活动。结合每学期的读书节活动，鼓励广大学生通过阅读中外名著，充分挖掘和利用传统美德中有关礼仪、行为规范的格言、名句、故事等，通过诵读、故事会、读书交流卡、表演等形式，调动学生自主学习、自觉参与的积极性，在喜闻乐见的活动中，学习文明礼仪知识，体会养成良好行为规范的重要性。

表 7　学科节活动安排一览

名称		主要活动内容	时间
学科文化类	语文节	经典诵读、古诗接龙、谜语王国、成语串烧、美文摘抄	10 月
	数学节	速算小达人、二十四点大赛、生活中的数学	3 月
	英语节	拼词小达人、Copy 不走样、音乐之声、听力对决赛	12 月
	科技节	"养蚕计划"、3D 打印、"变废为宝"小制作比赛	11 月
	美术节	妙笔生花(篆刻)、茶艺大比拼	1 月
传统文化类	艺术节	快乐童声卡拉 OK 赛、书法达人秀、锦"绣"前程(十字绣)、"来一份音乐早餐"、"相映成趣"师生作品展	6 月
身心类	健身节	花式长绳、花式单人跳、花式双人跳、花式踢毽子、大家一起跳(集体舞)	4 月
	心理健康节	"健康校园、美丽心情""心灵之约"	5 月

我们还将行为规范教育与实践活动相结合。学校以各种主题教育实践活动为载体，以节假日和重大纪念日为契机，进行行为规范教育。如结合争创文明城区，开展了"文明礼仪伴我成长"的升旗仪式；以"反法西斯胜利 70 周年"、"喜迎十九大"、学习习爷爷全国少代会给少年儿童的寄语等活动为契机，通过"知历史、展未来"让学生亲身感受祖国的繁荣、强盛，从而激发学生的爱国热情。

（三）寓行规训练于家庭、社区生活中

我校将行为规范教育与家庭教育、社会教育相结合，使家庭教育与学校教育形成合力，做到教育原则一致，内容互补。我校通过"家长学校"，印发《致学生家长一封信》，积极争取家长和社会对虹口创建文明、卫生城区的重视和支持，构建家庭、学校、社区教育活动网络，提升家长的行为规范意识，充分发挥家长"身教胜于言教"的作用，让文明礼仪教育活动真正走进家庭。同时，利用公益活动、寒暑假等时机，倡导学生以志愿者小队的形式走出家庭，走进社区，宣传实践，做良好行为规范的宣传者、实践者、示范者。

五、凸显"礼仪"，树立行规教育品牌

为使行为规范教育与学校的办学特色有机结合，我校开展了"优秀传统文化基因在学生身上'活'起来的实践研究"的课题研究。在行为规范养成方面，开始尝试在养成中凸显"礼仪"，"德辉动于内，礼发诸于外"。中国是"礼仪之邦"，"国尚礼则国昌，家尚礼则家大，身尚礼则身修，心尚礼则心泰"，从学习"生活礼仪""人际交往礼仪""公共场合礼仪"入手，做到言谈举止有礼貌，有教养，懂规矩。我校营造礼仪教育氛围，潜移默化地影响学生，开展认知教育，在参加世博会接待翁铁慧副市长的过程中，学生展现了良好的礼仪风貌，得到大家的赞赏和肯定。

表8　学生礼仪规范

一级指标	二级指标	年级	三级指标
课堂礼仪	1. 礼貌用语 2. 待人、交友的举止与态度 3. 使用学习用品习惯与读写姿势 4. 上课习惯 5. 作业习惯与考试规范	一、二年级	1. 自己整理书包，读写姿势正确 2. 上课专心听讲，与老师交流，眼睛看着老师 3. 按时完成作业
		三、四年级	1. 自己整理学习用品，读写姿势正确 2. 上课专心听讲，积极参加讨论，遇到困难，互相帮助解决
		五年级	1. 上课专心听讲，积极表达自己的观点，尊重同学的发言 2. 独立完成作业，作业不抄袭，考试不作弊

（续表）

一级指标	二级指标	年级	三级指标
课间礼仪	1. 礼貌用语 2. 待人、交友的举止与态度 3. 作息习惯与卫生习惯 4. 用餐习惯与饮食卫生 5. 惜物与节俭 6. 校纪校规 7. 校园内公共道德规范	一、二年级	1. 按时到校，有事请假。主动与人打招呼，会用礼貌用语 2. 课间文明休息，乐意与同伴交往。阅览后，将图书放回书架 3. 安静用餐不挑食 4. 随手关水龙头，爱护公共财物
		三、四年级	1. 按时到校，有事请假。会用礼貌用语 2. 课间文明休息，与人友好交往，与同学玩有益的游戏。阅览后，将图书放回书架 3. 文明用餐不挑食 4. 做到自己不玩水并提醒同伴不玩水
		五年级	1. 按时到校，有事请假 2. 课间文明休息，不追逐打闹。在学校中和同学发生摩擦时，能检讨自己并主动原谅别人的过错 3. 文明用餐不挑食 4. 看到不文明现象能主动劝阻
家庭礼仪	1. 学会问候与关心 2. 用餐习惯 3. 待客的举止与态度	一、二年级	1. 出门、回家能主动与长辈打招呼 2. 吃饭前，要帮长辈做一些力所能及的事情。吃饭时，让长辈先入座，不狼吞虎咽 3. 客人来或走时，能主动打招呼。能给客人让座，学习招待客人
		三、四年级	1. 帮助家人分担力所能及的家务。学会关心家人 2. 用餐时，懂得给长辈盛饭、用公筷敬菜 3. 客人来访前，把房间收拾整洁。客人来访时，要热情接待
		五年级	1. 在家庭，听从长辈的教导，不顶撞 2. 吃饭后，帮助长辈收洗碗筷、抹餐桌凳等 3. 学会主动、独立地招待客人
公共场合礼仪	1. 对待国旗、国歌的行为规范 2. 交通规则 3. 学会问路 4. 文明乘车	一、二年级	1. 尊敬国旗，升国旗时肃立，会唱国歌，会行礼 2. 自觉遵守交通规则：红灯停，绿灯行，走路走人行道，不在马路上玩耍 3. 问路时，能用礼貌用语 4. 乘车时先上后下。在车上不大声喧哗。不在车上乱扔杂物

（续表）

一级指标	二级指标	年级	三级指标
公共场合礼仪	1. 对待国旗、国歌的行为规范 2. 交通规则 3. 学会问路 4. 文明乘车	三、四年级	1. 尊敬国旗，升国旗时肃立，认真唱国歌，行礼规范。 2. 不乱穿马路，走路走人行道，不在马路上玩耍。 3. 问路时，能用礼貌用语。 4. 乘车时不抢座，不大声喧哗，不嬉笑打闹
		五年级	1. 尊敬国旗，升国旗时肃立，认真唱国歌，行礼规范。 2. 不乱穿马路，不乱扔杂物。 3. 遇到有人问路，能热情指点。 4. 乘车时，能帮助需要帮助的人。学会用实际行动维护公共秩序

行为规范养成教育是一项长期的工作，需要静下心来把这项工作当作常规的基础工作来做，我校将本着"教孩子五年，想孩子五十年"的责任担当，扎扎实实、循序渐进、持之以恒地推进，为学生一生的发展打好基础。

2017 年 3 月于虹口区第二中心小学

从学校凡人小事中凝练社会主义核心价值的实践与思考

中央办公厅印发《关于培育和践行社会主义核心价值观的意见》，正式提出社会主义核心价值观的文字表述，并将 24 字核心价值观分成 3 个层面：

国家层面：富强、民主、文明、和谐；

社会层面：自由、平等、公正、法治；

公民层面：爱国、敬业、诚信、友善。

上海市虹口区的教育近年来一直在推进"强精神、强环境、强队伍"的"三强"建设，以"文化立教、文化立校、文化立人"的思路，提升区域教育软实力。2014 年，教育局党工委成立了"提升教育文化自觉，增强区域教育软实力实践活动的研究——基于学校工作的培育和践行社会主义核心价值观调研"的研究课题组，并对部分学校进行了调研，虹口区小学第四总支（简称小四总支）四中心小学、曲阳四小被列入调研单位。

在调研过程中，我们感到，优质的学校文化应该是以核心价值观为支持，并凝聚为学校精神的。它是学校核心价值观和学校个性特色相融合的一种组织文化，体现为师生员工在学校生活中形成的具有独特凝聚力的办学面貌、规章制度和精神气氛等，也是学校成员共同认知的符号系统和组织特征。学校在提炼核心价值观的过程中，既有由学校管理者团队在办学过程中的理性思辨，包括办学理念、办学目标、管理策略等，又有全体教职员工及其学生在教与学的过程中以自己的工作、学习或生活留下的故事，这些校园内部与外部的故事将组合成学校的整体面貌与形象。

学校师生的故事常常是凡人小事，弥散于校园的每一个角落，渗透于教育教学的每一个环节，真真实实却又普普通通。已经发生的学校故事是校园人对自身或学校历史的一种记忆烙印，正在发生的故事传播着一定的学校文化和价值观念，昨天的故事影响和强化着今天的学校生活，积淀为学校文化。每一所学校都有属于自己的故事，这就需要我们用教育的慧眼来发现学校故事，从教育的视角来审视学校故事，用教育的语言来阐述学校故事，用教育的智慧来定格学校故事，让学校故事一代一代生长并流传下去，让学校文化的血脉一代一代流传下去，让学校的核心价值被所有人认同。通过校园故事的流传、弘扬，教化师生，辐射社会。一个又一个故事串联起来，就延续成为学校活的历史，成为凝聚核心价值的经典。

一、发掘历史故事，找寻学校根基

（一）寻根溯源，找寻学校卓尔不同的发展脉络

每一所学校都有属于自己的故事，找寻学校发展故事，理清学校发展脉络，既可以使每个教职员工了解学校发展至今所走过的成长之路，又能使他们受到教育。

虹口区第四中心小学创办于 1988 年，始终坚持"拾级而上、打造品牌、文化渗透"的发展策略，走过了"规范—特色—示范—素质教育实验—素质教育示范—深化学校文化内涵—构建学校文化价值"的七个发展阶段。短短几十年，在全体教职员工的共同努力下，四中心小学成为一所公认的区级优质中心校，并且逐步在上海市基础教育改革中产生一定的影响力。在这几十年的发展过程中，学校一直倡导"人人都很重要、人人都能成功"的管理理念，强调管理就是服务的观念，重视以人心凝聚人、以感情温暖人、以事业激励人、以目标鼓舞人、以人格养育人，激发师生

自主发展、自我管理的意识和能力,让学校成为师生的精神家园。在此基础上,学校确立了发展的核心价值观——协同。《汉书·律历志上》曾指出:"咸得其实,靡不协同。"这就表明协同其实质便是"协力齐心、和合共同"。这是着眼于人本的学校文化建设,体现的是协调、求同、和衷、共济的人文氛围,与社会主义核心价值观高度一致。这正是四中心小学多年来能够目标一致,拾级而上的动力,也是取得实效发展的真正原因。

(二)品牌教师,形成学校独树一帜的教学风格

提起虹口区第三中心小学的教师,大家脑海里马上会想到毛蓓蕾、沈功玲、顾家漳等名师。一个个响亮的名字,一位位令人敬佩的教育大师,正是他们用"爱与教育"诠释了教育的真谛,推动了三中心小学的发展,奠定了三中心小学今天的地位。依托三中心小学的历史文化积淀,三中心小学的历任校长、杰出教师出于对教育事业的奉献精神和对学校核心价值理念的追求,培养和造就了一批批优秀的青年教师,一代代成功的学生,也形成了鲜明的学校校风、教风、学风和卓著的办学特色。在"爱与教育"成为核心价值观的三中心小学,要做一个名副其实的好教师,唯有把个人自主发展融于深厚的学校文化之中,学习老一辈名师的"大爱精神",养成奉献教育,无悔事业的高尚品格,惠泽每一个学生,身体力行地传承、恪守和弘扬三中心小学的"爱与教育"的文化传统。吴惠娟老师,上海市首批特级教师,今年已70岁高龄了。青年教师上门拜访,她以"严格要求,学会宽容"为主题,回顾了她当年在崇明堡镇小学、虹口三中心小学工作的点点滴滴,从她朴素的叙述中,青年教师们不仅感受到了吴老师的睿智与豁达,更感受到了吴老师对教育事业的追求与对孩子的热爱。至今她仍清楚地记得自己教学低年级时编的儿歌,"三中心,好学校,好老师,好学生,我在学校学本领,老师见我眯眯笑"。短短几句话,道出了教师对学校的热爱和对学生的期盼。

由老一辈教师口口相传的校园故事,迸发着惊人的力量,也将汇聚成学校的文化,一代一代流传下去。

二、演绎师生故事,体现价值追求

校园中每天发生的故事,其实都饱含着学校的文化和价值观。因此,智慧的学校管理者必将不断创造新的故事,以便更好地传播学校文化。

（一）设计课程方案，培养特色学生

课程是学校教育活动的载体。在课程体系建构过程中，办学目标与培养目标是导向。

虹口区曲阳第四小学是一所上海市科技特色学校，注重"手脑相长，健康向上"，办"以发展性心理辅导为办学理念，践行民主管理，融洽师生关系，注重个性发展，逐步走向创新型学校"，努力"培养学生成为：精神饱满、身体健康、学习自觉、关系和谐、手脑相长、言行举止受人欢迎的小学生"。在此目标引领下，学校以学科基础型课程为基础，以"421科技坊"系列课程和小学生心理辅导活动课程为特色，增设丰富多样的文化选修课程和科学类的生活课程，整体设计，统筹规划，构建具有学校特色的文教科一体课程，从而增强学校文化氛围，满足学生个性化健康发展的需求，满足多元发展的办学需求。

目前学校的课程体系包括3个板块，11个类别，25门课程。

丰富的课程设置，受到了学生的喜爱。教师们既是课程的设计者，也是课程的实施者。与此同时，为进一步开发课程资源，学校还努力发挥了有特长的家长的作用，让他们作为一些拓展选修课程的执教者，参与到课程建设中来，形成家校合力。学校的做法是：成立PTA联合会—发布课程信息—组织申报遴选—成立家长讲师团—轮流进课堂。家长们积极性很高，先后执教了"纸扇拓印""机器人活动""神奇的便条纸""寻找蜥蜴虫""无处不在的微生物""蜜蜂与蜂蜜"等课程。

（二）提供教师舞台，形成特色教师

教育故事天天发生在"你、我、他"之间，蕴含着深邃的哲理，体现着价值追求。

弘扬教师在平凡岗位做出的不平凡业绩，既能在校园中倡导正能量，又能使教师学有榜样。虹口区曲阳第三小学的叶丽雯老师，毕业后从普通数学教师做到现在的教导副主任，教了26年书。她没有著作傍身，未曾抛头露面，一心一意专注教学自留地，谈不上见过多少大场面，放人堆里也看不出特别。这样经历的教师，搁哪里都能找出一两个。然而，熟悉叶丽雯老师的人都知道这个个子小小说话淡淡的中年教师是一个于平常之中有着强烈责任感的教师，是一个于平静之中蕴藏着满腔热血的教师，更是一个于平凡之中对自己深爱的教书育人工作有着伟大追求的好教师。

为了帮孩子把时间找回来，她默默承受种种压力，敢为人先，九年不布置家庭作业。这正是叶丽雯老师对教书育人工作有着伟大的追求的集中体现。她致力于"真实作业"的研究，所谓"真实作业"是在家长"清场"，"后援团"被屏蔽的情况下，

学生凭一己之力在学校独立完成的作业,同时这也真实地反馈了教师当天的实际教学效果。她认为"真实作业"的设计,不在于"多",而在于"精",她对于学生在校完成的"真实作业",总要经过一番深入细致的解读,从而获得学生当天学习情况的第一手真实信息,发现学生们的兴趣所在、潜能所及;同时找准学生学习的起点和教师教学的跟进点。如哪些孩子已经完全掌握当天的学习内容,哪些孩子只是部分理解;哪部分的知识学生已经濒临遗忘,哪部分知识点需要适时跟进等。这些发现为她设计更有效的课堂教学,激发孩子的潜能提供了一个有力的"支点"。同时,她始终认为,作业并不是简单的"温故而知新",它也可以是一个激发学生学习潜能的过程。而只有适合学生的作业才是激发其潜能的有力"杠杆"。因此,她在"真实作业"设计中注重学生的个体差异,分层设计,赋予学生更多的自主选择权。九年来,她并不要求每位学生完成作业中所有题目,有两类题目,学生可以自由选择做与不做。一类是带"五角星"的基础题,学习能力强的孩子可以选择不做;另一类是带"灯泡"的挑战题,由于"挑战题"综合性强,难度大,设计的初衷原本是想激励那些学有余力的孩子,没想到做这道题目的孩子特别多,原因是她给它起了一个特别的名字——"做对了,你,就是老师!"她经常在课前给孩子们五分钟的时间来讲解解题思路,孩子们在这种师生角色互换的体验中,迸发出了令人意想不到的思维火花。"真实作业"的设计,实现了单位时间内作业效益的最大化,充分激发了孩子们在数学学习上的潜能。这里孩子的"潜能"不仅仅指学科潜能,还有一层含义,在于让更多的孩子有了"留白时间"去挖掘其他各方面的潜能,让孩子们在不同的维度获得体验,实现健康而有个性的成长。

叶丽雯老师的先进事迹,先后在"白玉兰论坛"、《上海教育》等予以介绍,她也因此被授予上海市"十大新闻人物",上海市"教书育人楷模提名奖"等荣誉称号。同时,在曲阳三小,校领导也以叶丽雯老师为榜样,既对她不布置家庭作业的做法予以肯定又提出争当"叶丽雯式"好教师的倡议。现在,潜心研究教学,努力钻研教材,已在曲阳三小蔚然成风。

同样,虹口区小学第四总支的其他学校,也根据实际,搭建了多种平台,鼓励教师发展。如四中心的三年一轮好教师评选、曲阳四小的读书节活动、曲阳四小的研究型教师团队评选活动等,无不体现了学校在推进社会主义核心价值观,凝聚学校精神方面的匠心。

在此基础上,小四总支于2014年9月3日,开通了总支微信平台,推出了自己的微信 logo,此 logo 中四个"S"形色块既是"四"总支的拼音开头,又代表了我们的核心价值追求,即勇担当、善引领、乐协同、勤服务。总支将以此为工作作风,在教书育人的岗位上继续培育和践行社会主义核心价值观。小四总支微信平台发布的信息,内容丰富,涵盖了教育教学信息、学生成长瞬间、教师技能展示、学校大型活动、党团主题活动等,为大家深入了解小四总支所属学校打开了一扇窗。

三、凝练校园故事,传承学校文化

(一) 品牌凝练

学校的核心价值是一所学校区别于其他学校最本质、最直观的体现,它通常借助简洁而富有哲理的语言或校歌、校训、校徽等形式加以表达。

虹口区幸福四平实验小学坐落于名为"幸福村"的居民社区中,学校曾以乒乓球特色闻名,著名的乒乓国手曹燕华就曾在这所学校接受过乒乓启蒙。20 世纪 90 年代,学校顺应改革需要,开始了"小班化教学"的研究。办学至今,一直秉承"幸福追求,四平愿景"的价值追求,认为,"幸福",是人类的永恒追求,也是生命个体的存在方式,教育与幸福有着密切的联系。一方面,教育以促进幸福为目的,教育为人类物质生活的幸福奠定基础,为人类精神生活的幸福打开更广阔的空间,同时,教育的过程也是体验幸福的过程,并使人在体验幸福的过程中领悟幸福的真谛。另一方面,幸福为教育活动的开展提供保障。关注人的幸福必然要关注人性和生命,关注文化和精神,关注创造和创新,这就有助于促使教育更加人性化,有助于提升教育的精神高度,有助于促使教育更加富有灵性,使理想的教育成为可能。

值得一提的是,学校所要追求的幸福,不是明天的幸福、外在的幸福和竞争的幸福,而是师生当下的、内生的、和谐的幸福。以幸福为追求的学校教育,必然呼唤管理体制、制度规范、课程建设、教学改革、校园文化、师资队伍等多方面的系统变革,通过变革摒弃学校管理中的"非幸福"因素,增加师生学校生活中的幸福体验。"四平"则表述为:平实的教育、平和的心态、平等的相处、平安的校园。"幸福追求、四平愿景"这一表述所蕴含的诸如教育与幸福的关系、对待教育改革的态度、师生发展与进步方式的选择、校园人际关系的处理等,与新课程改革的基本理念相融合,符合上海基础教育转型发展的趋势,也体现了"绿色指标"的发展意蕴,具有理论上的生命力。"幸福追求、四平愿景"的表述也符合学校的办学实际,体现学校的独特思考与价值追求,具有实践上的可能性。这一表述的灵感来源于学校的校名,经过学校师生反复的推敲论证,融合了每一个"四平"人对学校发展和教育教学工作的个性思考。

（二）环境彰显

价值观是一种隐性的东西，它必须依赖于各种载体来实现，并作用于人们的思想，起到教育作用。因此，营造精致典雅的环境文化也将成为学校文化的外显方式。

曲阳四小，学校以操场为中心，南面是三层的"中华古船楼"，一至三层分别为创新实验室、古船始源坊、古船制作坊；北面是"梦幻列车"，由"森林寻梦、极地探梦、能源圆梦、火箭追梦、宇宙萦梦"五节车厢组成。"南船北车"遥相呼应，为学生提供了实践体验的场所。学生在看一看、做一做、想一想、画一画的过程中了解了古船的发展历史，认识了船体结构，找到了设计灵感，并收获了许多发明奖项。老师们都说，这里既是传承中华传统科技文化的乐园，又是小发明家的诞生地。学生在这里学习，手脑相长，幸福快乐。

学校的东面是主教学楼，3 号楼为专用教室，包括美术室、唱游室、录播室、实验室、"机器人工作室"；2 号楼为各年级教室及教师办公室；1 号楼为学校心理辅导活动中心和行政办公区域。设置在 1 号楼的"心灵加油站"属于学校心理辅导活动中心的一部分，包括团体辅导、个别咨询、音乐松弛、情绪宣泄、仪器测试、箱庭治疗、休闲平台、教师学习 8 个区域。为师生开展心理疏导、心灵之约等活动，帮助学生健全人格，打造健康的心态。

"中华古船楼""梦幻列车""心灵加油站"，这三个上海市创新实验室，伴随着"旋转水车""生态鱼缸""绿色长廊"等供师生怡情观赏的设施，构成了学校精致、典雅、温馨的校园环境，体现了校园的景观性、标志性、人文性，呈现了学校独特个性和文化精神。

社会大世界，学校小社会，凝练校园里天天发生的故事，既是对学校优秀文化的传承，也使学校在办学过程中逐步把教职员工共同追求的核心价值凝练、升华的过程。

2017 年 9 月于虹口区小学第四总支

浸润与体验： 让师生富有传统文化涵养的实践研究

一、研究背景

中央办公厅、国务院办公厅《关于实施中华优秀传统文化传承发展工程的意见》提出，要把中华优秀传统文化全方位融入思想道德教育、文化知识教育、艺术体育教育、社会实践教育各环节，贯穿于启蒙教育、基础教育、职业教育、高等教育、继续教育各领域；以幼儿、小学、中学教材为重点，构建中华文化课程和教材体系；编写中华文化幼儿读物，开展"少年传承中华传统美德"系列教育活动，创作系列绘本、童谣、儿歌、动画等；修订中小学道德与法治、语文、历史等课程教材；推动高校开设中华优秀传统文化必修课，在哲学社会科学及相关学科专业和课程中增加中华优秀传统文化的内容；推进职业院校民族文化传承与创新示范专业点建设；丰富拓展校园文化，推进戏曲、书法、高雅艺术、传统体育等进校园。

纵观全国小学阶段教育，已有学校致力于弘扬中华传统文化。如曲阜市实验小学，位于孔子之乡，长期受儒家文化影响，学校以地域文化优势为依托，开设了全国的经典诵读基地，该校骨干教师整编了以儒家经典为主要内容的系列教材，参与开展了国际孔子文化节、祭祀颜子大典、百姓儒学节等，颇具民族特色；成都市实验小学立足于"小学校，大雅堂"的发展方向，以世界眼光和中国灵魂为主线，施展"雅"的教育，开展了每日一课讲述城市故事，每周一课的国旗下讲话，每月一课的社区活动，每学期一课的时事开学典礼，不仅提高了学生们的素质内涵，也丰富了学生们的生活和视野。

不可否认的是，越来越多的中小学正尝试将中华优秀传统文化教育逐渐融入课程和校本教材中，并陆续开展了一些传统文化进校园活动，期望通过各种学生喜闻乐见的教育形式，让学生在实践中感受传统文化、认同传统文化、传承传统文化。但毕竟中华传统文化底蕴深厚、博大精深，其中蕴含着丰富的哲学思想、人文精神、教化思想、道德观念等，在学校中开展这些活动不是难事，但如何让优秀传统文化真正溶化在师生的血液里、渐渐渗入日常活动中，如何让师生在生存体验中真正感受传统文化的温情和独特魅力，如何使传统文化在与现代文明的交融中焕发光彩，这些层面上的深刻研究目前较为稀少。本文基于学校的办学理念，将在这一点上进行探讨和研究。

二、研究意义

（一）理论意义

1. 优秀传统文化的重量

中华民族优秀传统文化,历经了时代的考验,凝结着历代炎黄子孙改造世界的光辉业绩,凝聚着华夏民族无数先哲的无穷智慧,酿成五千年光辉灿烂的文明,铸就源远流长的民族历史和文化瑰宝,历久弥新,独树一帜,自成特色。

中共中央总书记习近平于 2013 年 11 月 26 日,在山东曲阜考察时强调,中华优秀传统文化是中华民族的突出优势,中华民族伟大复兴需要以中华文化发展繁荣为条件,必须大力弘扬中华优秀传统文化。习近平指出,"一定要通过学习树立对五千多年文明的自豪感,树立文化的自信、民族的自豪感"。实现中华民族伟大复兴,必须大力弘扬中华优秀传统文化,真正将中华文化渗透到华夏儿女的骨髓里。

2017 年 1 月,中共中央办公厅、国务院办公厅印发了《关于实施中华优秀传统文化传承发展工程的意见》,指出实施中华优秀传统文化传承发展工程是建设社会主义文化强国的重大战略任务,对于传承中华文脉、全面提升人民群众文化素养、维护国家文化安全、增强国家文化软实力、推进国家治理体系和治理能力现代化,具有重要意义。

2017 年 3 月,教育部部长陈宝生就"优秀传统文化进校园"讲了三点:第一,覆盖教育的各个学段,从小学到大学,我们把这项工作看成是一个固本工程;第二,融汇到我们教材体系中去,我们把这项工作看成是铸魂工程;第三,贯穿人才培养全过程,我们把这项工作看成是中国人打底色的工程。

中华民族精神和中华优秀传统文化在自身的发展历程中,绵延五千年而从未中断,有着传奇般的发展历程和丰富独特的内涵,需要我们后人认真传承和考究,从而进一步助推中华文化的弘扬光大,凝练它的现实价值,彰显中华民族在世界舞台上的话语权、主动权和引导力。

2. 立德树人要求的重要

"立德树人"在中华民族文化血脉传承过程中是至关重要的。作为世界古代文明发源之一,中国有着独特的历史与文化传统,也正是这样的独特,为我们建立了立德树人的底蕴。我国古代先贤及仁人志士们提出了博大精深的思想体系,广泛揭示了人与人、人与社会、人与自然之间关系的真谛。其中,许多优秀的思想精华和理念精粹延续至今,构筑了中华儿女独特而坚定的精神世界。这些优秀的传统文化成为中华民族的"根"与"魂",也成为中华民族的凝聚力和创造力之源,更是保障中华民族屹立于世界民族之林、让中华文明持续传承下去的关键所在。

党的十八大报告明确把"立德树人"作为教育的根本任务,反映了社会主义现代化建设新阶段对教育工作的新要求。党的十八届三中全会通过的《中共中央关于全面深化改革若干重大问题的决定》,对在新的历史起点上全面深化教育改革作出了战略部署,围绕党的十八大报告提出的"深化教育领域综合改革"总体目标,明确要求"全面贯彻党的教育方针,坚持立德树人,加强社会主义核心价值体系教育,完善中华优秀传统文化教育,形成爱学习、爱劳动、爱祖国活动的有效形式和长效机制,增强学生社会责任感、创新精神、实践能力"。

习近平总书记将"期盼有更好的教育"列为"人民对美好生活的向往"的重要内容,并多次就教育工作作出重要论述,为我们做好教育工作包括中小学育人工作提供了行动指南。中小学育人是打基础的工作,是培育未来、创造未来的工作。要把育人作为中小学教育的根本任务,作为中小学教育的灵魂,深入研究和准确把握中小学生成长的规律、中小学育人的规律,坚持"以人为本"的教育精神,把孩子们的快乐成长和长远发展放在首位,把德育、智育、体育、美育等有机地统一在教育活动的各个环节中,真正关爱学生、尊重学生,使每一个学生实现全面的发展、有个性的发展。

中小学是形成思想、启迪心智的最佳时期,我们第一线的中小学校应当认真剖析中华优秀传统文化的思想精华,融入强化培养学生核心素养的教育改革之中,坚持德育教育,帮助学生从传统优秀文化和传统美德中汲取养分,积极培育和践行社会主义核心价值观,为中国特色社会主义事业培育人才。

(二) 实践意义

2009年,虹口区第二中心小学开始筹划以中华传统"琴、棋、书、画"为主题的系列体验项目,辟有篆刻、拓印、书画、茶艺和古筝五个传统文化体验室。学校通过"落实课程建设、加强人员培训、完善管理机制、保证经费投入、关注绩效评优"等五大举措,以及环境营造、课程建设、课堂教学、活动开发等四条渠道,遵循让"博物馆进走廊""图书馆进教室"的原则,坚持环境育人,让每个体验室都洋溢着浓郁的中国风,让校园里能"说话"的地方都来传递民族传统文化的精髓。经过努力,学校成为上海市第一批全国中小学中华优秀文化艺术传承学校。

具有五千年发展历史的中国传统文化,是今天建设先进文化重要的"源头活水"。在特色创建过程中,我们深深感到,要在学生身上根植优秀传统文化基因,学校就必须充分继承和吸收优秀传统文化,养育和建设先进的校园文化。以"随风潜入夜,润物细无声"的培育方式,使优秀传统文化融入我们教育的方方面面,让学生在不断的熏陶中耳濡目染,将这些优秀传统文化转化为自己的 DNA,也使教师通过体验与传承优秀传统文化,不断提升自己的传统文化涵养。

三、概念辨析与界定

(一) 中华传统文化的基本概念

中华传统文化包含了三个关键词——文化、传统文化、中华传统文化。

1. 文化

文化是一种社会现象,是人们长期创造形成的产物。文化又是一种历史现象,是社会历史的积淀物。广义的文化是人类创造出来的所有物质和精神财富的总和。其中既包括世界观、人生观、价值观等具有意识形态性质的部分,又包括自然科学和技术,语言和文字等非意识形态的部分。确切地说,文化是指一个国家或民族的历史、地理、风土人情、传统习俗、生活方式、文学艺术、行为规范、思维方式、价值观念等。

根据英国人类学家爱德华·泰勒的定义,文化是"包括知识、信仰、艺术、法律、道德、风俗以及作为一个社会成员所获得的能力与习惯的复杂整体"。其核心是作为精神产品的各种知识,其本质是传播。文化是人类社会特有的现象。文化是由人所创造,为人所特有的。有了人类社会才有文化,文化是人类社会实践的产物。

2. 传统文化

传统文化就是文明演化而汇集成的一种反映民族特质和风貌的文化,是民族历史上各种思想文化、观念形态的总体表征。其内容当为历代存在过的种种物质的、制度的和精神的文化实体和文化意识。例如,民族服饰、生活习俗、古典诗文、忠孝观念之类。传统文化是与我们生活息息相关,融入我们生活,我们享受却难以觉察的东西。

3. 中华传统文化

中华传统文化细分既包括古文、古诗、乐曲、赋、民族音乐、民族戏剧、曲艺、国画、书法、对联、灯谜、射覆、酒令、歇后语等,也包括传统节日及各种民俗活动等。现存的为人们熟知的传统节日有:春节、元宵节、清明节、寒食节、端午节、七夕节、中秋节、除夕等。此外,包括传统历法在内的中国古代自然科学以及生活在中国的各地区、各少数民族的传统文化也是中华传统文化的组成部分。

（二）中华传统文化的基本内涵

有不少专家认为，中华传统文化的基本思想包括：自强不息、厚德载物、天人合一、和而不同。

1. 自强不息

《周易》中的《象传》曰：天行健，君子以自强不息；地势坤，君子以厚德载物。从此，"自强不息""厚德载物"成为中华民族品格的代表用词。

"自强不息"即"努力向上，决不停止"，是中华民族不断进取、奋发有为精神的写照。这种精神正是中国传统文化的主导精神，激励着数以千万计的志士仁人为坚持自己的理想和追求而终生奋斗。

2. 厚德载物

厚德载物的基本道德原则就是"能近取譬"，即以自身作譬喻，来考虑如何对待别人，古人叫做"设身处地""推己及人"。到宋代，这种孝亲敬长的思想被进一步发展，形成"厚德载物"的思想。即一个品德像大地一样容纳百川的人，便会以极其宽厚仁慈的爱心来对待自己的同类，以至一切有生命的东西。

3. 天人合一

《易经》云："夫君子与天地合其德，与日月合其光。"而要做到"与天地合其德"，人必须"正德""正己"，加强自身修养，不断提升自己的人格境界，达到人与自然的和谐，人与社会的相容。"天人合一"在中华传统文化中有着非同寻常的地位。它既是中国古典哲学的基本问题，也是以中国人为代表的东方人的综合思维模式的最高、最完整的体现，因而是中华传统文化的基本精神之一。

4. 和而不同

孔子在《论语·子路》中明确提出了"和而不同"的命题，"子曰：君子和而不同，小人同而不和"。即是说，作为君子和小人的个体，君子会汲取别人的有益的思想、弥补自己的不足，并能得出正确的结论而决不盲从，这叫"和而不同"；而只会随声附和从不提出自己独立的见解便是相反的"同而不和"之意。"和而不同"的意义就在于以宽容、平和的态度来对待社会万象和不同的文化信息。"和而不同"是中华传统文化源远流长、博大精深的根源所在。在多元文化并存、不同文化之间相互交融的今天，我们只有坚持"和而不同"的文化观，才有利于更好地培育社会主义的先进文化和建设我们的和谐社会。

（三）中华传统文化的基本特征

以四书五经为代表的儒家文化几千年来影响着人们的思想，因此中华传统文化最主要的特征就是儒家文化：强调天人合一,修身齐家治国平天下,使人的内在修养和外在的经世治国达到完美的统一。儒家文化的精髓就是平和中正,思无邪! 此外,农耕文化、家族文化,还有一些地域文化之间的相互联系、相互渗透,在历史的漫长演变中逐渐地形成我们中华传统文化丰富多彩的内涵。

中华民族还有重家族、重血缘的家庭伦理本位的价值观。因而有"大国小家""精忠报国"的说法,成为中华民族的向心力和凝聚力。当然中华传统文化有着丰富的内涵,且精华与糟粕并存,要使传统文化的精华在现代社会中发挥积极作用,不仅要批判地继承,更要进行创造性地转换。

中华民族在神州大地上生生不息,始终凝聚在一起,屹立于世界,创造出独特的精神文化和堪称奇迹的物质财富,而这正是得益于流传数千年的文化基因。

(四) 浸润的概念与内涵

浸润,意为液体渐渐渗入或附着在固体表面。中华优秀传统文化应充分浸润于学校教育中,从小对学生进行优秀传统文化教育,让学生领悟"传统之美",对于他们树立正确的人生价值观、树立文化自信有重要作用。

学校正是进行优秀传统文化教育的重要阵地之一。现在越来越多的中小学校长开始重视日常教育中传统文化的渗透,一些中小学已经将中华优秀传统文化教育融入课程和校本教材中,通过各种喜闻乐见的教育形式,挖掘传统文化蕴含的智慧和教育价值,让学生在学习和实践中感受传统文化的魅力、领悟传统文化的美好、传承传统文化的思想精华,使学生真正在原有基础上创新,在继承中发扬,在想象中促智,在审美中怡情。师生只有充分体验富有优秀文化基因的传统文化,才能提高自身的文化素养,树立文化自信。只有将优秀传统文化与学校日常教育相结合,才能使师生真正体验优秀传统文化的基本内涵,丰富他们的传统文化涵养。

四、课题研究概况

(一) 研究目的

借助中华传统文化校本课程资源体系构建的契机,着手中华传统文化基因的发掘和教育,在教育改革的实践中,树立"系民族灵魂,孕文化神韵"的教育理想,努力"办现代教育",把优秀传统文化贯穿于教育始终,"丰富师生生命底蕴",夯实学生脚下未来成长成才的"基础砖",将中华文化渗透到中华儿女的骨髓里,指导他们的行动。

(二) 研究内容

(1) 将培育与践行社会主义核心价值观融入中华优秀传统文化的教育活动之中,并以此为指南,调整学校办学理念(校训),提升学生核心素养,实现"以文化人,树根立魂"的目的。

(2) 将传统文化体验活动与常规德育主题活动相交织,将传统文化体验活动与学科教学相整合,以学科渗透、环境熏陶、主题活动、综合实践活动的开展为依托,树魂立韵扎根,培养符合新时代需要的社会主义合格建设者和优秀接班人。

(3) 通过推行"豆宝＋油"、评价"PLUS",兼收并蓄,知行合一,逐步形成学校综合评价体系,涵盖课堂教学、课程建设、德育和学生活动、教师发展等。让传统文化的优秀基因在师生身上"活"起来。

(三) 研究方法

本课题研究方法如下所示。

(1) 行动研究法。结合办学实际,以三类课程为抓手,深入实践探索,逐步建构课程体系,并形成与之匹配的评价体系。

(2) 文献研究法。通过对中华优秀传统文化内涵、特点等相关文献的搜集和整理,把握时代定位,选择培养践行中华优秀传统文化的有效路径。

(3) 案例分析法。在课程架构的过程中,精选深受学生喜爱的,符合学校文化建设实际需要的课程教学案例、主题活动、综合实践等进行细致分析,形成传承优秀传统文化的经典教学方案和活动计划。

五、研究的意义

(一) 对学生的意义

中华优秀传统文化是中华文明传承几千年的结晶,是中华民族的宝贵财富,体现了中华民族的伟大精神。小学生接受中华优秀传统文化教育不仅可以汲取文化精髓的养分、陶冶情操,还可以树立爱国主义情怀。

1. 构建学生的文化知识体系

中国传统文化博大精深、源远流长,学生通过学习接触,可以领略不同的优秀文化,体会中国五千年的文化历史与传承。通过这样的传统文化积淀,形成自己丰富的文化知识体系,开阔视野,提升文化层次,提高思想的广度和深度。

2. 培养学生的民族意识与爱国情怀

马克思认为民族是"一个有共同语言、共同地域、共同经济生活以及表现于共同文化上的共同心理素质的稳定的共同体"。中国人民对"中华民族"的认同共识是建立在中华优秀传统文化的基础上的,因此,让中华优秀传统文化教育走进小学课堂不仅可以培养民族意识,还可以形成爱国主义情怀。

3. 完善学生的德育

我们有许多传统美德故事,值得学生学习借鉴。小学生初涉世事,辨别能力较弱,作为启蒙教育的小学教育应当对学生良好道德品质的形成进行引导。中国传统文化教育对于学生树立正确的人生观、价值观是非常重要且必要的。

(二) 对教师的意义

教师,承担着为社会培养人才的重担。教师的工作直接关系着社会未来的发展,因此,教师本身的人文修养非常重要,而优秀的传统文化对于提高教师的人文修养具有十分重要的作用。

1. 增强文化修养,提炼文化品位

"腹有诗书气自华",作为一名教师,多读传统的经典诗词文章,可以有效提升教师的文化修养。

多读多背,把一种精神,一种文化积淀在心里,日积月累,慢慢就会变成自身的一种内在的文化素质,一种外在的儒雅气质。

2. 增强生活智慧,提升人生境界

大凡经典的古代文化作品,它之所以能够沐风栉雨,经久不衰,就在于向我们传达了深刻的人生哲理。因此,多读传统的思辨性哲理文章,细悟其中的奥妙,就会改变我们的思维方法和为人处事的方式,把人生升华到更高的新境界。

3. 增强职业道德修养,提升自我专业水平

多学传统文化,还可以增强教师的职业道德意识,从而不断提升自我的专业能力。

如何抵御外在的各种诱惑,坚守自己的道德底线,实现自己的人生理想,是每一位老师都应该思考的问题,也是加强自身职业道德修养的关键一课。因此,多读优秀的传统经典,听听古人对我们的劝诫还是很有益处的。如"金玉满堂,莫之能守;富贵而骄,自遗其咎","知足不辱,知止不殆","天网恢恢,疏而不失"。

中华传统文化里还包括了教育思想的精华。作为教师,更应多吸取传统教育的精髓,并用于日常工作实践。如"见贤思齐,见不贤而内自省也","三人行,必有我师焉"。

（三）对学校的意义

虹口区第二中心小学以"系民族灵魂，孕文化神韵，办现代教育，丰富师生生命底蕴"作为办学目标，以"固本乐学，立诚明德"作为办学理念。本文的研究可以帮助我校进一步完善学校在优秀传统文化上的教育，努力培养出符合新时代需要的社会主义合格建设者和优秀接班人。自 2009 年起，学校开始筹划以传统文化"琴、棋、书、画"为主题的系列体验项目，辟有篆刻、拓印、书画、茶艺和古筝五个传统文化体验室。学校遵循让"博物馆进走廊""图书馆进教室"的理念，坚持环境育人，让每个体验室都洋溢着浓郁的中国风，让校园里能"说话"的地方都来传递民族传统文化的精髓。通过"系民族灵魂，孕文化神韵"，努力"办现代教育"，"丰富师生生命底蕴"，夯实学生脚下未来成长成才的"基础砖"。

学校将培育与践行社会主义核心价值观融入中华优秀传统文化的教育活动之中，将传统文化体验活动与常规德育主题活动相交织，将传统文化体验活动与学科教学相整合，坚持理性认知教育与实践体验活动相融合，树魂立韵扎根，培养品行端正、习惯良好、会学习、善合作、能创造的具有中国传统文化根基的现代小公民。

（四）区域价值

在《2017 年虹口区教育局工作要点》中，2017 年虹口教育将继续深入贯彻党的十八大和十八届历次全会以及习近平总书记系列重要讲话精神，紧紧围绕区第十次党代会提出的"三高"发展目标，按照本市中长期教育改革和发展规划纲要、区教育综合改革方案、区教育改革和发展"十三五"规划确定的奋斗目标，坚持稳中求进、改革创新、内涵发展，努力办好人民满意的教育。习近平总书记多次就中小学教育工作作出重要论述，强调中华优秀文化传承发展要贯穿国民教育始终，围绕立德树人根本任务，遵循学生认知规律和教育教学规律，按照一体化、分学段、有序推进的原则，把中华优秀传统文化全方位融入思想道德教育、文化知识教育、艺术体育教育、社会实践教育各环节，贯穿于启蒙教育、基础教育、职业教育、高等教育、继续教育各领域。这些论述皆为各省市、各学区、各学校做好中小学教育工作提供了行动指南。

《虹口区关爱学生成长"彩虹计划"（2017—2021）实施方案》强调，要加强社会主义核心价值观教育、强化中华传统文化教育、提升学生艺术素养和品鉴能力、加强学生心理健康教育、丰富社会实践内容和健全家庭教育体系、培育教师育德意识和能力；要精心组织开展经典诵读活动，积极推进琴棋书画特色项目进学校、进课堂，让学生充分感受和领略国学的魅力，涵养人文底蕴，领悟修身、做人之道，增强民族自信心和责任感。对此,我校通过开展优秀传统文化教育实践研究贯彻落实"彩虹计划",将培育与践行社会主义核心价值观融入中华优秀传统文化的教育活动之中,将传统文化体验活动与常规德育主题活动相交织,将传统文化体验活动与学科教学相整合,使传统文化真正浸润于校园中,从而丰富师生的传统文化内涵。

六、实践综述

(一)小学教育与弘扬优秀传统文化的理论研究

一个民族的历史,其蕴含的传统文化是这个国家安身立命的基础,前人的实践和智慧中常蕴含着普遍的真理。中华民族是一个具有五千年文化传统的伟大民族,中华传统文化是我们民族的"根"与"魂",是中华民族有别于世界其他民族的独特精神标识。如果把中华民族的"根"与"魂"都去掉了,那么实际上也就"割断了自己的精神命脉",毁掉了中华民族伟大复兴的基础。

小学阶段的教育坚持以培养学生们的德、智、体、美全面发展为目标,以学生为本,每个孩子刚进入受教育阶段都像一张纯洁的白纸,因此小学阶段的基础教育显得尤为重要。我们对学生们"生活世界"综合整体的构建,决定了学生们对世界的认知。

立足于中华优秀传统文化视角,创立具有虹口区第二中心小学特色的"指南针"系列课程,不断从我们国粹艺术殿堂中汲取营养,呼应学生与时代发展的需求,这既是对优秀传统文化的尊重与传承,也是学校自身发展的重要思路。要让学生将优秀传统文化融入骨血里,我们既要与时俱进,也不能忘记华夏五千年凝结出来的文化与艺术精粹。在思想上,要继承中华文明留传下来的优良品德与大智慧,在艺术特色上,开设中国传统艺术课程丰富和熏陶学生们的内涵素养,努力培养一代又一代既有涵养又有民族气节的中国公民,为共同筑造中国梦添砖加瓦。

我们在小学教育中融入传统文化教育还将遵循以下原则。

1. 适度施教原则

过犹不及,孔子曰:中庸之为德也,其至矣乎! 他的这种中庸思想也成为后人普遍遵循的行为准则。在小学阶段教育中实施中华优秀传统文化教育也同样要遵循适度原则,既要把握中华优秀传统文化内容的"度",也要注意讲授时间的"度"。教学中我们要充分认识中华优秀传统文化实施的依附性,防止牵强附会、"喧宾夺主"或形式主义。中华优秀传统文化与学科间融入是由学科本身的内容和特点决定的。因此,教师应在把握学科特点和本质的前提下,认真研究其与中华优秀传统文化的有机结合，让学生们切实感受到传统文化的润泽。

2. 引导和启发原则

在教授中华优秀传统文化时，要善于引导和启发，让学生学会辨别传统文化中的精华与糟粕。我们要传承和发展积极、进步的传统文化，摒弃落后、保守的传统文化，激发学生积极思考、发现中华优秀传统文化的美好，在掌握知识的同时，培养富于想象、勇于创新和团结协作的优秀品质。在教授中华优秀传统文化时，启发学生去发现、思考、分析，学以致用，与自身品质融为一体。因此，在教学中应注重引导和启发学生对学习中华优秀传统文化的思考，达到传承中华优秀传统文化和习得学科知识一箭双雕的效果。

3. 理论与实践相结合的原则

实践是检验真理的唯一标准。在实施中华优秀传统文化教育时，要从学生们的实际出发，从小学这个学段考虑，根据小学生对优秀传统文化的认知能力有针对性地进行，耐心、多样式地讲解优秀传统文化中蕴含的思想，并通过一些节日活动、文化特色胜地参观或一些比赛让学生学以致用。充分发挥他们参与学习、实践的积极主动性，激发学生在实践中自觉主动地运用中华优秀传统文化，在实践中体验优秀传统文化的魅力。

4. 资源整合，与时俱进原则

中国传统文化与现代化的融合，会使其具有强大的生命力，也更有说服力。我们要让学生既看到传统文化曾经的辉煌，又感受到中国改革开放之后的发展与创新。教育内容上，我们要根据社会和时代的变化进行适时调整，使传统文化与时代主旋律相结合，与现代教育手段相结合，与小学生的个体特征相结合。吸纳借鉴外来文化发展的有益成果，运用网络、多媒体等手段，使中国的传统文化得到更好的传承与发展。多方面的资源整合对于中国传统文化的推广同样重要，学校、家庭、社会几方面教育形成合力，才能让中华优秀传统文化真正扎根在社会生活的土壤中，形成社会共识，融入学生们的思想中，从而发挥出它的作用。

（二）小学教育与弘扬优秀传统文化的实践研究

作为虹口第二中心小学教育的领航者，我不仅希望学校在弘扬优秀传统文化方向上一以贯之，更要在教学方法和方式上开阔思路，与时俱进，将这个古韵悠扬的小学建设得更具特色与魅力。

2009年起，虹口区第二中心小学成为上海市实施全国"指南针计划"的首批试点单位。学校通过"落实课程建设、加强人员培训、完善管理机制、保证经费投入、关注绩效评优"等五大举措顺利启动，有序推进，成功实施。我们将在传统文化与教学内容有机结合的过程上实施以下策略。

1. 依托学科，在课堂教学中传承优秀文化

1）精彩课堂：实现"文化艺术育人"的培养目标

学校结合各学科教学，发掘文本教材中的文化元素，把知识传授和文化艺术教育有机结合，相互融合，无缝衔接，以达到在学科教学中文化艺术育人的目的。

（1）语文学科每周安排 20 分钟书法课，引导学生学习传统书法。语文教师根据学生年龄、生理特点，定向备课，按时、有质地落实。

（2）在科学与技术课中，教师向学生介绍中国古代四大发明，并让学生分批进入体验室体验。

（3）在美术学科中，引导孩子学习篆刻，刻出有自己风格的印章，体会其中的情趣和意味，提升鉴赏品位。

（4）在音乐学科中，学有专长的音乐教师教孩子弹奏古筝、吹竹笛。孩子们在学习过程中，潜移默化地受到了文明礼仪的熏陶，懂得了要处处为他人着想的道理。

2）拓展课程：完善"文化艺术育人"的课程体系

我们根据不同学科特点，研发相关拓展型课程，鼓励老师们认领项目，撰写校本读本，使得造纸、印刷、篆刻、茶艺、古筝、围棋与书法等项目的研究更细化，并借助学校文化艺术社团活动和兴趣小组活动，使学生参与率达到 100％。

古筝班学生，人人都会弹琴，悦耳的旋律赢得嘉宾、家长、观众的阵阵喝彩；书画班学生，无论是硬笔书法，还是软笔书法，无论是国画，还是水彩画，都有出彩的表现和上乘的作品；茶艺班学生，泡茶动作连贯，神情自然，令人叹为观止；篆刻班学生，在寸印山石之中融入了自己独特的创意和情趣，优美的造型，隽永的字体，令人拍手叫绝……文化体验室让每一位来宾眼前一亮，而学生们的技艺展示，更让大家赞不绝口。

3）特色课程：开启"文化艺术教育"的精彩窗口

根据文化艺术教育的不同主题，通过师生分工合作，利用上网搜寻、书海漫游、参观学习等多种形式，探究优秀传统文化的相关知识和科技原理。学校编撰了一批校本读本，如《印迹》《品味》等。这些内容丰富、形象生动的读本，是广大教师智慧的结晶。在文化艺术育人方面，他们真可谓是匠心独运！

4）学校网站：创建"文化艺术育人"的别样平台

教师、学生、家长共同参与文化艺术教育特色网页的制作，做到资源共享，使大家通过网络了解更多优秀传统文化知识，收集到更多的文化素材。

2. 活动开发，在实践体验中传承优秀文化。

1）文化艺术体验活动

我们根据校本读本进行传统文化的探究与实践，开展形式多样的活动，为学生开辟了锻炼本领、施展才艺的广阔空间。如"千年文化映彩虹，百花齐放迎世博""书签DIY"等。

2010年4月16日—18日，我校的学生参加了上海教育博览会。上海市副市长沈晓明、上海市教委副主任李骏修来到虹口展区，饶有兴趣地观看了学生们的造纸过程。此次教育博览会不仅使二中心的学生展现了虹口较好的形象，还开阔了学生的眼界，锻炼了他们的能力。

2）文化艺术争章活动

结合少先队活动，设置分年级段文化艺术教育特色奖章，引导学生在争章体验中了解中国传统文化内涵。

3）文化艺术知识竞赛

配合中华民族传统节日和重大纪念日，组织学生开展有关文化艺术的知识竞赛，从而进一步帮助学生了解历史背景，理解文化内涵和传统民族精神。

4）文化走廊布置

学校开辟了三条专项走廊，创设"廊文化"。分别为印象廊、音乐廊、智慧廊。每条走廊设置开放式书架及休憩阅读场所（开心园、快乐园、幸福园），让学校处处都沉浸于优秀文化与书香之中。课间及午休时间，孩子们三三两两地在走廊中阅读墙上的有关知识，或是从书架上找一本自己喜爱的书，在休闲木椅上静静地阅读。"文化"就这样于无声中感染着每个孩子。

师生作品墙是"廊文化"的延续。老师与学生们一起学习古文化、品味古文化、书画古文化。学校每层楼的楼梯转弯处，都张挂着老师们的书法、钢笔字作品，张贴着学生们的图画作品。这是我们促进文化艺术教育发展的体现。

5）文化才艺展示

学校定期举办不同内容与形式的学生文化艺术才艺展示。学生的篆刻作品《相"印"成趣》已汇集成册，学生的探究心和兴趣日益增长。

6）文化师生沙龙

"铁笔生花"与"清歌流韵"是教师自发组织的文化沙龙活动。在艺术的大课堂中，歌声、琴声、茶香，营造了浓浓的传统文化氛围，让全体教师领略了文化艺术的魅力。

3. 环境营造，在浓郁氛围中传承优秀文化

2010年，学校精心打造了篆刻、书画、茶艺和古筝等多个传统文化体验室，建

立了虹口区第二中心"走廊博物馆",在每条走廊里设置了开放式书架及休憩阅读场所。学校以"琴棋书画"浸润式教育为载体,引领学生在传统文化体验室及"走廊博物馆"中,尽享实践体验的乐趣,提高了学生对民族传统文化艺术的兴趣,培养了他们发现美、欣赏美、创造美的能力。

(三) 小结

充分利用中华优秀传统文化蕴含的丰富的思想资源,将弘扬优秀传统文化这一理念的教育理论与实践有机结合起来,遵循一定施教原则和实施策略,开展了系列课程与活动,多方位弘扬中华优秀传统文化知识,使优秀传统文化充分浸润于校园,让这些在传统文化沐浴下成长起来的孩子成为建设中国特色社会主义社会的重要推动力量。我们的"两个一百年"和未来实现中华民族伟大复兴的中国梦,要靠我们,更要依靠即将成长起来的他们。教师,作为教育工作者,不仅要教授学生文本知识,培养规范他们的行知习惯,更负有传承中华文化的义务。这就要求教师们要从自身做起,充分体验中华传统文化,从中提炼精华,努力提升自身的传统文化涵养,做好学生们的榜样。"讲好中国的故事,传播好中国的声音",这既是虹口区第二中心小学在教书育人方向上一以贯之的特色,也是作为教育工作者传播和发扬中华优秀传统文化应有的责任。

2017 年 12 月于虹口区第二中心小学

参考文献

[1] 中共中央办公厅、国务院办公厅. 关于实施中华优秀传统文化传承发展工程的意见[EB/OL]. (2017 - 01 - 25)[2017 - 12 - 20]. http://www.sohu.com/a/257327772_503532.

[2] 虹口区教育局. 2017 年虹口区教育局工作要点[EB/OL]. (2017 - 02 - 04)[2017 - 10 - 30]. http://www.shhk.gov.cn/hkjy/zfxx/20170316/001002003001_b69dcabe-d22d-4b44-b136-2175c7022af0.htm

[3] 程雯. 传承民族文化:当前学校文化建设的应有之责[J]. 现代中小学教育,2008(6).

[4] 冯勤. 略论中华传统文化的现状及现代价值[J]. 西南民族学院学报,2000(5).

[5] 郭振有. 重视传统文化,增强德育实效性[J]. 人民教育,2003(5).

[6] 李群. 语文校本课程资源开发的现实基础与推进策略[J]. 教育科学研究,2007(5).

[7] 李燕华. 陈鹤琴"活"教育与陶行知生活教育思想比较,2011(4).

[8] 林华. 中国传统文化研究:现状、定位与发展取向[J]. 江西社会科学,2009(5).

[9] 路枋,夏英,李蓓,等. 小学校　大雅堂——成都市实验小学的"雅"教育探索[J]. 世界教育信息,2012(9B).

[10] 涂可国. 试论中国传统文化现代化的基本方法[J]. 浙江工商大学学报, 2008(4).

[11] 王杰. 传统文化中的主体价值及其现代转换[J]. 中共中央党校学报, 2006(6).

[12] 王利民, 张居峰. 与经典同行——山东省曲阜市实验小学弘扬优秀传统文化的实践探索[J]. 上海教育科研, 2016(9).

[13] 王勇. 浅谈基于现代化视角下的中国传统文化[J]. 通化师范学院学报, 2010(7).

[14] 王玥. 中华优秀传统文化融入青少年思想政治教育的实践经验总结与创新[J]. 亚太教育, 2015(36).

[15] 杨共乐. 优秀传统文化应成为中华民族的精神基因[J]. 北京师范大学学报(社会科学版), 2015(1).

[16] 曾宝俊. 中小学生人文精神培养的基本策略[J]. 中国德育, 2006(10).

[17] 张纬. 关于小学教育工作的认识和几点做法[J]. 天津师范大学学报, 2008(3).

小学教师专业自觉的调查报告

一、研究缘起

实现教育发展的第一人才资源是教师。长期以来，教师专业发展具有自上而下的规定性色彩，在提倡个性发展和自主选择的时代背景下，教师要在理想和目标引导下，进入自觉自主发展状态。

为了加强虹口区教育系统教师队伍建设，我们在虹口区教师进修学院的指导下，在虹口小学第四党总支所辖学校范围内进行了教师专业自觉调查。

二、调查目的和方法

(一) 调查目的

通过对小学教师区域样本调查，阐释虹口区小学教师专业自觉现状，寻找制约教师专业自觉的相关因素，设计更为有效的教师专业自觉提升策略。

(二) 问卷设计

问卷分三个版块：①被试基本情况，包括不同群体教师专业自觉的差异；②关于专业自觉，细化为认识、情感、基础、动机、行为等五项，检测被试专业自觉的现状;③了解教师个人对专业发展的期望、评价等。

(三) 调查方式

样本对象为虹口区小学第四党总支所辖 6 所学校的教师,总人数 317 人。各校利用周五政治学习时间以纸质问卷形式进行调查,下发问卷 289 份(不含请假及外借教师)。回收有效问卷 289 份,回收比例为 100%。

三、调查结果

(一) 被试基本情况汇总(依比例高低排列)

性别:女教师,89.27%;男教师,10.73%。

年龄:36~45 岁,56.40%;26~35 岁,20.76%;46 岁及以上,18.34%;25 岁及以下,4.50%。

教龄:16 年及以上,65.05%;0~5 年,14.88%;6~10 年,9.34%;11~15 年,10.28%。

学历:本科,71.63%;大专,22.49%;硕士研究生,4.15%;大专以下,1.73%。

职称:小学中级,53.63%;小学高级,18.68%;小学初级,24.91%;无,2.77%。

岗位:教师,88.23%;中层领导,9.69%;校长(书记),1.73%。

学科:语文,37.37%;数学,19.72%;英语,13.84%;体育,7.96%;艺术,7.95%;科学,3.81%;品社,1.38%。

(二) 专业自觉调查

1. 专业认识

专业认识主要调查教师对自我的专业认知、对从事工作的认识和对自我发展的规划性、目标性。每题满分 10 分,6 题平均分值 9.13 分。总体上看,各学校的教师普遍具有比较科学的专业认知。但"我有着清晰的教师生涯发展规划"分值(8.84 分)相对偏低。说明被试对教师生涯发展规划缺乏合理的认识和充分的掌握。

表 1　专业认识调查结果

序号	题　　目	均值
1	我对教育工作的重要性有清楚的认识	9.42 分
2	我觉得教师是一个光荣神圣的职业	8.97 分
3	我很清楚自己为什么选择成为一名教师	9.10 分
4	我对自己的专业发展有明确的目标	9.07 分
5	我有着清晰的教师生涯发展规划	8.84 分
6	我觉得教书育人工作必须由经过专门培训的教师承担	9.35 分

2. 专业情感

专业情感主要调查教师对自身工作的认同程度和情感投入，以及教师职业的幸福感问题。每题满分 10 分，6 题平均分值 7.68 分。说明同专业认知相比，被试的专业情感处于不高的层次。其中达到 9 分以上的仅是"看到学生的成长，我内心充满愉悦感"（9.18 分）、"我对自己所从事的工作充满感情"（9.02 分）。分值最低的是"我的收入与贡献是相符相称的"（5.14 分）。

表 2　专业情感调查结果

序号	题　　目	均值
1	我对自己所从事的工作充满感情	9.02 分
2	如果有再次选择的机会，我还会毫不犹豫地选择做一名教师	7.43 分
3	我能够从工作中体会到强烈的幸福感	7.68 分
4	我的收入与贡献是相符相称的	5.14 分
5	看到学生的成长，我内心充满愉悦感	9.18 分
6	相较于物质激励和职务晋升，专业上的进步更让我快乐	7.65 分

3. 专业基础

专业基础主要调查教师的教育理念、专业知识和专业技能。每题满分 10 分，6 题平均分值 9.00 分。从整体上看，各校教师有着较好的专业发展基础，基本能适应现代教育发展的需要，也具有提升专业知识和技能的自觉。

表3 专业基础调查结果

序号	题 目	均值
1	我熟悉新课程改革的相关理念	8.76 分
2	我了解本学科教学理论的发展动态	8.77 分
3	我具备从事教师工作的基本知识	9.28 分
4	我具备满足工作需要的学科专业知识	9.18 分
5	我具备从事教师工作的相关技能	9.18 分
6	我具备适应工作需要的现代教育技术使用能力	8.89 分

4. 专业动机

专业动机主要调查教师的专业发展自觉性及其在日常工作和生活中表现出来的发展状态。每题满分 10 分,6 题平均分值 8.08 分。从总体上看,教师专业发展自觉性还不够高。赋值最低的为"我是迫于外界压力才思考自己专业发展问题的"(5.86 分),反映出教师专业发展的不足。

表4 专业动机调查结果

序号	题 目	均值
1	我会主动思考自己的专业发展问题	8.53 分
2	我能够自觉地朝着自己制定的专业发展目标努力	8.58 分
3	我能够利用业余时间为自己的专业发展而努力	8.34 分
4	我是迫于外界的压力才思考自己的专业发展问题的	5.86 分
5	我觉得教师个人的努力是实现其专业发展的关键	8.58 分
6	我渴望获得进修或培训的机会	8.57 分

5. 专业行为

专业行为主要调查教师专业发展过程中的行为方式及其自觉程度。每题满分 6 分,6 题平均分值 8.55 分,各问题得分趋于接近。说明被试在专业行为上总体表现较好,但存在一定的改善空间。

表5 专业行为调查结果

序号	题 目	均值
1	我有适合自己的专业发展策略	8.23 分

（续表）

序号	题　目	均值
2	我需要别人给予我专业发展上的指导与帮助	8.52 分
3	我能够清楚地认识到自己专业发展中存在的问题	8.76 分
4	我能够积极寻找解决工作中存在问题的办法	8.85 分
5	我能够主动参与教育科研与课改	8.54 分
6	我能够有效克服职业倦怠	8.39 分

6. 专业自觉比较分析

教师专业自觉调查细分为专业认识、专业情感、专业基础、专业动机、专业行为等5项，用直方图作比较排列，可以明显看出专业情感（7.68分）垫底。

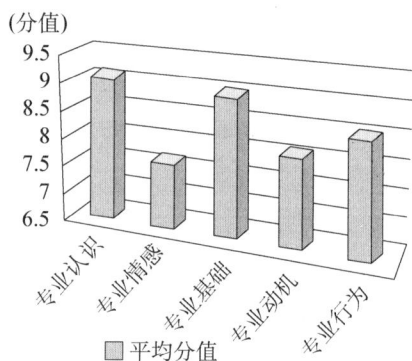

图 1　教师专业自觉调查分项比较

四、分析与讨论

（一）被试基本情况分析

就不同年龄教师对专业自觉方面的专业认识、专业情感、专业基础、专业动机、专业行为等五类问题中有明显差异性的问题分析如下。

1. 性别维度

因男女教师比例过分悬殊，加上不同性别教师的社会角色不同，从性别出发进行教师职业描述分析的制约因素太多，难有确切定论，故这里不作深入分析。

2. 年龄维度

35岁以上教师的专业基础平均分值要略高于35岁以下教师的平均分值,前者为9.04分,后者为8.89分,其他赋值差异较小。这可能是教育经验积累的使然。

3. 教龄维度

第一,教师专业情感随着教龄增长有下降趋势,从5年下到11年上教龄,赋值从8.76分下降到7.94分,说明教育工作是容易诱发职业倦怠的职业;第二,就教师专业基础看,11年上教师(9.03分)表现最好,说明教育实践对教师专业基础积累的积极意义;第三,5年下教师的专业发展动机最强(8.43分),随着教龄延长发展动机反而减弱,表明职业倦怠的影响较为明显;第四,在专业行为上,6~10年教龄的教师表现一般(8.46分),说明这一时期是教师专业发展的疲软期。

4. 学历维度

本次所调查学校本科及以上学历教师占比已在75%以上,说明教师专业自觉状态与学历高低关系并不明显。

5. 职称维度

小学高级职称教师与初级、中级职称教师相比,在专业自觉的各个方面得分表现都相对偏低,有一点"职称到手,革命到头"的味道。

6. 职务维度

在专业情感领域,中层及以上干部的表现明显优于普通教师。而在教师专业自觉的其他因素上,普通教师的表现优于中层干部,这可能因为中层干部忙于学校管理事务的缘故。

(二) 专业自觉的讨论

1. 专业认知:教师生涯发展规划不足

被试对于"教师生涯发展规划"的意义和作用的认识相对不高,实际上涉及生涯发展目标的制定、途径选择的认知不足。制订教师生涯发展规划是被证明了的行之有效的专业发展策略,在教师队伍建设的设计中应该得到高度重视。

2. 专业情感:情感与现实的矛盾

对专业情感相关数据进行比较分析,显示情感与现实的严重冲突,说明教师的矛盾心理。面对学生成长既有一定的幸福感,又因收入的相对羞涩带来不悦。这也是利益社会对教师必然的负面影响,应当引起学校党政的高度重视,并加以引导。

3. 专业基础：缺乏跨学科智能储备

本次调查中，小学教师本科及以上学历已经达到约 75%，专业学科知识与技能发展相对均衡。但在教学实践中发现，随着课改的深入，跨学科要求的提升，相当一部分教师并不具备一专多能的储备，这给校本课程资源的多元化建设带来不利。

4. 专业动机：缺乏专业发展的自觉需要

专业动机中一个短板选项："我是迫于外界压力才思考自己专业发展问题的"（5.86 分）。在潜意识里，仍有相当一部分教师没有专业发展的自觉，以及缺乏这方面重要性和紧迫性的认识。这是加强教师队伍建设一个十分重要的"文化自觉"意识养成问题。

5. 专业行为：缺乏发展策略及具体帮助

专业行为的各选项得分比较均衡，从中得到三条基本结论：第一，从整体上看，教师具有比较积极的专业行为和态度；第二，教师相对缺少适切的专业发展策略，发展成效并不尽如人意；第三，教师能认识到专业发展的问题，愿意得到具体的帮助和指导。

（三）教师自我认知及评价（补充问题）的讨论

1. 专业发展状态的自我评价：具有比较坚实的内因基础

本次调查数据显示，5.88% 的教师认为自己目前处于迅速上升期；75.26% 的教师认为自己目前处于平稳发展期；6.23% 的教师认为自己目前处于停滞不前期；12.69% 的教师对此表示不清楚或者认为处于不进反退期。这说明多数教师的专业发展状态比较平稳，在适度的外力作用和内力激发下，能够较快提升专业发展水平，提升教师专业自觉有较为坚实的内因基础。但是不能忽视少数教师对于专业发展的迷茫状态，这可能涉及理想、追求等问题。

2. 专业发展期望：多元选择和多元关注

本次调查显示，教育教学能力是教师专业素养最重要的构成，也是教师最迫切需要提升的能力。69.55% 的教师希望通过专业发展提升教育教学能力，对于专业发展的期望，22.84% 的教师希望提升自己的科研能力，19.72% 的教师希望获得他人的认可，19.37% 的教师希望提升自己的专业理论水平，13.84% 的教师希望提升自己的职务职称，5.54% 的教师希望提升自己的学历。这表明教师通过专业发展的期望选择是多元的，我们应该根据教师不同的期望设计相应的策略，提供相应的平台，给予多元化的关注。另外，64.36% 的教师希望通过专业发展提升自己的收入和待遇。这反映了教师收入应该与专业发展水平保持正相关的期盼，也表明通过提升教师的待遇可以激发教师专业发展积极性。

3. 专业发展途径：培训、自主学习和多种方式兼顾

在教师们看来，最适合的专业发展途径主要有两条：一是参加各种培训（68.17%），二是参加自主学习（35.29%）。学校和教育管理机构应该为教师提供更多的培训和进修机会，同时应该为教师的自主学习提供条件和保障。此外，参加教师发展沙龙（26.64%）、同事或他人的帮助（25.61%）、脱产学习或进修（25.26%）等也是教师比较认同的专业发展方式。

4. 专业发展机会：创造各种业务进修机会

本次调查显示，教师最迫切的专业发展机会是业务进修（66.44%）。专业发展的根本是教育教学业务能力的提升，而进修是教师提升专业发展水平的重要渠道。59.86%的教师希望能够得到名师的指点，因为专家指点对于教师专业发展的意义是明显的。有一定数量的教师希望能够获得职务和职称晋升机会（23.88%）、教育科研机会（23.18%）、学历提升机会（15.57%）和技能展示机会（15.22%）。这说明教师的具体需要是不同的，应该注重教师对于专业发展个体需求的差异性，提供针对性的解决策略。

5. 专业发展条件：为教师创造更好的外部环境

在实现专业发展上，教师希望学校具备充足的教育教学资源（46.71%），设计有效的专业发展激励措施（40.83%），提供人性化的学校管理（37.02%），具有充满正能量的学校文化（33.22%）、优美的办公环境（32.87%）以及现代化的教学设备（20.76%）。这说明教师专业发展需要学校管理的整体变革，在这个维度上，学校管理者需要做的工作是很多的。

6. 专业发展压力：注意"度"的把握

有23.18%的教师表示自己专业发展压力很大，55.02%的教师表示专业发展压力较大。只有少部分教师认为专业发展压力不大（5.54%）或没有压力（0.69%）。这对于提升教师专业自觉既有益处，也存在负面影响，关键是"度"的把握。我们一方面要注意采取合适的行动，缓解教师的专业发展压力，另一方面要注意引导教师将压力转化为动力，实现自己的专业发展。

五、调查结论

通过本文调查，基本可以获得以下三点结论。

第一，对样本群教师调查的数据，比较真实地反映了小学教师现状，折射出义务教育阶段教师专业自觉的总体水平处在相对较高的状态，说明教师队伍师德和专业发展水平是值得认可和肯定的。

第二，教师在专业自觉上仍然存在短板。教师价值理想信念的树立、自我发展的迫切需要、职业生涯规划的设计，还有待进一步的引导。我们的教师从整体上说，师德高尚、业务精良，一些短板问题是发展和改革中的问题。

第三，从加强学校教师队伍建设来说，要讲究管理策略。今天的社会是多元发展的社会，教师发展也并非一种模式（方式）。有的喜欢集训（集中培训），有的喜欢散学（自主学习），有的喜欢表现自我才能，有的喜欢被带教成长等。学校管理层要从教师个性成长需要出发，进行个性化发展设计，多种途径自选，多种方式并重，为教师们的成长搭建自主发展、自我发展的平台，促进专业自觉。这是值得学校管理者注意的问题。

2018 年 2 月于虹口区小学第四总支

无处不在的"心"教育

2016 年虹口区第二中心小学被评为上海市心理健康教育达标校。达标以来，我校以《中小学心理健康教育指导纲要》和上海市中小学心理健康教育达标校的评估指标为标准，秉承"固本乐学　立诚明德"的办学理念，在中华优秀传统文化的熏陶下，与"心之育"结合，要求师生不断规范自己的行为，陶冶自身情操，促进学生的心理健康发展。"心"教育，无时不在，无处不在，贯穿于学校教育的整个过程，弥散在校园的每一个角落。

《心之育》是德育大师、著名特级教师毛蓓蕾生前最后一本德育著作。在我校，我们把心理健康教育称之为"心之育"。

一、"心"教育，新架构

（一）结合实际，合理规划

在三年规划中，学校将心理健康教育作为工作的一个重要组成部分，有序推进此项工作的开展。设定的学生培养目标为：品行端正、习惯良好、会学习、善合作、能创造的具有中国传统文化根基的现代小公民。在此基础上，学校根据学生心理特点与年龄特点，制定了我校心理健康教育的总目标：①培养阳光心态，学会情绪管理;②感受传统文化,引导养性培德;③及时给予辅导,促进全面发展。

学校教导处、德育处在制订本部门计划时,依据三年发展规划,结合自身工作,做好相应规划。每学期,心理健康教育老师会依据学生特点制订学校心理健康教育计划,确定教育主题,并在期末及时做好总结(见表1)。

表1　各年级心理健康教育计划目标

年级	期望达成目标	对应传统文化理念
一年级	适应新的环境、新的学习生活。乐于与老师、同学交往,懂得分享,学会情绪管理	独乐乐不如众乐乐
二年级	感受集体活动与学习知识的乐趣,在谦让、友善的交往中体验友情,在好行为好习惯的训练中培养"做一个好学生"的意识	三人行,必有我师焉
三年级	在学习中品尝解决难题的快乐,在班队活动中善于与更多的同学交往,萌发集体意识,培养自主自动参与活动及表现自我的欲望与能力	单丝不成线,独木不成林
四年级	能够正确对待自己的学习成绩,有集体荣誉感,勤于思考,不甘落后	胜不骄,败不馁
五年级	具有能干、负责的哥哥姐姐意识,感受"一份辛劳一份收获"的愉悦感,培养面临毕业升学的积极心态	今日之责任,不在他人,而全在我少年

在各年级的目标中,列出了对应的传统文化理念,这是为了在操作过程中更有针对性,使学校对此项工作有抓手,有落脚点。

(二) 加强领导,完善机构

学校建立了由校长、分管领导及相关人员组成的心理健康教育领导小组。小组成员工作职责明确,定期开展研讨活动,推动学校心理健康教育工作的不断开展(见图1)。

学校心理健康教育管理机构(组成)组长,郑琰(校长);副组长,陈晔(书记);组员,教导主任、大队辅导员、心理辅导教师、班主任。

学校形成一个由全体师生和家长共同参与的心理健康教育网络。领导小组定期研讨学校心理健康内容,分析特殊家庭及学生的情况,制订相应的活动和策略,同时德育处联系家庭、社区,协同教育,并做好记录。在我们多年的努力下,学校逐步形成了学校、家庭、社区共同关怀学生的格局。

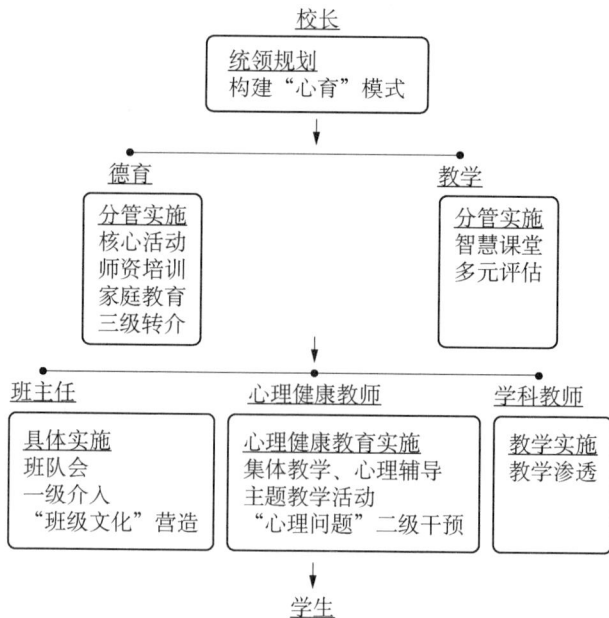

图1 虹口区第二中心小学学校心理健康教育管理网络

(三)健全制度,细化管理

1. 管理制度,有效保障

学校对心理健康教育工作始终给予高度的重视,将心理健康教育列入学校发展规划和常规的教育教学计划中,贯穿于教育教学全过程。学校要求全体教师在各学科教学中遵循心理健康教育规律,将适合学生特点的心理健康教育内容有机渗透到日常教育教学活动中,与学生建立起民主、平等、相互尊重的关系,积极处理好三种关系——师生关系、生生关系、家校关系,营造三种环境——教室文化环境、办公室文化环境、走廊文化环境。在温馨课堂、和谐关系的建设过程中,为学生创设平安、温馨的校园环境。

目前,学校已经制订了《虹口区第二中心小学心理健康教育管理制度》《心理活动室管理制度》《心理危机预警、防范、处置预案》等,用制度保障心理健康工作落实到位。心理辅导教师也遵循制度,认真备课上课,组织各类宣传教育活动,加强心理活动室的管理,及时做好学生心理咨询的个案记录并整理归档。

2. 干预制度,分级预防

心理问题重在预防,重在疏导,为此,学校成立了心理危机干预领导小组,制订了相应的危机干预预案及应对心理危机的培训演练方案,同时还建立了学校心理危机干预三级预防网络。

（1）一级网络，年级组长、班主任。关注学生心理，发现问题及时处理。

（2）二级网络，心理辅导老师。当学生存在较为严重的心理困惑时，年级组长、班主任要上报兼职心理辅导教师、德育处、校领导，由班级、学校协同处理。

（3）三级网络，虹口区中小学心理健康教育研究中心、虹口区精神卫生中心（三级预防员）。如果学生出现的问题已经超出了心理老师的咨询辅导范围，则启动第三级心理危机干预。

3. 建立个案，规范管理

学校重视学生的个别辅导。学校心理老师经常与班主任联系、沟通，及时了解学生的心理现状，发现个别问题及时约谈，进行个别辅导。心理教师对每一位个别辅导对象建立个案档案，并保存。

学校严格遵守保密原则。对来访者的有关资料、档案予以保密，保护学生的隐私和其他秘密。学生心理档案由学校专柜保管。除了心理咨询员和档案管理员以外，学校其他任何人员，包括班主任和任课教师等，都无权查看。

二、"心"教育，新环境

（一）硬件配置，功能细化

学校按照《中小学心理辅导室建设指南》《上海市中小学和中等职业学校心理辅导室装备指导意见》的标准建立心理活动室。设有以下几大功能区：教师办公区、团体心理辅导区（与心理辅导活动课专用教室兼用）、个别辅导区（与音乐放松区兼用）、沙盘游戏区、心理阅读区、心理测评区。

心理活动室定时向学生开放，接待来咨询的学生，让学生能敞开心扉将自己的喜怒哀乐倾诉出来。门口的"知心姐姐"信箱也是孩子们倾诉心声、提出困惑的渠道，心理老师每天整理学生来信，及时做好记录，通过广播、回信、面谈等各种途径予以答复。

（二）专用经费，有力保障

为保证工作的有效开展，学校在财政预算中拨出专款用于添置心理活动室的设备，开展教师培训及各类活动。我们特意安排教师外出采购窗帘、桌椅等物件，以确保心理专用室的环境布置更温馨更舒适。无论是硬件设施的添置还是专家指导、教师培训、开展活动等，学校各部门都能积极支持，给予专项资金的投入。学校绩效分配方案中充分考虑到心理教师工作的重要性，给予心理辅导老师享受班主任津贴待遇。

（三）队伍建设，优化师资

我校拥有一支学习型的教师队伍，学校现有一名具有上海市中级心理咨询师证书的兼职心理教师，三名持有劳动部颁发证书的家庭教育指导师。她们与学校行政分管领导、班主任共同组建成心理健康教育团队。团队成员各司其职，积极参加市、区、学校开展的各项心理健康教育培训和研讨活动，区级教研活动。

为了进一步提高班主任的心育意识，提升教师的心育能力，我校心理教师对班主任开展了有关心理健康教育内容的培训，每学期至少1次，主要以讲座、游戏辅导、交流座谈为主，辅以报纸、杂志有关心理健康教育的文章学习。《做一个幸福的教师》《心理科学让生活更精彩》《青少年心理危机干预》《教师如何缓解心理压力》等讲座贴近教师心理，促进了团队协作。

以上措施使得教师全员提高了自身的心理素质。教师平时的言谈举止、上课措辞以及处理各类问题的方式得到改善，做到了努力维护学生的自尊，尽可能理解、宽容学生，尽量减少学生"师源性"的心理问题的产生。良好的心育师资力量为我校心理教育工作的开展和可持续发展奠定了基础。

三、"心"教育，新渗透

（一）开设课程，规范教学

1. 辅导活动，课程规范

三年来，学校每年在五年级开设心理辅导活动课，并将其纳入学校的课表，使用上海市教育出版社的《小学生心理健康自助手册》，每两周一课时进行教学。每学期授课教师还定期进行心理辅导活动课的研讨，结合我校学生的特点制订教学计划，设计教学方案。

我们努力把课上成学生认识自我的实用课，让学生在课堂学习中不断提高自身的心理素质，培养他们在学习、生活中成为心态阳光、积极乐观、健康向上的人。

2. 班级活动，各显特点

除心理健康教育课和心理广播外，班团队活动也是学校开展心理健康教育实践活动的有效载体。通过主题班队会的形式对学生进行心理上的疏导，学生容易接受，效果良好。如此，每个学期，在班主任的组织下，班级心理健康主题教育活动逐渐成为学校心理健康教育的一种重要形式。如一、二年级"名人故事交流会"——倡导"趣味阅读、精彩讲述、快乐成长"的阅读理念,营造良好的"书香班级"氛围;四、五年级"爸爸妈妈,我也有说话的权利"——尝试理解在亲子沟通中父母的心情,引导学生寻找更好的处理方法,使家人关系更加和谐;三年级的联合主题队会"少年畅想曲　校园嘉年华"——以"十岁生日"为契机,引导学生认识到生命的价值,父母爱的伟大,教育学生要珍爱生命、心怀感恩、懂得回报。

(二) 活动丰富,有效推进

1. 主题教育,丰富多彩

我校非常重视在主题教育中对每一位学生进行心理健康教育,为此开展了一系列特色活动,效果显著,得到了全体学生和家长的欢迎和喜爱。

(1)"开学第一课"之"混龄活动"。五年级大哥哥大姐姐带领着一年级的萌宝们,参观美丽的校园。从上下楼梯注意安全,到每个传统文化体验教室,从走廊博物馆到校园的角角落落,都让新生萌宝感觉提前进入了小学的学习生活时光。同时也激发起五年级学生的责任感、愉悦感。

(2)校艺术节表演。茶艺展示、民乐合奏、吟诵古诗、泼墨挥毫……精彩绝伦的演出背后少不了孩子们的辛勤付出和老师们的共同努力,师生们齐聚大礼堂,在愉悦的氛围中感受传统文化带给大家的美的享受和心灵的洗涤。

艺术教育能帮助学生培养积极的情绪,促进人格发展,防范治疗心理疾病。同时也让学生感受到集体活动的乐趣,使他们萌发集体意识。

(3)校徽设计等征集活动。例如,就"二中心"校徽设计向全校师生发出征集令;结合我校的豆宝评价活动,向全校学生征集"萌宝""靓豆"卡通形象,并制作成了人形立牌;教师节,大队部向全体队员发出了"萌师""酷奖"征集令活动,让大家为自己喜欢的老师画一张原创萌像,或制作一张个性奖状。

这些活动激发了学生自主参与学校活动的愿望,培养了他们积极表现自我、展现个性、发展特长的能力。

(4)豆宝积点活动。在"日积月累步步高"豆宝积点银行活动启动仪式上,学生们手拿制作精美的"豆宝存折",脸上充满期待。他们将在这张"存折"上记录下学习生活中的每一点收获,每一丝进步。这是我校建设学生健康心理的又一新形式,希望能给学生带来心灵的收获。

(5)除了面向全体的特色活动,学校还定期为部分心理和家庭情况特殊的学生开展"阳光小屋"活动。"阳光小屋"选择在各个体验室开展,将传统文化与心理主题活动相交织,让学生在良好的氛围中通过做游戏闯关、召开趣味运动会等,融入集体,体验学校这个大集体的温暖,感受老师的关爱、同学的关心,消除自卑心理,逐渐形成健康的心理。通过这个系列活动,拉近了学生与老师的距离,构建了和谐的人际交往环境。

2. 社团活动,贴近传统

学校的"小小心理辅导员"是学校心理健康教育工作的生力军。每周五下午第一节课,学校面向全校三至五年级开展心理社团活动,从而形成了一支固定的学生心理咨询员队伍。社团活动内容丰富多彩,通过媒体向学生传授心理知识、开展团体心理辅导活动等,特别是团体心理辅导活动让学生在游戏活动中获得体验、感悟,从而获得心灵上的成长,取得了良好的效果。今年,我校心理社团还拍摄了校园情景剧《新时代心成长》,并参加了区级比赛。

除了心理社团,我校作为传统文化基地学校,通过"330"特色活动,培养孩子们健康积极、开朗向上的人格魅力。

篆刻、书法社团:使人情绪平缓,避免心浮气躁,在练习中逐渐提升自信。

古筝、茶艺社团:"兴于诗,立于礼,成于乐",修身养性,培养良好的心态与情感。

活字印刷、版画社团等:激发学生对传统文化的学习兴趣与热情,发现美,享受美,形成乐观积极的人生态度。

(三) 心理辅导,方法多样

1. 全面铺开,个别辅导

学校通过每月两次的心理健康教育广播向全体师生传达一个个心理小故事、一句句心理名言,让大家学会如何面对挫折,如何克服焦虑,如何战胜胆怯,如何合理作息,如何与人相处……结合校本课程资源,在心理活动月中,学校充分运用二楼心理辅导区资源开展"快乐阅读"。

学校心理活动室每天 12:10—13:10 开放,同时,根据辅导制度保证每周五小时的工作时间,为孩子们做好个体心理辅导。如果学生有某种心理问题和困惑,可直接到辅导室找老师谈心交流,还可以通过"知心姐姐"信箱来倾诉自己的心声。辅导老师会把学生中出现的心理状况及解决办法及时记录整理,在进行心理疏导的同时积累个案,总结探索教育的有效途径。

2. 家庭教育,走近孩子

我校的校本课程资源"亲近绘本 阳光阅读"成为上海市家校合作体制机制创新实践项目。学校选取儿童心理学家推荐的经典绘本,采用"观摩＋互动"的模式,邀请家长参与进来,加入课程授课。家长的融入,给绘本阅读带来更轻松的环境和更畅快的交流。而在参与的过程中，家长也能走入孩子心田，帮助他们懂得与别人分享、感受家庭的温暖、父母的亲情等。这一项目，既帮助家长体会孩子的心理需求，又在轻松的氛围中，让家长掌握简单的心理疏导的方法，可谓一举两得。

在活动中，最受孩子喜爱的是一套情绪类绘本故事（见表2），温馨的画面，抚慰人心的浅语故事，帮助学生清楚地认识自己的情绪，并学习如何加以调节和控制。

表2 绘本阅读和心理养成

书目	健康心理养成方式
《我不想生气》	让孩子懂得每个人都会生气，生气的时候是什么样的感觉，此时如何调整自己的状态并找到一种合适的解决方法
《我喜欢自己》	向孩子们展示乐观向上、积极进取的精神和意识。让孩子们学会爱自己，懂得自爱才能爱生活，爱他人
《我不愿悲伤》	描绘了孩子在悲伤时的心情感受，能得到孩子强烈的共鸣。告诉孩子可以通过找人倾诉、陪伴、放松，甚至抱一抱来缓解悲伤
《我很善良》	与人为善的孩子不仅能认同与喜爱自己，还会为自己创造一种良性的心理环境，并更愿意和周围的人友善相处，自如快乐地生活和成长

学校还与家委会合作，开设了"我们的身体"与"我心飞扬"的心理健康课程。妈妈们在周五下午的"快乐活动日"中，可以与孩子们一起度过一个小时的快乐时光。

3. 危机干预，做好预案

我们会根据学生心理问题轻重的程度和危机等级实施不同的干预，包括心理健康知识宣讲、心理咨询、心理互助调节和心理治疗等。工作过程中把心理危机干预的触角伸展到班级，全方位地贴近学生，这样能最快、最直接、最真实地获取学生心理状况信息，对真正有心理问题的学生进行及时有效的干预。

（四）积极宣传，自然渗透

学校领导高度重视师生心理健康工作，选派教师参加市区级心理健康教育培训。结合校本培训，学校每学期为全体教师举办一次心理健康专题讲座或主题培训，提高教师心理素养，让每位教师能以健康饱满的情绪步入课堂，传授知识与做人的道理。学校强调教师全员全过程参与心理健康教育，通过多渠道的宣传，让老师、家长和孩子们了解心理健康教育知识，提高维护自身心理健康的意识。

学校开展对家庭心理环境和心理教育的指导，每学期召开家长会，为家长开展心理辅导讲座。学校邀请彬语工作室的贺文毅老师开展的《幼小衔接怎样事半功倍》的讲座，让家长懂得既要关心孩子的身体健康、文化知识的增长，更要重视孩子的心理健康，让学生在学校快乐的学习中培养健全人格。我们这一做法得到了广大学生家长的普遍欢迎和积极配合，获得了家长的一致称赞。

此外，我们还在学校网站中设立心理辅导内容板块，向老师、家长介绍学校心理辅导区，指导他们学习简单有效的自我心理健康教育的方法等。

四、"心"教育，新成效

（一）面向全体，全覆盖率

学生抽样问卷调查表明，我校学生对心理健康教育的知晓率为 100％，对心理活动课整体满意度高。这说明学校心理健康教育取得了一定的成效。

（二）关注个体，健康成长

寻求心理辅导的孩子多多少少都有生活、学习上的困惑，但在班主任的安抚下，在心理老师的循循善诱下，他们敞开了自己的心扉，感受到了老师对自己的尊重和理解。眉头舒展了，心结被打开了，笑容重新回到了他们的眼角眉梢。学校面对不同的学生，也采取不同的辅导措施。

小孙同学因学习落后和不良的行为习惯，被同学疏远，导致自卑。孤单的他心里不畅快，虽身处人群，却得不到正常的交流、友谊和快乐，这使他非常痛苦、烦躁，在课堂上尖叫、打滚。对该生，老师分析后发现，其短处是学习能力弱，其长处则是动手能力较强。因此，老师在心理辅导课上特意安排了一个游戏——"平地起高塔"，小孙在游戏中充分发挥了动手能力强的优点。小组讨论时，他认真倾听，并发表了自己的意见；搭建时，他用灵巧的双手卷纸，制作塔脚，还用双面胶粘贴塔身……同学们对他刮目相看。小孙所在的小组取得了第一名的好成绩！当小孙和小组成员们一起合影留念时，自信的笑容挂在了他的脸上。通过这样的游戏，不仅让小孙明白了团结合作的重要性，更让小孙融入了班集体，找到了自信。

（三）发挥特长，示范辐射

学校每学年组织开展心理健康活动月，总结了一些经验，也取得了一些成绩。2016 年"阳光心态　快乐成长"宣传推广活动，所写案例获区优秀案例三等奖；2017 年拍摄视频《健康校园　美丽心灵》，指导老师获区优秀指导二等奖，视频获区三等奖;心理辅导老师杨蕾的心理辅导课"友情"和"我在长大"获区三等奖,《我在长大》获区教案设计一等奖,心理案例《让自信飞扬!》获区三等奖。

此外,学校的家庭教育指导师和心理健康教师每年都积极报名参加区教育局、德研室组织的"百名心理咨询师、家庭教育指导师进社区"公益咨询活动,利用双休日为附近社区、学校的学生、家长提供心理咨询和家庭教育指导。教育局也专门辟出绩效奖励,鼓励教师走向社区,发挥更大的作用。

心理健康教育工作是长期、潜移默化的过程。我们学校正在积极努力开展心理健康教育活动,在传统文化的浸润中,坚持以学生为本,坚持环境育人,促进学生的全面健康发展,真正体现我们的办学理念——"固本乐学　立诚明德"。我们要让"心"教育,在校园的每一处时时存在,在学生的心田里处处花开。

2018 年 9 月于虹口区第二中心小学